# 공동주택 바닥충격음 손해배상

## 가이드라인 마련 연구

국토안전관리원

Jinhan M&B

# 요 약 문

## 1. 연구 주제

○ 공동주택 바닥충격음 손해배상 가이드라인 마련 연구

## 2. 연구 목적 및 필요성

○ 국내·외 바닥충격음 소송 판례, 배상수준 등 사례 조사와 배상액 적정성 검토

○ 손해배상과 관련된 이해관계자 의견수렴

○ 공동주택 바닥충격음 성능검사관련 현실적인 손해배상 가이드라인 마련

## 3. 연구 내용 및 범위

가. 바닥충격음 피해 손해배상 사례조사 및 사회·경제적 가치 추정

1) 국내·외(미국, 일본, 독일 등) 공동주택 층간소음 관련 법원 소송 결과, 판례, 배상수준 조사· 분석

2) 공동주택 바닥충격음 피해의 사회·경제적 가치 추정

3) 바닥충격음 성능수준 대비 배상액의 적정성 검토

나. 손해배상 관련 이해관계자 의견수렴

1) 건설회사, 입주민대표, 사용검사권자(지자체) 등 의견수렴

다. 현실적인 손해배상 가이드라인 마련

1) 시공상 귀책(하자), 기준 초과량(데시벨(이하 dB)) 등 손해배상에 차등을 둘 수 있는 다양한 요인을 발굴·분석하여 그에 따른 손해배상 수준 차등방안 마련

2) 바닥충격음 기준 초과에 따른 배상액 분석평가의 통일과 자료 활용도 제고를 위해 비교지표 제시·활용하여 가이드라인 제시 (예: 바닥충격음(경량, 중량)별 성능수준(dB), 분양면적(㎡) 등)

## 4. 연구 방법 및 결과

다음과 같이 주요 연구 방법과 결과를 제시함

### 가. 바닥충격음 피해 손해배상 사례조사

1) 국내·외 공동주택 층간소음 관련 규정 및 사례 조사수준 조사·분석

- 해외 국가별 주택 내 생활소음 기준을 분석함
- 층간소음 및 생활소음 관련 해외 소송 사례를 분석 및 요약함

2) 공동주택 바닥충격음 피해의 현황 및 피해 분석

- ‘층간소음 사후 확인제도’가 도입됨에 따라 시공 후 바닥충격음 성능이 일정 기준 미달시 바닥충격음 피해에 따른 적정 사회·경제적 가치를 추정하는 것이 필요함
- 사회적 비용편익 산정: 바닥충격음 성능등급 미달로 인한 손해배상은 사회적 비용편익 분석을 통해 사회·경제적 가치 추정을 바탕으로 산정함
- 가구별 사회적 비용편익 분석을 기준소음 49dB, 51dB 등으로 세분화하여 제시함

## 나. 바닥충격음 기준 초과시 손해배상 가이드라인

1) 손해배상 수준 차등 요인 분석: 허용기준 초과 dB, 경량 및 중량충격음 허용기준 초과, 분양면적, 분양가

2) 바닥충격음 기준 초과시 손해배상 가이드라인

- 본 배상액 가이드는 보편적으로 사용될 수 있는 검증된 일반공법을 기준으로 수립함
- 바닥충격음 저감의 일반공법으로 슬래브 두께 증가를 사용함
- 본 배상액 가이드는 주택건설기준 등에 관한 규칙, 제3조 4항 등 반자높이 규정을 만족하는 경우에 권고액으로 활용함. 그 이외에는 배상액의 단순 기준값으로 활용함. 보완시공시 기능성 또는 안전성 확보를 위하여 추가로 요구되는 공사비는 시행사 또는 시공사가 부담함
- 당사자 간의 계약사항이 있을 경우 본 배상액의 적용에 우선함
- 본 배상액 가이드는 권고사항이므로, 소송가능성을 배제하는 법적 의무성을 가지고 있지는 않음
- 본 배상액 가이드는 주택법 제 42조의 2제 6항에 따라서 손해배상액으로 권고할 수 있음

3) 중량충격음 보완시공

- 기본 고려항목 및 슬래브 두께 증가
- 입주지체보상금

4) 경량충격음 보완시공

- 경량충격음이 허용기준 초과시에는 전체 보완시공을 하지 않으며, 바닥재(고급 장판 기준, 인건비 포함)의 보완 시공만 수행함. 비용은 34,510원/㎡(부가세 제외) 이며, 이는 강마루 설치(자재포함)의 일위대가와 조달청 단가에 기반하여 산정하였음.(일위대가 등 가격변동시 비용 재산정 필요)

5) 배상액 산정 결과

- 다음 3가지 경우에 대하여 산정 결과를 제시함
  · 중량충격음이 49dB 초과이고, 경량충격음은 49dB 이하인 경우
  · 중량충격음과 경량충격음이 모두 49dB 초과인 경우
  · 경량충격음만 49dB 초과인 경우

**다. 손해배상과 관련된 이해관계자 의견수렴**

다음과 같은 의견수렴 절차를 거치고 분석결과를 제시함

1) 관련 전문가 간담회 및 설문조사

- 건설회사 간담회
- 자문위원(전문가 5인) 설문조사
- 전문가 그룹 대상 설문조사(104건, 학계 37명, 업계 67명)
- 일반인 대상 설문조사(1,318건)

2) 학술발표 및 공청회

- 한국구조물진단유지관리공학회 특별세션
  (사회적 가치추정, 의견수렴 절차, 가이드라인 방안)
- 바닥충격음 손해배상 가이드라인관련 이해관계자 간담회
  (국토부, 국토안전관리원, 공공, 지자체, 산업계, 입주민 대표 의견수렴)

## 5. 연구기간

○ 2023. 1. 1. ~ 2023. 12. 31.

# <목 차>

# <표 차례>

# <그림 차례>

제 1 장

# 1. 서 론

1.1 연구 필요성

1.2 연구목표 및 연구내용

# 제1장 서 론

## 1.1 연구 필요성

❍ 배경

- 우리나라의 주거형태 중 공동주택이 차지하는 비율은 77.2%에 달하며, 그중 아파트가 총 1,100만호로써 전체 공동주택의 80%에 해당함(2019년 인구주택 총조사 기준)

- 공동주택 층간소음 관련하여 이웃 간 분쟁과 갈등으로 최근 들어 급증하는 추세('19년 26,257→'21년 46,596건)이며, 코로나19 이후 주거공간에서의 재실시간 증가로 층간소음으로 인한 갈등이 심화되는 상황임. 국토교통부와 한국환경공단(2021)에 따르면, 층간소음 민원은 2019년 대비 약 2배로 증가함 (그림 1 참조)

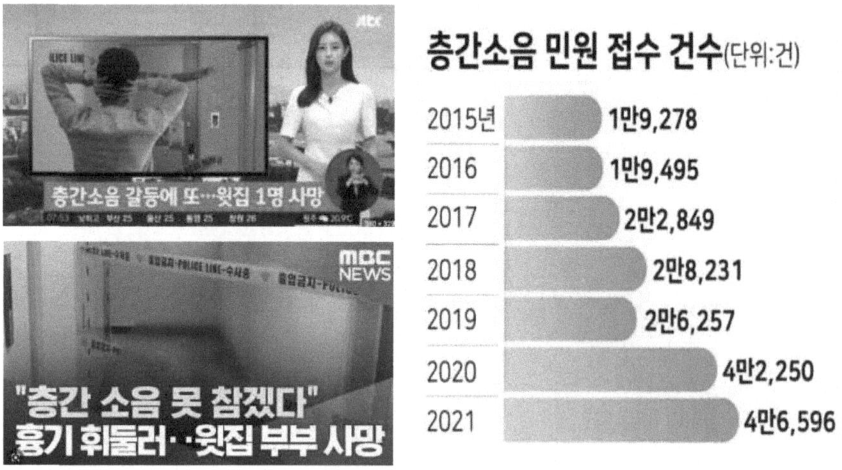


<그림 1.1> 공동주택 층간소음 민원 증가 현황

❍ 관련 제도 및 현황

- '05년부터 최근까지는'사전 인정제도'로 층간소음 성능을 평가해왔으나 '19년 감사원의 감사 결과 사전 인정제도로 인정한 바닥성능재의 성능이 대부분 수준 미달로 나타남

- 감사원의 결과와 지속적으로 발생되는 사건·사고 등이 사회적 이슈로 부각되면서 국토부에서는 바닥충격음 수준을 보다 정확히 평가하고, 성능개선을 위한 구조·자재·시공기술 등 다양한 기술개발을 유도하고 층간소음 저감을 위한'층간소음 사후확인제' 도입 검토

- 사후 확인제도에서는 사전 인증제도보다 더 강화된 등급 기준을 적용하고 있으며 경량충격음과 중량충격음에 대한 등급 기준이 동일함 (김용희 2022)

(사전 인정제도)

| 등급 | 경량충격음(태핑머신)<br>※ 역A특성 가중 규준화 바닥충격음레벨 ($L'_{n,AW}$) | 중량충격음(뱅머신)<br>※ 역A특성 가중 바닥충격음레벨($L'_{i,Fmax,A}$ |
|---|---|---|
| 1급 | 43 dB 이하 | 40 dB 이하 |
| 2급 | 43 dB 초과 48 dB 이하 | 40 dB 초과 43 dB 이하 |
| 3급 | 48 dB 초과 53 dB 이하 | 43 dB 초과 47 dB 이하 |
| 4급 | 53 dB 초과 58 dB 이하 | 47 dB 초과 50 dB 이하 |

(사후 확인제도)

| 등급 | 경량충격음(태핑머신) 및 중량충격음(고무공충격원) 공통<br>※ A특성 가중 음압레벨 |
|---|---|
| 1급 | 37 dB 이하 |
| 2급 | 37 dB 초과 41 dB 이하 |
| 3급 | 41 dB 초과 45 dB 이하 |
| 4급 | 45 dB 초과 49 dB 이하 |

**<그림 1.2> 바닥충격음 사전 인정제도 및 사후확인제도의 등급기준**

❍ 연구 필요성

- 공동주택 바닥충격음 차단성능 사후확인제 도입에 따라 성능검사 후 결과에 따라 차단성능이 기준에 미달하는 경우 검사기관은 사업자에게 보완 시공이나 손해배상 등을 권고할 수 있는데 이때 권고할 수 있는 손해배상 가이드라인 마련 필요

# 1.2 연구목표 및 연구내용

❍ 연구 목표

가. 국내·외 바닥충격음 소송 판례, 배상수준 등 사례 조사와 배상액 적정성 검토

나. 손해배상과 관련된 이해관계자 의견수렴

다. 공동주택 바닥충격음 성능검사관련 현실적인 손해배상 가이드라인 마련

❍ 연구내용 및 범위

## 가. 바닥충격음 피해 손해배상 사례조사 및 사회 · 경제적 가치 추정

1) 국내·외(미국, 일본, 독일 등) 공동주택 층간소음 관련 법원 소송 결과, 판례, 배상수준 조사· 분석

■ 국내·외의 공동주택 층간소음 관련 손해배상 사례조사

- 관련 법령 및 규정 조사
- 관련 법원소송 및 분쟁 사례 수집 및 분석
- 관련 판례, 배상수준 조사 및 분석

| 층간소음 관련 법령 및 규정 사례<br>(공동주택 생활소음 관련) | 바닥충격음 관련 법령 및 규정 사례<br>(공동주택 기본성능 관련) |
|---|---|
| ▸소음진동관리법<br>▸공동주택관리법<br>▸공동주택 층간소음의 범위와 기준에 관한 규칙<br>▸기타 관련 법규(민법, 경범죄 처벌법 등) | ▸주택법<br>▸주택건설기준 등에 관한 규정<br>▸공동주택 바닥충격음 차단구조 인정 및 관리기준<br>▸소음방지를 위한 층간 바닥충격음 차단 구조기준 |

2) 공동주택 바닥충격음 피해의 사회·경제적 가치 추정

■ 바닥충격음 피해의 비화폐가치 방법과 화폐가치 방법에 따른 사회적 가치 추정

■ 사회적 비용·편익 분석방법을 통한 바닥충격음 피해의 경제적 가치 추정

■ 기타 피해 요인 검토

3) 바닥충격음 성능수준 대비 배상액의 적정성 검토

■ 배상액 산정을 위한 주요 영향요인 분석

■ 보수비용을 고려한 산정 배상액의 적정성 검토

## 나. 손해배상 관련 이해관계자 의견수렴

1) 건설회사, 입주민대표, 사용검사권자(지자체) 등 의견수렴

■ 공동주택 바닥충격음 피해 관련 이해관계자(건설회사, 입주민대표, 지자체 등)을 대상으로 피해 대책 및 손해배상에 대한 이해관계자 별 의견수렴

- 시공사 측 공동주택 바닥충격음 피해 손해배상 관련 의견수렴

- 입주민대표 의견수렴을 통한 실거주자 측면 바닥충격음 정도 및 희망 손해배상 정도 파악

■ 전문가 자문그룹 구성 및 관련 설문조사

- 음환경, 바닥충격음 관련 전문가 자문그룹 구성 및 의견청취

- 유관학회 및 이해당사자 설문조사를 통한 정량적 척도 분석

■ 공동주택 바닥충격음 손해배상 관련 이해관계자 간담회 실시

- 간담회를 통한 이해관계자의 총체적인 의견수렴

- 간담회를 통해 도출된 의견들을 취합하여 간담회 결과보고서 작성

## 다. 현실적인 손해배상 가이드라인 마련

1) 시공상 귀책(하자), 기준 초과량(dB) 등 손해배상에 차등을 둘 수 있는 다양한 요인을 발굴·분석하여 그에 따른 손해배상 수준 차등방안 마련

2) 바닥충격음 기준 초과에 따른 배상액 분석평가의 통일과 자료 활용도 제고를 위해 비교지표 제시·활용하여 가이드라인 제시 (예: 바닥충격음(경량, 중량)별 성능수준(dB), 분양면적(㎡) 등)

■ 바닥충격음 종류에 따른 기본 손해배상 가이드라인 도출

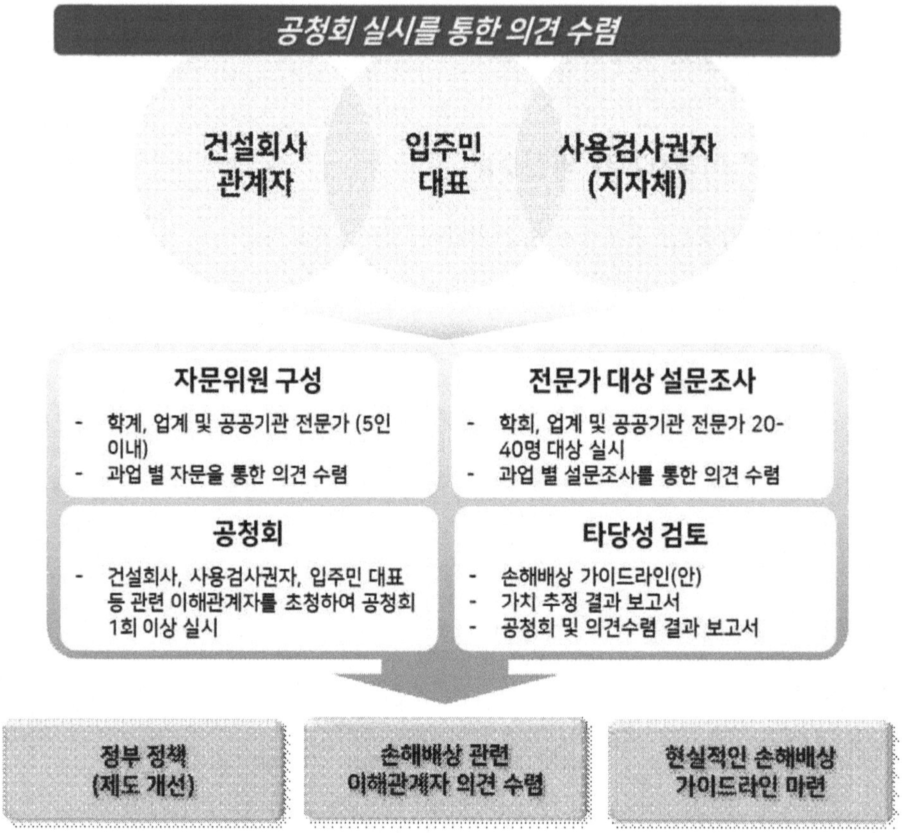
공청회 실시를 통한 의견 수렴
건설회사 관계자
입주민 대표
사용검사권자 (지자체)
자문위원 구성
- 학계, 업계 및 공공기관 전문가 (5인 이내)
- 과업 별 자문을 통한 의견 수렴
전문가 대상 설문조사
- 학회, 업계 및 공공기관 전문가 20-40명 대상 실시
- 과업 별 설문조사를 통한 의견 수렴
공청회
- 건설회사, 사용검사권자, 입주민 대표 등 관련 이해관계자를 초청하여 공청회 1회 이상 실시
타당성 검토
- 손해배상 가이드라인(안)
- 가치 추정 결과 보고서
- 공청회 및 의견수렴 결과 보고서
정부 정책 (제도 개선)
손해배상 관련 이해관계자 의견 수렴
현실적인 손해배상 가이드라인 마련

<그림 1.3> 간담회를 통한 이해관계자 의견수렴

(하늘색간지)

# 제 2 장

# 바닥충격음 피해 손해배상 사례조사

2.1 국내·외 공동주택 층간소음 관련 규정 및 사례 조사수준 조사·분석

2.2 공동주택 바닥충격음 피해의 현황 및 피해 분석

# 제2장 바닥충격음 피해 손해배상 사례조사

## 2.1 국내·외 공동주택 층간소음 관련 규정 및 사례 조사 수준 조사·분석

### 2.1.1 국내·외 공동주택 층간소음 관련 법령 및 규정 조사

국내에서 바닥충격음과 층간소음의 용어가 사용되고 있으나, 법률적으로 지칭하는 대상이 다르기 때문에 본 연구에서는 관련 법규의 규정에 따른 용어의 구분을 적용하였다. “바닥충격음”의 용어는 「주택법」 제41조에 따라 공동주택의 신축시 적용하는 건설기준으로서 시공과정에서 평가할 수 있는 최소한의 소음 차단을 지칭하였다. “층간소음”의 용어는 「소음진동관리법」 제21조의 2와 「공동주택관리법」 제20조에 따라 공동주택에서 거주하는 입주자나 사용자에게 발생할 수 있는 생활소음 피해정도를 지칭한다. 각 용어에 따른 적용범위를 비교하면 표 2.1.1과 같다.

<표 2.1> 층간소음 및 바닥충격음 용어의 적용범위 비교

<table>
<tr><th>구분</th><th>층간소음</th><th>바닥충격음</th></tr>
<tr><td>적용시점</td><td>사용승인 후 입주 시<br>(사용 중인 공동주택)</td><td>사용승인 전 사용검사 시<br>(건설 중인 공동주택)</td></tr>
<tr><td>이해당사자</td><td>입주자 및 사용자간</td><td>건설사와 소유자(분양)간</td></tr>
<tr><td>소음원</td><td>직접충격 소음 및 공기전달 소음<br>(입주자 및 사용자간 실생활 소음)</td><td>표준충격원 가진에 따른 직접충격음</td></tr>
<tr><td>측정 및 평가방법</td><td>「소음·진동 공정시험기준」 중 「공동주택 내 층간소음 측정방법(ES 03305.1)」</td><td>「공동주택 바닥충격음 차단구조 인정 및 검사기준(국토교통부고시 제2023-85호)」<br><table><tr><th>구분</th><th>사전인정</th><th>사후확인</th></tr><tr><td>측정방법</td><td>KS F 2810-1,2</td><td>KS F ISO 16283-2</td></tr><tr><td>평가방법</td><td>KS F 2863-1,2</td><td>KS F ISO 717-2</td></tr></table></td></tr>
</table>

| | | |
|---|---|---|
| 관련 법령 | 「소음·진동관리법」, 「소음·진동관리법 시행령」, 「공동주택 층간소음의 범위와 기준에 관한 규칙」, 「층간소음 피해사례 조사·상담 등의 절차 및 방법에 관한 규정」, 「민법」, 「경범죄처벌법」, 「공동주택관리법」, 「공동주택관리법시행령」 | 「건축법」, 「건축물의 피난·방화구조 등의 기준에 관한 규칙」, 「소음방지를 위한 층간 바닥충격음 차단 구조기준」, 「주택법」, 「주택법시행령」, 「주택건설기준 등에 관한 규정」, 「공동주택 바닥충격음 차단구조 인정 및 검사기준」, 「공동주택 바닥충격음 성능검사 세부운영지침」 |

## 2.1.1.1 국내의 층간소음 관련 법령 및 규정 조사

### 1) 정부 및 지자체의 규제와 관리에 대한 사항

❍ 소음·진동관리법 [시행 2021. 7. 6.] [법률 제17843호, 2021. 1. 5., 일부개정] 및 소음·진동관리법시행령 [시행 2023. 1. 1.] [대통령령 제28319호, 2017. 9. 19., 일부개정]

「소음·진동관리법」은 1990년 기존 「환경보전법」 중 소음과 진동관련 조항을 분리하여 개별법인 「소음·진동규제법」으로 제정되었으며, 소음·진동 배출시설과 소음·진동 발생원에 대한 합리적인 규제와 관리를 통해 정온한 환경의 구축을 목적으로 하고 있다. 2009년 법령명을 현재와 같이 「소음·진동관리법」으로 변경하여, 피해 발생 후의 규제뿐만 아니라 적극적인 관리의 대상임을 명확히 선언하였다. 공동주택 등에 적용할 수 있는 생활소음과 진동은 동법 제21조(생활소음과 진동의 규제)를 통해 규제의 근거를 마련하였고, 사회적으로 층간소음에 대한 문제가 심화되어 이에 따른 피해 예방 및 분쟁 해결을 위해 2013년 제21조의2(층간소음기준 등) 신설을 통해 층간소음기준과 분쟁 관련 지원 절차에 대해 규정하였다. 이에 따라 환경부와 국토교통부의 공동부령으로 2014년 층간소음의 범위와 기준(「공동주택 층간소음의 범위와 기준에 관한 규칙」)을 제정하였고, 2항의 조항에 따라 층간소음 분쟁 관련 지원을 위해 측정, 조사, 상담, 패해조정 등을 담당할 수 있는 전문조직의 설립근거를 마련하였다. 이에 따라 한국환경공단에서 층간소음 이웃사이센터를 설립하여 운영하고 있다.

「소음·진동관리법시행령」은 「소음·진동관리법」에서 위임된 사항과 그 시행에 필요한 사항을 규정하고 있으며, 동시행령 제3조(층간소음 관리 등)을 통해 동법 제21조의2 제2항의 전문조직 설립근거에 대응하여 층간소음의 측정, 피해사례의 조사, 상담 및 피해조정지원을 실시하는 기본 조직으로 한국환경공단을 규정하였으며, 부가적으로 환경부장관과 국토부장관이 협의하여 별도의 전문기관을 인정할 수 있도록 규정하고 있다. 현재 층간소음 전문기관으로 지정 고시(환경부고시 제2020-295호, 2020.12.31. 제정)된 기관은 환경보전협회가 있다. 제2항에서는 층간소음의 측정, 피해사례의 조사 및 상담, 피해조정지원에 관한 절차와 방법을 별도의 세부 규정을 통해 고시할 수 있도록 규정하고 있다.

❍ 공동주택 층간소음의 범위와 기준에 관한 규칙 (약칭: 공동주택층간소음규칙)

[시행 2023. 1. 2.] [국토교통부령 제1185호, 2023. 1. 2., 일부개정]

[시행 2023. 1. 2.] [환경부령 제1019호, 2023. 1. 2., 일부개정]

층간소음 관련 분쟁 발생 시 가해자의 행위나 피해자에 노출된 소음이 법규에 따른 규제의 대상이 되는 층간소음에 해당하는지 판단하기 위해 「소음·진동관리법」의 근거에 따라 2014년 제정된 환경부와 국토교통부의 공동부령으로, 층간소음의 범위와 기준을 정의하고 있다. 층간소음은 공동주택 내 입주자 또는 사용자의 활동으로 인해 발생하는 소음이 다른 입주자 또는 사용자에게 피해를 줄 때, 뛰거나 걷는 동작 등에 의해 발생하는 직접충격 소음과 텔레비전, 음향기기 등에 의해 발생하는 공기전달 소음으로 구분하고 있다. 한편, 입주자나 사용자가 의도적으로 발생 소음의 크기를 바꿀 수 없다고 판단되는 욕실, 화장실 및 다용도실 등에서의 급수·배수 소음은 소음의 크기가 기준보다 크다 하더라도 생활방식에 따라 줄일 수 없기 때문에 층간소음의 범위에 포함되어 있지 않다. 현행 규칙은 층간소음의 기준을 4 dB 만큼 대폭 강화(층간소음의 주된 판단의 근거가 되는 1분간 등가소음도의 직접충격 소음의 주간 기준값이 기존 43 dB에서 39 dB로, 야간 기준값이 38 dB에서 34 dB로 강화)하기 위해 2023년 개정되었으며, 직접충격 소음은 1분간의 등가소음도와 최고소음도의 2가지 방법으로 평가할 수 있으며, 공기전달 소음은 5분간의 등가소음도로 평가하도록 규정하고 있다. 아울러, 최초 제정 시 대상 층간소음의 측정방법이 「소음·진동 공정시험 기준」 내에 규정되어 있지 않아, 가장 유사한 「규제기준 중 동일건물 내 사업장소음 측정방법(ES 03303.3b, 2020)」을 준용하도록 하였으나, 2022년 「소음·진동 공정시험 기준」 내에 「공동주택 내 층간소음 측정방법(ES 03305.1, 2022)」이 신설되어 이를 측정방법으로 명시하기 위해 [별표]의 비고 제3호를 개정하였다.

❍ 공동주택 내 층간소음 측정방법 (소음·진동 공정시험기준 ES 03305.1: 2022)

[시행 2022. 12. 1.] [국립환경과학원고시 제2022-79호, 2022. 12. 1., 일부개정]

「공동주택 층간소음의 범위와 기준에 관한 규칙」은 제정되었으나, 이와 관련된 공동주택 내 층간소음 측정방법이 부재하여 관련 민원 대응시 현장에서 혼선이 발생하여 왔기 때문에, 2022년 「소음·진동 공정시험기준」 중 「공동주택 내 층간소음 측정방법」을 신설하였다. 세부 내용은 기존의 공정시험기준과 유사한 측정방법을 적용하여 직접충격 소음과 공기전달 소음에 대한 측정방법을 각각 규정하고 있다. 측정점은 피해가 예상되는 실의 소음도가 높을 것으로 예상되는 지점으로 규정하고 있다. 측정 높이는 서 있거나 앉아 있는 상황을 고려하여 1.2 m에서 1.5 m로 설정하고 있으며, 반사음의 영향을 배제하기 위해 반사면으로부터 1 m 이상 및 닫은 상태의 개구부로부터 1.5 m 이상 떨어진 지점을 측정점으로 규정하고 있다.

❍ 층간소음 피해사례 조사·상담 등의 절차 및 방법에 관한 규정
[시행 2023. 2. 13.] [환경부고시 제2023-25호, 2023. 2. 13., 일부개정]

층간소음 관련 피해사례를 조사, 상담, 측정, 피해지원 등을 수행하는 전문기관이 보다 효율적이고 근거 있는 서비스를 제공하기 위해 2020년 환경부고시로 제정되었으며, 2023년 층간소음 측정에 대한 「소음·진동 공정시험기준」의 제정에 따라 세부 조항과 서식이 개정되었다. 실제적으로 층간소음 이웃사이센터 내 상담 및 측정 관련 전문 인력이 부족하였고, 피해사례 발생 시 24시간의 장기간 측정으로 실제 층간소음 발생여부 파악이 어려운 점이 많았기 때문에 본 규칙을 통해 관련 조사, 상담 등을 보다 효과적으로 수행할 수 있도록 하는 지침으로 사용되고 있다.

### 2) 입주자 또는 사용자간 분쟁 조정 및 해결에 대한 사항

❍ 민법 [시행 2022. 12. 13.] [법률 제19069호, 2022. 12. 13., 일부개정]

「민법」은 개인의 권리와 관련된 사항을 규정하고 있으며, 동법 제750조(불법행위의 내용)에 따라 환경피해에 따른 배상을 청구하는 손해배상청구 규정이 있다. 고의 또는 과실로 인한 위법행위로 타인에게 손해를 가할 때 그 손해를 배상하도록 하는 규정이다. 한편, 동법 제214조(소유물방해제거, 방해예방청구권)과 제217조(매연 등에 의한 인지에 대한 방해금지)를 근거로 소음 등을 포함한 환경피해를 사전에 예방하거나 제거하기 위해서 환경침해 발생시설의 가동중지, 소음발생 행위의 금지 등을 사전적 피해구제 방법으로 행위의 중지를 청구할 수 있다. 하지만, 이 규정은 도로나 공장 등과 같은 확실히 특정할 수 있는 소음발생원에 대해 피해를 입었을 때 주로 적용되고 있는 실정이다.

❍ 경범죄처벌법 [시행 2017. 10. 24.] [법률 제14908호, 2017. 10. 24., 일부개정] 및
경범죄처벌법시행령 [시행 2022. 3. 8.] [대통령령 제32523호, 2022. 3. 8., 일부개정]

국민의 자유와 관리를 보호하고 사회 공공의 질서유지를 위한 「경범죄처벌법」에서는 제3조(경범죄의 종류)를 통해 처벌 대상을 규정하고 있으며, 동조 제1항 제21호(인근소란 등)을 통해 지나치게 큰 소리의 발생으로 이웃을 시끄럽게 하는 경우 10만원 이하의 벌금, 구류 또는 과료의 형을 처한다고 규정하고 있다. 하지만, 동법 시행령의 [별표]를 보면 해당 범칙행위에 대한 범칙금액은 3만원으로 층간소음 문제의 분쟁해결에 전혀 실효성이 없는 실정이다.

❍ 공동주택관리법 [시행 2022. 12. 11.] [법률 제18937호, 2022. 6. 10., 일부개정] 및 공동주택관리법시행령 [시행 2023. 3. 7.] [대통령령 제33321호, 2023. 3. 7., 타법개정]

공동주택의 관리에 대한 사항은 국토교통부의 주택건설공급과의 주관으로 필요한 사항을 규정하기 위해 2015년 「공동주택관리법」을 제정하였으며, 동법 제18조(관리규약)을 통해 지자체에게 공동주택 입주자의 보호 및 주거 질서유지를 위한 관리규약의 준칙 마련을 의무화하였다. 이에 따라, 관련 시도별 관리규약을 통해 층간소음 예방을 위한 생활수칙의 보급이나 층간소음 관리운영회 운영 등과 관련된 세부 지침을 제공하고 있다. 특히, 동법 시행령 제19조(관리규약의 준칙)에서는 제1항의 제22항을 통해 관리규약준칙 중 '공동주택의 층간소음 및 간접흡연에 관한 사항'을 반드시 포함하도록 규정하고 있다. 한편, 층간소음 방지를 위한 세부 사항으로 동법 제20조(층간소음의 방지 등)를 통해 제1항에서는 입주민들 간에 서로 층간소음 피해를 주지 않기 위한 노력의 의무를 규정하였고, 제2항에서는 층간소음 피해 발생시 그 사실을 관리주체에 신고하여, 간접적인 방식으로 관리주체가 층간소음 발생자에게 층간소음 발생의 중단 또는 소음 차단조치를 요청하도록 규정하고 있다. 제3항에서는 관리주체의 조치 및 권고에 대한 공동주택 입주자의 협조 의무를 규정하고 있고, 제4항에서는 층간소음 피해가 지속적으로 발생할 때의 상위 기관을 이용한 대응방법을 규정하고 있다. 제6항에서는 관리주체에게 층간소음 예방을 위한 교육 실시에 대한 권한을 규정하고 있고, 제7항에서는 층간소음 문제에 대해 자체적으로 해결하기 위한 '층간소음 관리위원회'와 같은 자치조직의 설립근거를 규정하고 있다. 본 법령에서는 입주자간의 층간소음 분쟁 발생 시 당사자 간의 대면에 따른 감정 증폭을 완화하기 위해 간접적인 방식으로 관리주체를 매개체로 하는 중요 근거를 제시하고 있고, 나아가 예방을 위한 교육 등에 대한 추가적인 권한을 부여하고 있다.

또한, 동법 제21조(공동체 생활의 활성화)의 규정을 통해 자체적으로 층간소음 예방, 소통을 위한 입주자 자치 조직의 설치 및 경비 사용에 대한 근거를 마련하였고, 동법 제71조(공동주택관리 분쟁조정위원회의 설치)와 제86조(공동주택관리 지원기구)의 규정을 통해 국토교통부에서 공동주택 관리 전반에 대한 상담, 진단, 자문, 교육 등을 위한 중앙 공동주택관리 지원센터를 운영하고, 공동주택 관리 분쟁을 위한 위원회를 운영할 수 있는 중앙 공동주택 관리 분쟁조정위원회의 설치 근거를 마련하였다.

## 2.1.1.2 국내의 바닥충격음 관련 법령 및 규정 조사

### 1) 건설기준에 대한 사항

❍ 건축법 [시행 2023. 6. 11.] [법률 제18935호, 2022. 6. 10., 일부개정], 건축물의 피난・방화구조 등의 기준에 관한 규칙 (약칭: 건축물방화구조규칙) [시행 2022. 4. 29.] [국토교통부령 제1123호, 2022. 4. 29., 일부개정]

「건축법」 제49조 제4항에서는 일정 규모 이상의 건축물에 대해 인접한 가구 및 세대 간 전달되는 소음을 방지하기 위한 경계벽 및 바닥을 설치해야 한다고 규정하고 있다. 이를 위해 대통령령인「건축물의 피난・방화구조 등의 기준에 관한 규칙」 제19조 제3항에서 대상 바닥을 경량충격음과 중량충격음을 차단할 수 있는 구조로 보다 구체화하여 표현하고 있다. 동 규칙 제19조 제4항에서는 가구·세대 간의 소음방지를 위해 바닥의 세부 기준을 국토교통부고시인「소음방지를 위한 층간 바닥충격음 차단 구조기준」을 통해 "표준바닥구조"의 형태로 정의하고 있다.

❍ 소음방지를 위한 층간 바닥충격음 차단 구조기준
[시행 2018. 9. 21.] [국토교통부고시 제2018-585호, 2018. 9. 21., 일부개정]

건축법에 의해 공동주택 등의 주택을 건설할 때의 세부 규정은「주택법」과「주택건설기준등에 관한 기준」을 통해 보다 구체적으로 정의하고 있다. 그러나,「주택법」에서는 바닥충격음 차단구조 관련 기준을 준수해야 하는 대상을 동법 제15조 및 동법 시행령 제27조에 따른 사업계획의 승인을 받아야하는 주택으로 규정하고 있다. 따라서 30세대 미만의 소규모 공동주택은 사업계획 승인 대상이 아니기 때문에, 바닥충격음 차단구조와 관련된 의무규정이 적용되지 않는 한계가 있다. 이에 따라, 2018년 본 고시의 제정을 통해 중량충격음 및 경량충격음을 차단하기 위한 표준바닥구조를 정의하였고, 그 적용범위를 제4조를 통해 30세대 이상의 공동주택뿐만 아니라 30세대 미만의 소규모 공동주택, 기숙사, 다가구주택, 다중생활시설의 세대로 확대하였다.

❍ 주택법 [시행 2023. 6. 11.] [법률 제19427호, 2023. 6. 7., 타법개정],
주택법 시행령 [시행 2023. 5. 9.] [대통령령 제33456호, 2023. 5. 9., 타법개정] 및
주택건설기준 등에 관한 규정 (약칭 : 주택건설기준규정)
[시행 2022. 12. 8.] [대통령령 제33023호, 2022. 12. 6., 타법개정]

「주택법」 제15조 및 동법 시행령 제27조에서는 사업계획의 승인 대상인 주택을 정의하고 있고, 동법 제35조를 통해 해당 주택을 건설할 때 적용해야 하는 의무 기준을 "주택건설기준등"으로 규정하고 있다. 그 "주택건설기준 등"에는 동법 제35조 제1항 제2호를 통해 바닥충격음 차단구조와 관련된 기준이 포함되어 있다. 동법 시행령 제45조 제11호에서는 해당 내용을 대통령령인「주택건설기준 등에 관한 규정 (이하 주택건설기준규정)」을 통해 규정하도록 하였다. 특히, 동법 제39조를 통해 일정 규모 이상의 공동주택은 경량충격음 및 중량충격음을 포함한 성능등급을 의무적으로 표시하도록 되어 있다. 이때 표시 대상 공동주택의 규모는「주택건

설기준 등에 관한 규정」 제58조에 따라 500세대 이상으로 규정되어 있다.

「주택건설기준규정」 제14조의2에서는 공동주택의 세대 내 층간바닥의 의무 규정사항을 정의하고 있다. 동 규정 제14조의2 제1항은 공동주택 구조형식에 따른 콘크리트 슬래브 바닥두께를 정의하고 있다. 라멘구조는 두께 150 ㎜ 이상의 콘크리트 슬래브 사용을 강제하고 있으며, 벽식구조를 포함한 나머지 구조에서는 모두 두께 210 ㎜ 이상의 콘크리트 슬래브 사용을 강제하고 있다. 다만, 모듈러 건축과 같이 「주택법」 제51조 제1항에 따라 인정받은 공업화주택의 층간바닥은 예외로 하고 있다. 동 규정 제14조의2 제2항은 충격원 종류에 따른 최소 차단성능 기준을 정의하고 있다. 구체적인 성능기준은 2003년 동 규정의 일부개정(대통령령 제17972호) 시 당시 제14조 제3항으로 규정된 “경량충격음은 58dB 이하, 중량충격음은 50dB 이하”가 유지되어 왔다. 그러나 2022년 바닥충격음 차단성능 사후 확인제도 도입에 따라 「주택법」을 개정하여 동법 내 제41조의2를 신설하여 성능검사의 근거를 마련하였다. 이와 더불어, 동 규정 제14조의2 제2항의 최소 차단성능 기준을 “각 층간 바닥의 경량충격음 및 중량충격음 이 각각 49dB 이하인 구조일 것”으로 두 충격원에 대해 동일한 값으로 강화하였다.

「주택법」 제41조와 「주택건설기준규정」 제60조의2에서는 동법 제35조 제1항 제2호에 따른 주택건설기준 중 바닥충격음 차단구조의 성능등급에 대한 사전 인정과 관련된 사항을 규정하고 있다. 「주택건설기준규정」 제60조의3에서는 바닥충격음 성능등급 및 기준에 관한 근거를 규정하고 있다. 이와 관련하여 세부사항은 국토교통부고시(「공동주택 바닥충격음 차단구조 인정 및 검사기준」)로 규정하고 있으며, 바닥충격음 성능등급 인정기관의 지정절차, 바닥구조의 차단성능 인정 절차 등에 대한 사항을 포함하고 있다. 한편, 「주택건설기준규정」 제60조의3 제1항에서 고시된 기준의 적용이 어려운 신개발품이나 인정 규격 외의 제품에 대한 성능등급 인정을 위해 「주택건설기준규정」 제60조의4, 제60조의5와 제60조의6을 통해 별도의 전문위원회를 통한 절차를 규정하고 있다. 동 규정의 제60조의7은 바닥충격음 차단구조 인정등급의 유효기간과 유효기간의 연장에 대한 내용을 규정하고 있다.

「주택법」 제41조에서 규정한 바닥충격음 차단구조의 성능등급은 사전 인정 취득 후 공동주택의 사업계획 승인 시에만 검토되었기 때문에, 사용승인 시 적용할 수 있는 바닥충격음 차단성능의 성능검사와 관련된 근거가 부재하였다. 이에 따라, 2022년 바닥충격음 차단성능의 사후 확인 제도가 도입되었고, 바닥충격음 성능 검사를 위한 근거를 「주택법」 내 제41조의2의 신설을 통해 규정하였다. 또한, 바닥충격음 성능검사 기관의 지정, 성능검사 방법, 수수료 등의 세부사항은 「주택건설기준규정」 제60조의8, 제60조의9와 제60조의10의 신설을 통해 규정하였다. 특히, 「주택법」 제41조의2 제6항에서는 성능검사 결과가 성능검사기준에 미달할 때 「주택건설기준규정」 제60조의11에 따라 사용검사권자가 사업주체에게 보완 시공, 손해배상 등의 조치를 권고할 수 있도록 규정하고 있다. 이때 권고의 내용과 이유, 권고사항에 대한 조치기한을 포함해야 한다.

조치를 권고받은 사업주체는 권고받은 날로부터 10일 이내에 조치계획서를 제출하여야 하며, 「주택법」 제41조의2 제7항에 따라 사업주체는 사용검사권자가 제시한 조치기한이 지난 후 5일 이내까지 조치결과를 사용검사권자에게 제출하도록 규정하고 있다. 다만 본 조항에 따른 바닥충격음 성능검사의 적용은 부칙을 통해 이 법 시행일인 2022년 8월 4일 이후 사업계획승인을 신청하는 공동주택을 그 대상으로 하고 있다.

### 2) 인정 및 검사기준에 대한 사항

❍ 공동주택 바닥충격음 차단구조 인정 및 검사기준

[시행 2023. 2. 9.] [국토교통부고시 제2023-85호, 2023. 2. 9., 일부개정]

2003년 「주택건설기준 등에 관한 규정」에서 바닥충격음 차단성능의 구체적인 허용값을 경량충격음 58dB 및 중량충격음 50dB로 제시한 이후, 그 성능을 확인할 수 있는 절차와 고성능 바닥구조 개발을 위한 등급기준을 정의하기 위해 2004년 「공동주택 바닥충격음 차단구조인정 및 관리기준(건설교통부고시 제2004-71호)」를 제정하였다. 이후, 동 고시 개정을 통해 바닥충격음 차단구조의 성능기준이 강화되어 왔고, 2022년 「주택법」과 「주택건설기준 등에 관한 규정」의 개정에 따라 시공 후인 사용검사 시점에서 적용할 수 있는 바닥충격음 차단성능 검사기준 및 절차를 추가하며, 고시 제목을 「공동주택 바닥충격음 차단구조 인정 및 검사기준」으로 변경하였다. 이 때, 측정 및 검사 방법을 바닥충격음 차단성능과 관련된 ISO 국제표준에 부합하도록 개정하였다. 본 고시는 제1장 총칙(제1조~제3조), 제2장 바닥충격음 차단구조 인정기준 및 절차(제4조~제25조), 제3장 바닥충격음 차단성능 측정 및 평가방법(제26조~제30조), 제4장 바닥충격음 차단구조 성능검사 기준 및 절차(제31조~제36조)와 제5장 완충재의 성능기준으로 구성되어 있다.

측정방법은 고유표준인 KS F 2810-1(건축물의 바닥 충격음 차단 성능 현장 측정 방법 - 제1부: 표준 경량 충격원에 의한 방법)과 KS F 2810-2(건축물의 바닥충격음 차단성능 현장 측정방법 — 제2부: 표준 중량 충격원에 의한 방법)에서 해당 국제표준과 완전 부합화로 제정된 KS F ISO 16283-2(음향 - 건물 및 건물 부재의 차음성능 현장 측정 방법 - 제2부 : 바닥 충격음 차단 성능)로 변경하였다. 평가방법 역시 고유표준인 KS F 2863-1(건물 및 건물 부재의 바닥 충격음 차단 성능 평가 방법 - 제1부 : 표준 경량 충격원에 대한 차단 성능)과 KS F 2863-2(건물 및 건물 부재의 바닥 충격음 차단 성능 평가 방법 - 제2부 : 표준 중량 충격원에 대한 차단성능)에서 해당 국제표준과 완전 부합화로 제정된 KS F ISO 717-2(음향 — 건물 및 건물 부재의 차음 성능 평가 방법 — 제2부: 바닥 충격음 차단 성능)로 변경하였다. 이에 따라, 경량충격음을 평가하는 지표는 기존의 '역A특성 가중 규준화 바닥충격음레벨(L'n,AW)'에서 새롭게 '가중 표준화 바닥충격음레벨(L'nT,w)'을 사용하며, 중량충격음을 평가하는 지표는 기존의 역A특성 가중 바닥충격음레벨(L'i,Fmax,AW)'에서 새롭게 'A-가중 최대 바닥충격음레벨(LiA,Fmax)'을 사용한다. 한편, 바닥충격음 차단성능의 강화를 위해 동 고시 제4조 제1항에서 규정하는 등급별 성능기준의 최소 허용값을 [별표 1]과 같이 경량충격음과 중량충격음 모두 동일하게 49 dB로 변경하였으며, 소음에 대한 사람의 최소인지한계를 고려하여 각 등급을 4 dB 간격으로 조정하였다.

바닥충격음 차단성능의 성능검사와 관련하여, 동 고시 제28조 2항을 통해 단지의 평면유형별 세대수의 2퍼센트 이상의 비율로 성능검사 대상 세대 수를 선정하며, 동 고시 제29조에 따라 단위세대 내 대상공간은 거실로 한정하고 있다. 동 고시 제30조 제1항에 따라 검사 대상 세대에서의 모든 측정결과를 산술평균한 값을 이용하여 [별표 1]에서의 등급기준을 판단하나, 동 고시 제30조 제2항에 따라 성능검사기준은「주택건설기준규정」제14조의2 제1항 제2호에 따른 최소 허용값(49dB)과 비교하여 기준 초과여부를 판단하도록 규정되어 있다.

성능검사기관의 지정은 동 고시 제31조에 따라 동 고시 제6조에서 규정한 인정기관의 지정 절차를 준용하도록 규정하고 있으며, 동 고시 제32조에서 제35조까지의 규정을 통해 성능검사 신청 및 결과 통보 등의 처리 절차를 규정하고 있다. 보다 세부적인 사항은 동 고시 제36조를 통해 세부운영지침을 작성하도록 규정하고 있다.

❍ 공동주택 바닥충격음 성능검사 세부운영지침 [국토안전관리원, 2023.04.27.]

「공동주택 바닥충격음 차단구조 인정 및 검사기준」의 제31조 및 제32조에 따른 바닥충격음 성능검사기관으로 국토안전관리원이 단독 지정(국토교통부고시 제2023-68호, 2023.02.03.)된 이후, 성능검사와 관련된 처리기한, 절차, 기준, 구비서류 및 수수료 등의 필요한 사항을 규정하여 세부운영지침으로 공고하였다. 동 지침 제3조에서 제6조는 성능검사 신청과 관련된 사항을 규정하고 있으며, 동 지침 제3조 제5항을 통해 대상 공동주택의 바닥마감, 창호, 천정 등 마감공사가 완료되는 시기를 고려하고, 입주 지정기간 시작일 60일전까지 검사가 가능하도록 사용검사 신청서 제출 시점을 규정하고 있다. 또한, 사용검사 신청에 따른 처리기간은 동 지침 제5조에 따라「공동주택 바닥충격음 차단구조 인정 및 검사기준」의 [별표 8]에서와 같이 1일당 5세대 측정을 기준으로 총 15일 이내로 규정하고 있으며, 처리에 산입되지 않는 기간을 구체적으로 정의하고 있다.

동 지침 제7조의 제1항에서 제3항은 측정대상 세대의 선정방법을 규정하고 있으며, 무작위 추출 방식의 측정세대 프로그램을 이용하여 전체 대상의 2퍼센트 이상의 비율을 선정한다. 선정된 세대는 동 지침 제7조의 제4항에 따라 음원실이며, 측정이 불가한 경우를 대비하여 동 지침 제7조의 제5항에 따라 측정 예비세대를 동일하게 2퍼센트 이상의 비율로 선정하는 것을 규정하고 있다. 동 지침 제9조는 구체적인 성능검사 방법을 규정하고 있으며, 동 지침 제9조 제1항에 따라 현장검사 3일전까지 성능검사 일정을 통보하고 측정세대 및 측정예비세대의 호수는 검사 당일 고지하도록 규정하고 있다. 동 지침 제9조 제2항에서는 측정기관을 성능검사기관 또는 동 지침 제12조에 따라 선정한 공인시험기관으로 규정하고 있다. 이외, 성능검사 시 관계자의 입회 가능성, 고무공 낙하 높이 유지를 위한 보조장비의 필수 사용, 1/3 옥타브 밴드로의 측정 및 평가의 실시 등을 구체적으로 규정하고 있다. 특히, 동 지침 제9조 제7항에 따라 각 세대별 측정결과의 산술평균값은 소수점 둘째자리 이하에서 올림하도록 규정하고 있다.

동 지침 제10조는 성능검사 결과의 통보와 관련된 사항을 규정하고 있다. 측정결과의 원본자료는 측정당일 즉시 제출하며, 성적서는 측정완료 후 업무일 기준 5일 이내 제출하도록 규정하고 있다. 동 지침 제11조는 이의 신청에 따른 재검사 절차를 규정하고 있으며, 동 지침 제12조는 측정기관을 선정하고 관리, 감독하는 절차를 규정하고 있다. 동 지침 제13조는 측정기관 검사 배정에 대한 절차를 규정하고 있으며, 측정기관별 순번을 사전에 결정한 뒤, 한 개의 단지를 기준으로 하나의 측정기관에는 최대 15세대의 검사기관을 배정하도록 규정하고 있다.

### 2.1.1.3 국외의 층간소음 및 바닥충격음 관련 법령 및 규정 조사

국가별로 건축물 내 소음 기준이 상이하며, 소음에 대한 과태료 기준 또한 서로 다르다. 본 절에서는 해외 국가(미국, 영국, 홍콩, 독일, 일본, 홍콩)의 건물 내 소음 관련 법령을 정리하고자 한다.

## 가. 미국

#### 1) 뉴욕시 (Local Laws of The City of New York)

이웃으로부터 발생된 소음에 대한 과태료 부과와 관련된 법으로 규정에서는 누구라도 타인의 생활을 방해하는 정도의 지속적인 소음을 발생하지 못하도록 규정하고 있다. 뉴욕시의 주거공간의 소음 기준은 <표 2.2>와 같다.

<표 2.2> 뉴욕시 허용 소음레벨 기준

| | 주간(07시~22시) | 야간(22시~07시) |
|---|---|---|
| 저밀도 주거지역 | 60 dBA | 50 dBA |
| 고밀도 주거지역 | 65 dBA | 55 dBA |
| 상업 및 공업지역 | 70 dBA | 70 dBA |
| 출처:https://www.nonoise.org/lawlib/cities/ny/newyork.htm#204 | | |

이를 위반할 경우 <표 2.3>과 같이 벌금을 부과하고 있으며 경고를 3회 이상 받고도 이를 무시할 경우 강제퇴거를 시킬 수 있도록 규정을 만들어서 시행하고 있다. 뉴욕시의 소음 규정

세칙 24-218 소음 규정 벌금은 소음 기준을 위반할 경우의 벌금을 규정하고 있다. 벌금은 소음 위반의 유형, 시간대, 이전 위반 횟수에 따라 다르다.

<표 2.3> 뉴욕시 소음유발 행위에 대한 벌금

| 허용 레벨이상 소음 유발 | 위반 횟수 | 벌금 | 벌금 미납시 |
|---|---|---|---|
| 주간 (07시~22시) | 1차 | $350 | $1,000 |
| | 2차 | $700 | $2,000 |
| | 3차 | $1,050 | $3,000 |
| 야간 (22시~07시) | 1차 | $450 | $1,000 |
| | 2차 | $900 | $2,000 |
| | 3차 | $1,350 | $3,000 |

(단위: US 달러)

출처: 「뉴욕시 법전」 제31-115조 Noise Code Penalty Schedule, Section 24-218(a-c)
https://codelibrary.amlegal.com/codes/newyorkcity/latest/NYCrules/0-0-0-96405
https://www.nyc.gov/assets/dep/downloads/pdf/air/noise/noise-code-penalty-schedule.pdf

### 2) 청정 대기법(Clean Air Act)

미국 연방정부는 1955년 청정 대기법을 제정하여 고정·이동배출원의 오염물질 배출을 규제하는 연방 법률을 제정하였으며 1990년에 개정되었다.[1) ]제 4장 소음 공해(IV. Noise pollution)부분에서 '소음 저감'과 소음공해 관련 '예산 책정'을 다루고 있다. 본 법령은 소음이 인간에게 미치는 다양한 영향을 조사하고 분석한다는 것을 명확히 규정하고 있다. 이러한 영향 요소 중에서는 인간의 심리적이고 생리학적인 영향, 다양한 레벨의 영향, 그리고 일정한 소음과 비교하여 산발적이고 극심한 소음에 대한 영향 등이 포함되어 있다.

## 나. 영국

### 1) 반사회 행위법 (Anti-social Behavior Act 2003)

기존 형사 정책 및 공공질서법(The Criminal Justice and Public Order Act 1994)의 개정 법령이다. 청정 사회 환경을 구축하기 위한 관할 지방 정부 (Local Authorities)의 권한에 관한 법령으로 담당 관할기관에게 소음이 야기되는 건물부지, 광고 및 쓰레기 처리를 담당하도록 한다는 내용이 포함되어 있다.

### 2) 이웃 및 환경법(Clean Neighbourhoods and Environment Act 2005)

지방 정부의 권한에 관한 법령으로 소음, 청소 등 사회적 문제를 야기할 수 있는 청소 관리 및 계획, 인공조명 및 곤충 등을 담당하도록 하고 있다.

1) 청정대기법: https://www.epa.gov/clean-air-act-overview

### 3) 소음 및 소란에 관한 법 (Noise and Statutory Nuisance Act 1993)

지방 정부는 거리의 소음, 소음 유발자, 난동자 등에 의해 야기되는 소음을 관리해야 하며, 이를 억제 및 금지시켜야 한다는 내용이 포함되어 있다.

### 4) 공해관리법(The Control of Pollution Act 1974)

담당 지방정부의 건설 및 철거 현장에서 발생하는 소음 관리 규정을 담고 있다. 또한 이 법령에는 거리에서의 소음 유발자 및 과도한 차량 음악에 대한 규정도 포함되어 있다.

## 다. 독일

### 1) 연방 질서 위반법 117조 1항

공공이나 이웃에게 심각한 부담을 주거나 타인의 건강을 침해할 수 있는 소음의 발생은 위법으로 규정. 이를 위반하면 최대 5,000유로(한화 약 720만 원)의 과태료를 부과한다.

### 2) 연방공해방지법

대기오염, 소음, 진동 또는 이와 유사한 방식으로 환경에 해로운 영향을 주는 것으로부터 보호하기 위한 법이다. 제6장 소음 감소 계획에서 환경 소음에 대한 범위를 정의하고 있으며 적용범위는 인구 밀집 지역 내 시가지, 공원, 기타 정숙 공간, 지방 휴양지, 학교 및 병원 주변, 기타 소음에 민감한 건물 및 지역에서 소음에 노출된 사람에게 적용된다.

## 라. 일본

일본은 1970년에 「건축 기준법」에서 '공동주택의 개벽에 대한 차음기준'을 시행하고 있었으나 최저한의 규제치의 불과하여 실제 건축물의 설계기준으로는 일본공업규격과 건축학회 기준안 등을 활용하고 있었다. 그 이후, '리우 선언'과 '21세기 행동강령(Agenda 21)'의 영향으로 「환경 기본법」이 1993년 11월 19일에 제정되었다. 환경보전에 대해 기본이념을 정하고, 국가·지방자치단체·사업자 및 국민의 책무를 명확히 함과 동시에, 환경 보전에 관한 시책의 기본사항을 정함으로써 환경 보전에 관한 시책을 종합적이고 계획적으로 추진하고, 나아가 현재 및 장래의 국민건강과 문화생활 확보에 기여하고 인류 복지에 공헌하는 것을 목적으로 하고 있다.

「환경 기본법」 제2조 제3항에서 '공해'에의 개념을 정의하면서, 소음을 이 개념에 포함시키고 있다. '공해'란 사업 활동 등 그 외 사람의 활동에 의해 발생하는 상당한 범위에 걸친 대기오염, 수질오염, 도양오염, 소음, 진동, 지반 침하 및 악취에 의해 사람의 건강 또는 생활 환경과 관련된 피해가 발생하는 것으로 정의하고 있다. '소음 공해'는 소음에 의해 발생되는 사람의 건강 또는 생활 환경상의 피해라고 볼 수 있다.

이러한 소음 피해를 줄이기 위해 일본은 소음에 대한 규제 규정을 두고 있다. 제16조 제1항에의 규정에 의하면, 정부는 소음에 관한 환경상의 조건에 대해서 각각 인간의 건강을 보호하고 생활환경을 보전, 유지하기 위한 바람직한 기준을 별도로 정하여야 한다고 명시되어 있다. 이에 근거하여 일본 정부는 <표 2.4> 와 같이 '소음에 관한 환경기준'을 정하고 있다.

**<표 2.4> 일본의 생활소음에 관한 환경 기준값**

| 지역 | 주간(06시~22시) | 야간(22시~06시) |
|---|---|---|
| 요양시설, 사회복지 시설등이 집합해 설치되는 지역 등 특히 정온을 요하는 지역 | 55 | 40 |
| 독점적으로 주거용으로 제공되는 지역 /주로 주거용으로 제공되는 지역 | 55 | 45 |
| 상당수의 주거와 함께 상업, 공업 등의 용도로 제공되는 지역 | 60 | 50 |
| (단위:dB) 자료: 「환경 기본법」 개정 2012.03.30 | | |

일본은 기타 소음 관련 규제 법으로는 사회 질서 위반의 관점에서 소음을 규제하는 「경범죄 처벌법」이 있다. 제 1조 14호에 소음과 관련하여 "공무원의 제지에도 불구하고 인청, 악기, 라디오 등의 음을 비정상적으로 크게 올려 평온을 해하고 인근에 폐를 입힌 자"는 구류 또는 과료에 처한다고 하고 있다. 그리고 흉볍성 폭행죄에도 "사람의 신체에 직접 유형력을 행사하는 것"이 폭행의 전형이나, 빛, 열, 악취, 음파 등은 폭행으로는 비전형적인 유형이기는 하지만 판례에서는 소음에 의한 폭행도 인정하고 있다.

## 마. 호주

호주는 건축법규에는 건물의 대해 최소 건축 표준을 규제하고 있으나 배관이나 덕트 등에 대한 최소 요구 조건 규제뿐이며, 외부로부터 소음 침입이나 건물에서 발생하는 소음과 같은 무제를 다루지 않고 있다. 이에 따라 호주음향컨설턴트협회(Association of Australasian Acoustical Consultants, AAAC)는 공공주택에서 교통소음 등과 같이 외부소음에 대한 등급과 공기전달음과 바닥충격음에 대하여 국제표준에 따라 측정한 값에 대해 등급을 <표 2.5> 와 같이 제안하였다.

<표 2.5> 호주의 공공주택 내 실내 소음 기준

| 실내 소음 | | 소음 기준 | | | | |
|---|---|---|---|---|---|---|
| | | 2 star | 3 star | 4 star | 5 star | 6 star |
| 침실 | 지속소음 | 36 | 35 | 32 | 3 | 27 |
| | 간헐소음 | 45 | 40 | 35 | 30 | 27 |
| 그 외 공간 (오픈 주방 포함) | 지속소음 | 41 | 40 | 35 | 30 | 27 |
| | 간헐소음 | 55 | 45 | 40 | 35 | 32 |
| 다습 공간 (욕실, 세탁실) | 지속소음 | 55 | 50 | 45 | 42 | 40 |
| | 간헐소음 | 60 | 55 | 48 | 42 | 40 |
| | | | | | | (단위:dBA) |

## 바. 홍콩

홍콩은 1997년에 「소음 통제」 조례를 제정하여 공사장 소음, 제품소음, 생활소음 등에 대해서 규제를 하고 있으며, 제 2부에서 '소음 활동 통제'에서 '야간 또는 공휴일'의 특정한 시간대에 대한 소음규제와 '평상시 생활 소음'에 대한 규제를 다루고 있다. '야간 또는 공휴일 소음'은 밤 11시부터 오전 7시까지 또는 공휴일 어느 시간대라도 주택이나 공공장소에서 소음을 발생시키는 사람은 범죄에 해당한다고 명시하고 있다. 이를 위반 시 최대 $10,000(Level 3)의 벌금이 부과된다.

Cap.400, 제2부 소음활동 통제(Cap.400 Noise Control Ordinance Part 2)에서 소음발생원에 대해서 구체적으로 명시하고 있다.

(1) 가정용 건물 또는 공공장소에서 다음과 같은 행위를 하는 사람.

- 레코드판, 카세트 플레이어, 라디오 또는 텔레비전 장치를 포함한 음악 또는 기타 악기를 재생 및 작동하는 행위;
- 확성기, 메가폰 또는 기타 소리를 확대하기 위한 장치나 악기를 사용하는 행위;
- 게임이나 오락을 하는 행위; 또는
- 거래 또는 사업을 하는 경우;

위 소음으로 인해 다른 사람을 성가시게 하는 행위는 위법에 해당한다.

(2) 주택에서 다른 사람에게 성가심을 주는 소음의 원인이 되는 에어컨 또는 환기 시스템을 작동하거나 작동하도록 허용하는 행위는 위법에 행당한다.

(3) 주택이나 공공장소에서 새와 같은 반려동물의 울음소리로 인한 소음 유발도 위법에 해당한다.

(4) 공공장소 또는 그 근처에서 자신의 상품 또는 거래에 대한 관심을 끌 목적으로 유발한 광고성 소음원도 모두 위법에 해당한다.

(5) 위에 해당하는 규제 위반시 $10,000(Level 3)의 벌금이 부과된다.

## 바. 소결

본 절에서는 해외 국가별 주택 내 생활소음 기준에 대해서 살펴보았다. 주택 내 생활소음 기준은 국가별로 상이하였으나, 대체적으로 50~60 dBA 사이에서 기준이 설정된 것을 확인할 수 있다. 특히, 뉴욕시와 홍콩은 주택에서 발생하는 소음 기준을 위반 시 벌금을 부과하고 있다. 그러나 해외 국가의 생활소음 규정에는 바닥충격음 및 층간소음 규정이 따로 되어 있지 않아 국내 층간 소음 기준과 직접적으로 비교하기에는 다소 어렵다고 판단된다.

# 2.1.2 국내·외 관련 법원 소송 결과, 판례, 배상

### 1) 국내의 층간소음 분쟁 관련 법원 판례 요약 및 분석

❍ 조사 방법 및 범위

법원 판례검색서비스로 국내에서 널리 사용되고 있는 「엘박스」에 '층간소음'을 키워드로 검색하여 나타난 각급 법원의 판례들 중 278개의 민사 판결문을 검토하였다. 그중 공동주택 이웃 간에 층간소음 문제가 원인이 되어 발생한 명예훼손, 폭행, 상해 등에 따른 손해배상청구 등은 별도 분석하지 않고, 층간소음 자체를 이유로 한 손해배상청구 사례만을 분석하였다.

층간소음 자체를 이유로 한 손해배상청구 사례 중 상당수는 해당 소송의 원고가 주장하는 층간소음이 수인한도를 넘는지에 관하여 입증이 부족하다는 이유로 기각되었다. 즉 일상생활 중 발생하는 '비 고의적인 층간소음'이 문제된 사안에서, 원고가 전문기관에 의뢰하여 층간소음을 측정하지 않고 개별적으로 휴대폰 동영상, 녹음기 등으로 층간소음을 측정한 사례들이 많았는데, 모두 수인한도를 넘는지에 관해 입증이 부족하다는 짧은 판결이유 설시 후에 기각되었다.

아래에서는 공동주택 이웃 간에서 층간소음 자체를 이유로 한 손해배상청구 사례 중 손해배상책임이 인정된 사례(15건)와 전문기관의 소음측정 결과가 있음에도 손해배상책임이 부정된 사례(4건)를 중심으로 분석하였다. 이외에 아파트 수분양자가 시공사를 상대로 바닥충격음 차단성능 미달을 이유로 손해배상을 청구하여 인용된 사례(1건)가 확인되어 함께 분석하였다.

❍ 관련 법원 판례 요약

<table>
<tr><th rowspan="2">순번</th><th>사건번호</th><th>청구인용 여부</th><th>피해 기간</th></tr>
<tr><th>사안요약</th><th>판결이유 요약</th><th>판결 주문 및<br>위자료 액수</th></tr>
<tr><td rowspan="2">1</td><td>포항지원 2020. 8. 27. 선고<br>2020 가합 10058 판결</td><td>기각</td><td>미상</td></tr>
<tr><td>[비 고의적 소음유발 사례]<br>- 원고들은 2019 1. 4.경부터 층간소음 고통 호소<br>- 피고는 소음방지용 매트 설치<br>- 원고들의 한국환경공단에 대한 소음측정 의뢰<br>- 한국환경공단 층간소음 이웃사이센터 소음도 측정<br>: 2019. 9. 7. 09:00~20:00,<br>: 1분 등가소음도(Leq)=38.9,<br>: 최고 소음도(Lmax)=46.2~60.1</td><td>- 소음 측정값이 소음진동관리법 및 관련 기준의 기준치 이내임<br>- 피고는 소음방지용 매트를 설치하는 등의 조치를 취함<br>- 원고들이 주장하는 층간소음이 모두 피고의 집에서 발생한 것이라 단정할 수 없음<br>- 원고가 주장하는 층간소음은 주로 낮 동안에 간헐적으로 발생한 것으로 보임<br>- 층간소음을 직접적인 원인으로 식도염류병 등의 질병이 발생하였다고 볼 증거가 없음</td><td>-</td></tr>
<tr><td rowspan="2">2</td><td>대전지방법원 2014. 2. 10. 선고<br>2013 가소 59099 판결</td><td>인용</td><td>2013. 05. 25~<br>2013. 11. 24.</td></tr>
<tr><td>[고의적 소음유발 사례]<br>- 피고는 주로 야간에 아령을 굴리는 등의 방법으로 45dB에서 최고 72.8dB에 달하는 소음 발생시킴</td><td>- 방법, 횟수, 발생시간 등에 의하면 통상적으로 수인하여야 하는 범위를 초과하여 원고들의 사생활을 방해할 정도에 이른다고 할 것임.</td><td>피고들은 각자 원고들(4인)에게 <u>각 50만원</u> 및 이에 대한 지연이자를 지급하라</td></tr>
<tr><td rowspan="2">3</td><td>대전지방법원 2016. 3. 3. 선고<br>2014 가단 11809, 2014 가단 18107 판결</td><td>인용</td><td>2014. 01. 26.~<br>2014. 10. 04</td></tr>
<tr><td>[고의적 소음유발 사례]</td><td>- 원고들은 고의로 층간소음을 일으켰다는 이유로</td><td>원고들은 공동하여</td></tr>
</table>

| | | | |
|---|---|---|---|
| | - 피고들(아래층)은 스마트폰 소음측정앱으로 거실과 드레스룸에서 층간소음을 계측하고, 원고들(윗층)이 층간소음을 일으키고 있다고 판단되면 원고들 아파트 맞은편 상가로 가서 원고들이 야간에 거실에서 농구공을 굴리거나 아령을 굴리는 등의 방법으로 고의로 층간소음 일으키는 장면을 동영상으로 촬영함<br><br>- 법원 감정인이 원고들의 아파트에서 층간소음을 일으키고 이를 소음측정전용장비와 피고들 측정장비로 동시에 계측하여 피고들 측정장비의 정확성을 확인함<br>- 최고소음도는 51dB~78.2dB<br><br>- 원고들은 불법촬영으로 인격권 및 사생활의 비밀이 침해되었다고 주장하며 본건 소송을 제기하고, 피고들은 원고들이 순번 2 판결 이후에도 계속하여 층간소음을 일으키고 있다고 주장하며 이 사건 반소를 제기함 | 손해배상판결을 받았었고 층간소음을 일으켜서는 안 된다는 법원의 가처분결정을 받았음에도 불구하고, 층간소음을 줄이기 위한 아무런 노력을 하지 않은 점 등을 종합적으로 고려하면, 과실로 수인한도를 넘은 층간소음을 발생시킨 사실이 인정됨<br><br>- 피고들은 이미 원고들이 고의로 일으킨 층간소음에 노출된 경험이 있었던 점, 원고들이 층간소음을 줄이기 위한 노력을 기울이지 않은 점, 층간소음의 발생기간 및 정도 등을 고려하여 정함 | 피고들에게 <u>각 200만원</u> 및 이에 대한 지연이자 지급하라<br><br>[참고]<br>불법촬영 등 사생활의 비밀의 침해를 이유로 한 원고의 손해배상청구에 대해는, "피고들은 공동하여 원고들에게 <u>각 50만원</u> 및 지연이자 지급하라" |
| 4 | 부산지방법원 2008. 11. 18. 선고 2008가단8030, 2008가단138887 판결 | 인용 | 아파트 입주 이후 약 3년 간 |
| | **[시공사가 바닥충격음 성능 미달로 입주민에게 배상한 사례]**<br>- 원고(시공사)는 아파트 단지를 시공하면서 바닥충격음을 차단하여 피고(입주민)의 일상생활에 피해를 입히지 않아야 함에도 불구하고 바닥충격음을 충분히 차단할 수 있는 차음시설을 하지 않아 피고에게 수면장애 등 수인한도를 넘는 고통에 시달리게 하였음. | - 밀폐되고 제한된 주거공간의 경우 충격음 그 자체보다 거기에서 파생되는 진동소음이 아주 중요한 요소가 된다고 할 것이므로, 이미 구체적인 기준을 어느 정도 초과한 바닥충격음 및 여기에 추가하여 파생되는 진동소음과 이를 몸으로 느끼는 상태, 주관적 감정까지 고려하면 | 피고는 원고에게 <u>5,763,040원{재산상 손해 4,263,040원 +위자료 1,500,000원}</u> 및 이에 대한 지연이자를 지급하라 |

| | | | |
|---|---|---|---|
| | - 2003.4.22.개정 이전 바닥충격음 차단구조 관련 주택건설관련 법령은 의무적 규정으로 보아야 함.<br>: 인정된 중량충격음 평균 54.5dB(거실 52dB, 안방 57dB)<br>: 인정된 경량충격음 평균 57.5dB(거실 59dB, 안방 56dB) | 수인한도를 초과하였다고 볼 수 있음 | |
| 5 | 부산지방법원 동부지원 2022. 11. 1. 선고 2022 가단 104985, 2022 가단 104992 판결 | 인용 | 2020. 7. 23. ~2021. 5.초 |
| | [고의적 소음유발 사례]<br>- 원고는 피고의 집 아래층으로 이사 온 직후부터 피고와 층간소음 분쟁을 겪어 왔음<br>- 피고의 집을 방문한 아파트 관리소장, 시설과장, 보안실 직원, 그외 이웃주민들의 진술에 의하면 그 소음의 정도는 일상생활을 영위하는 과정에서 자연스럽게 발생하는 정도의 생활소음이 아니라 고의적으로 인위적으로 발생시키는 강력한 소음이라고 보임. | - 피고가 발생시킨 소음이 단순한 생활소음이 아니라 원고들을 괴롭히기 위하여 고의적으로 발생시킨 소음이라는 점에서 비록 객관적인 측정치가 없다고 하더라도 사회통념상 일반적으로 수인하기 어렵다고 판단됨 | 피고는 원고 A 에게 637,340 원(치료비)을, 원고 A, B 에게 각 300 만원(위자료)를 지급하라 |
| 6 | 서울남부지방법원 2018. 10. 23. 선고 2017 가단 259463 판결 | 기각 | 2016. 6. ~2017. 9 |
| | [비 고의적 소음유발 사례]<br>- 원고는 피고가 윗층에 이사 온 직후부터 피고와 층간소음 갈등을 겪음. 원고는 베란다 창문 상단에 불을 붙은 담배를 올려 놓아 피고가 사는 윗층으로 올라가게 함.<br>- 이를 피고가 사진 찍어 언론에 제보하자 사생활 침해를 이유로 위자료 2000 만원 배상을 | - 서울시 국민생활연구팀에 의해 측정된 소음도가 층간소음의 범위와 기존에 관한 규칙의 범위 내인 점, 피고가 수인한도를 넘어서 소음을 발생시켰다고 보기 어려운 점, 피고가 소음방지매트를 설치한 점 등 고려 | - |

| | | | |
|---|---|---|---|
| | 청구함과 동시에 층간소음으로 인한 고통을 이유로 500 만원 배상을 청구함 | | |
| 7 | 서울동부지방법원 2022. 9. 22. 선고 2021 가합 106669 판결 | 기각 | 2019. 11. ~2021.11 |
| | [비 고의적 소음유발 사례]<br>- 원고들이 건물 아래층으로 이사를 온후 위층에 사는 부부인 피고들과 층간소음 갈등을 겪음.<br>- 원고는 층간소음으로 인한 정신적 고통에 대한 손해배상을 청구함과 동시에 피고들이 주거침입죄로 약식명령을 발령받아 확정된 사실을 근거로 손해배상을 청구함. | - 피고들이 수인한도를 넘는 소음, 진동을 일으켰다거나 원고들을 괴롭히기 위하여 고의롤 소음을 발생시켰다고 보기 부족함. 인근의 다른세대나 계단, 외부소음이 측정되었을 가능성이 있음. | - |
| 8 | 서울중앙지방법원 2015. 9. 15. 선고 2013 가단 5099747 판결 | 기각 | 2013. 6. 22.~ 2014. 5. 10. |
| | [고의적 소음유발 사례]<br>- 피고들이 2012. 11.경 원고들의 아래층으로 이사 온 직후부터 원고들과 층간소음과 관련한 다툼을 겪음.<br>- 피고들이 우퍼스피커 등을 이용하여 소음을 발생시켜 정신적, 육체적인 피해를 입었다며 손해배상을 청구함과 동시에 피고들의 1 인 시위 등으로 명예가 훼손되었다면서 명예훼손, 모욕을 이유로 손해배상을 청구함. | - 사회통념상 수인한도를 넘는 소음이 발생하였다는 점을 인정하기에 부족함. | - |
| 9 | 서울중앙지방법원 2020. 12. 4. 선고 2020 나 6039 판결 | 인용 | |
| | [고의적 소음유발 사례]<br>- 원고들이 2017. 1. 이사온 이후로 피고와 층간소음 다툼을 | - 피고는 수인하기 어려울 정도의 층간소음을 발생시킨 것으로 봄이 타당하고, | 피고는 <u>원고 A 에게 1,000,000 원(위</u> |

| | | | |
|---|---|---|---|
| | 겪음. 피고는 15년 이상 같은 호실에 거주함.<br>- 원고들은 피고가 원고들과 층간소음 갈등을 겪는 중 의도적으로 벽 또는 천장을 쳐 층간소음을 발생시켰다거나 원고들의 집 앞에서 극심한 욕설을 하는 등 소음을 발생시켰다는 등의 여러 이유로 손해배상을 청구함. | 원고들은 경험칙상 정신적 손해를 입었다고 볼 것임. 층간소음 규칙상 소음도는 인위적으로 발생시킨 소음이 문제되는 경우에는 적용되지 않음. | 자료), 원고B에게 150만원(위자료 및 상해) 및 각 이에 대한 지연이자를 지급하라 |
| 10 | 서울중앙지방법원 2021. 8. 27. 선고 2020가합567578 판결 | 인용 | 2020. 2. ~2020. 7. |
| | **[비 고의적 소음유발 사례: 새벽시간대 소음발생한 사례]**<br>- 원고는 2020. 2.경부터 2020. 7.경까지 오후 9:30경과 새벽 2:00경에 피고들이 발생시킨 바닥충격음으로 수면 등 일상생활을 방해받은 정신적 고통을 입었음을 이유로 피고들에 대하여 위자료 배상을 청구한 사안. | - 층간소음의 소음도가 그리 크지는 않지만, 층간소음에 취약한 때에 층간소음이 발생한 점, 피고들이 층간소음 피해를 줄이기 위해 노력하였다고 볼 사정이 없는 점, 원고가 층간소음 분쟁으로 정신건강의학과 진료를 받은 점 고려하여 배상액 산정함 | 피고들은 공동하여 원고에게 100만원(위자료) 및 이에 대한 지연이자를 지급하라 |
| 11 | 서울중앙지방법원 2021. 11. 24. 선고 2020나39619 판결 | 인용 | 2017. 8. ~2019. 2. |
| | **[비 고의적 소음유발 사례: 소음기준 크게 초과한 사례]**<br>- 원고는 2017. 8.경 피고 아파트의 아래층에 입주한 이후 층간소음으로 인한 민원을 수차례 제기하였으나 해소되지 않아 피고에 대하여 위자료 배상을 청구한 사안 | - 2018. 12. 10.부터 2019. 2. 27.까지 원고 아파트에서 층간소음을 측정한 결과 주야간 약 75.3dB(지속시간 1~40초)의 공기전달 소음이 수십차례 측정된 점, 소음도가 규칙상 규정한도를 상당히 초과한 점, 원고가 층간소음으로 급성 스트레스반응 및 비기질성 불면증의 증상이 발생한 점을 고려하여 손해배상책임을 | 피고는 원고에게 200만원(위자료) 및 이에 대한 지연이자를 지급하라 |

| | | | |
|---|---|---|---|
| | | 인정하고 위자료 배상액을 산정함. | |
| 12 | 수원지방법원 2020. 9. 8. 선고 2019가소35087 판결 | 인용 | 2017. 9. ~2019. 11. |
| | **[비 고의적 소음유발 사례: 소음정도 및 시간대 불분명]**<br>- 원고는 피고가 2017. 9.경부터 2019. 11.경까지 쿵쿵거리며 걷는 발소리와 물건을 던지는 소리 등을 내어 정신적 고통을 받았다는 이유로 위자료 배상을 청구한 사안 | - 층간소음의 정도, 평소 층간소음 등으로 인한 당사자 사이의 분쟁관계와 그 발생 횟수, 소음민원에 대한 시정을 위한 노력의 정도, 원, 피고 사이의 관련사건에 대한 형사처분결과 등 여러 사정들을 두루 참작함 | 피고는 원고에게 200만원(위자료) 및 이에 대한 지연이자를 지급하라 |
| 13 | 인천지방법원 2014. 12. 16. 선고 2014나7025 판결 | 인용 | 2011. 4. ~2014. 3. |
| | **[비 고의적 소음유발 사례: 새벽시간대 소음발생한 사례]**<br>- 원고는 피고가 2011. 4.경부터 2014. 3. 3.경까지 원고의 윗층에 거주하면서 층간소음을 발생시켜 이에 항의하였음에도 지속적으로 소음을 발생시켜 정신적 고통을 야기하였음을 이유로 위자료 배상을 청구한 사안 | - 원고와 그 가족들이 피고 측에게 지속적으로 층간 소음에 대해 문제를 제기하였음에도, 피고가 늦은 시각에 소음을 발생시키는 등으로 원고에게 정신적 고통을 야기한 행위는 원고에 대한 불법행위를 구성함 | 피고는 원고에게 100만원(위자료) 및 이에 대한 지연이자를 지급하라 |
| 14 | 인천지방법원 2020. 8. 13. 선고 2020가단207528 판결 | 인용 | 2018. 6. 13.~ 2020. 1. 10. |
| | **[고의적 소음유발 사례]**<br>- 피고들은 2018. 6. 13.부터 2020. 1. 10.경까지 위층에서 생활하는 원고들이 층간소음을 일으킨다는 이유로 층간소음 보복장치를 이용하여 소음과 진동을 발생시키는 등의 불법행위를 하여, 이에 원고는 불안장애 진단을 받게 되었다는 등 이유로 위자료 배상을 청구한 사안 | - 원고들이 피고들의 행위로 불안장애 등의 진단을 받고, 자신의 주거지에서 거주하지 못하여 주거의 안정이라는 중요부분을 침해당하고 다른 부동산을 임차하여 생활하고 있는 점 등을 고려하여 위자료 산정함 | 피고들은 공동하여 원고등에게 각 500만원(위자료) 및 이에 대한 지연이자를 지급하고, 원고 B에게 1960만원(임차료) 및 이에 대한 |

| | | | |
|---|---|---|---|
| | | | 지연이자를 지급하라 |
| 15 | 인천지방법원 2020. 12. 1. 선고 2020가단229191 판결 | 인용 | 2018. 10. 8. ~2018. 10. 12. |
| | [고의적 소음유발 사례]<br>- 원고들은 수인한도를 넘는 층간소음을 발생시킨 사실이 없음에도 피고들이 계속하여 층간소음에 대해 항의하면서 2018. 10. 8.~2018. 10. 12. 01:00경까지 우퍼스피커 등을 이용하여 층간소음 보복행위를 하였고 악성민원을 제기하였다는 이유로 위자료 배상을 청구한 사안 | - 피고들이 층간소음 보복행위를 한 것은 정당화 될 수 없으나 위와 같은 행위에 나아간 경위와 상황에 참착사유가 있음을 고려하여 위자료를 산정함 | 피고는 원고들에게 <u>각 50만원(위자료)</u> 및 이에 대한 지연이자를 지급하라 |
| 16 | 인천지방법원 2021. 6. 9. 선고 2020나1431 판결 | 인용 | 2017. 6. ~2019. 4. |
| | [비 고의적 소음유발 사례: 새벽시간대 소음발생한 사례]<br>- 원고는 피고가 2017. 6.경 이사 온 직후부터 자정 무렵이나 새벽시간 대에 바닥을 쿵쿵거리거나 음악을 크게 틀어 놓는 등 소음을 발생시킨다는 이유로 피고를 찾아가 항의하고 경찰에 신고하는 등 문제를 제기하였음에도 피고가 계속하여 수인한도를 넘는 소음을 발생시켰다는 이유로 위자료 배상을 청구한 사안 | - 층간소음의 정도 및 지속시간, 원고 등의 피해정도, 이 사건에 이르게 된 경위 등 제반사정을 참착하여 위자료를 산정함 | 피고들은 공동하여 연고들에게 각 <u>100만원(위자료)</u> 및 이에 대한 지연이자를 지급하라 |
| 17 | 인천지방법원 2022. 4. 15. 선고 2020나80885, 2020나80892 판결 | 인용 | 2018. 7. ~2018. 12. |
| | [비 고의적 소음유발 사례: | - 원고는 자신의 집에서 | 피고는 원고에게 |

| | | | |
|---|---|---|---|
| | 소음원인을 방치한 사례]<br>- 피고는 2018. 7.경부터 원고의 집에서 키우는 개의 짖는 소리로 인한 층간소음으로 정신적 고통을 입었음을 이유로 위자료 배상을 청구한 사안(원고가 피고에 대하여 명예훼손, 모욕 등을 이유로 손해배상을 청구하는 본소를 제기한 데에 대하여 피고가 반소를 제기한 사안) | 3마리의 개를 키워온 사실, 피고가 2018. 11.경부터 수차례에 걸쳐 개짖는 소리로 인한 층간소음 문제로 민원을 제기하거나 신고한 사실, 이전 세입자 역시 원고가 키우는 개의 짖는 소리로 층간소음 고통을 호소한 사실, 사회통념상 참을 한도를 초과한 사실을 인정하여 위자료를 산정함 | <u>100만원(위자료)</u> 및 이에 대한 지연이자를 지급하라 |
| 18 | 인천지방법원 부천지원 2022. 12. 22. 선고 2021가단108089 판결 | 인용 | 2020. 8. ~ 2021. 4. |
| | [고의적 소음유발 사례]<br>- 피고들은 위층에 거주하는 원고들이 층간소음을 발생시킨다는 이유로 원고들에게 보복하기 위하여 2020. 8.경부터 2021. 3.경까지의 기간 피고들의 집에서 극심한 소음과 진동을 발생시켰고, 이로 인해 원고들은 정신적 고통을 입었음을 이유로 위자료배상을 청구한 사안 | - 피고들이 7개월이 넘는 기간 동안 72회에 걸쳐 심야시간을 포함하여 지속적으로 소음과 진동을 발생시킨 점, 원고가 임신 중 조산한 데에는 소음, 진동으로 인한 수면부족과 스트레스가 기여한 것으로 보이는 점, 원고들의 요청을 무시하고 계속하여 의도적으로 소음, 진동을 발생시킨 점을 고려하여 위자료 산정함 | 피고들은 공동하여 원고들에게 <u>각 500만원(위자료)</u> 및 이에 대한 지연이자를 지급하라 |
| 19 | 춘천지방법원 강릉지원 2018. 7. 18. 선고 2017가단30145 판결 | 인용 | 2016. 4. ~ 2017. 4. |
| | [비 고의적 소음유발 사례: 소음원인을 방치한 사례]<br>- 원고들은 감정조절 및 인지기능에 저하가 있어 보호/감독이 필요한 피고의 처가 2016. 4.경부터 2017. 4.경까지 수인한도를 넘는 층간소음을 발생시켰고, 이로 인해 정신적 고통을 입었음을 이유로 위자료배상을 청구한 사안 | - 층간소음 최고소음도가 75dB에 이르는 점, 옆동, 현관에서까지 들릴 정도의 큰 소음을 발생시킨 점, 이웃주민들이 지속적으로 민원을 제기하거나 신고한 점 등을 고려하여 위자료 산정함 | 피고는 원고들에게 <u>각 100만원(위자료)</u> 및 이에 대한 지연이자를 지급하라 |

| | | | |
|---|---|---|---|
| 20 | 서울중앙지방법원 2023. 4. 13. 선고 2022가단5065289 판결 | 인용 | 2015. 9.<br>~2023. 2. |
| | **[비 고의적 소음유발 사례: 소음원인을 방치한 사례]**<br>- 원고는 2015. 9.경 피고의 아파트 아래층으로 이사 온 이래 약 7년의 기간 동안 피고가 유발한 층간소음으로 고통을 받았음을 주장하며, 정신과 치료비 , 다른 건물을 임차하여 지출한 월세 등 재산적 손해와 위자료 배상을 청구한 사안 | - 원고의 항의에도 피고가 소음방지 매트 설치 등 소음방지를 위해 별다른 조치를 취하지 않은 점, 층간소음 이웃사이센터에 의한 소음진동측정결과표에 의하면 피고의 집에서 발생하는 층간소음은 41dB로 측정되어 2023. 1. 2자로 개정된 '공동주택 층간소음의 범위와 기준에 관한 규칙'의 기준을 벗어나는 점 등을 고려하여 손해배상책임을 인정하고, 피고가 약 7년이라는 장기간 동안 정신적 고통을 입었음을 고려하여 위자료 1,500만원을 인정함 | 피고는 원고에게 <u>1,500만원(위자료)</u> 및 이에 대한 지연이자를 지급하라 |
| 21 | 부산지방법원 2017. 7. 19. 선고 2016나12004 판결 | 인용 | 2014. 10.<br>~2016. 9. |
| | [고의적인 소음유발 사례]<br>- 원고는 피고가 원고에게 불만을 가지고 고의적으로 피고 주택의 바닥을 두드리는 등의 방법으로 층간소음을 발생시켰고 이로 인해 원고는 대인공포증 및 불면증 등 정신적 고통을 입었음을 이유로 위자료 배상을 청구한 사안 | - 원고가 녹음한 녹음파일에 의하면 어떤 물체로 바닥을 찍는 것과 유사한 쿵쿵 소리가 나는 것을 확인할 수 있고, 그 소음의 반복성과 크기 등에 비추어 보면 수인한도 내의 일반적인 소음이라고 보기는 어려움. 층간소음의 지속시간, 소음의 크기 등 제반사정을 참작하여 위자료를 산정함 | 피고는 원고에게 <u>150만원(위자료)</u> 및 이에 대한 지연이자를 지급하라 |

❍ 관련 법원 판례 분석

층간소음 자체를 이유로 한 손해배상청구 사례(20건) 중 청구가 인용된 사례는 총 16건이 확인되었으며, 그 중 절반인 8건은 고의적인 소음유발행위(보복적인 소음유발행위)로 인한 사례이었다. 이 경우에는 전문기관의 소음측정 결과가 법원에 증거자료로 제출되지 않았더라도 다른 증거자료만으로도 손해배상책임이 인정되는 경우가 많았다.

그밖에 일상생활 중 발생하는 '비 고의적 층간소음'을 이유로 한 손해배상청구 중 청구가 인용된 사례는 8건이 확인되었는데, 가해자가 새벽 등 취약시간대에 소음을 발생시킨 경우, 소음을 줄이려는 노력 없이 장기간 소음발생을 방치한 경우, 발생된 소음이 소음기준을 현저히 초과하는 경우 등이었다. 이러한 판결 결과를 분석하면, 법원은 일상생활 중 발생하는 '비 고의적 층간소음'에 대하여 손해배상책임을 인정하는 데에 상당히 엄격함을 알 수 있다. 공동주택은 본래부터 이웃 간에 층간소음이 어느 정도 발생할 수밖에 없는 구조이므로 주간 시간대에 간헐적으로 소음이 발생한 것만으로는 손해배상책임이 인정되지는 않았다고 볼 수 있다.

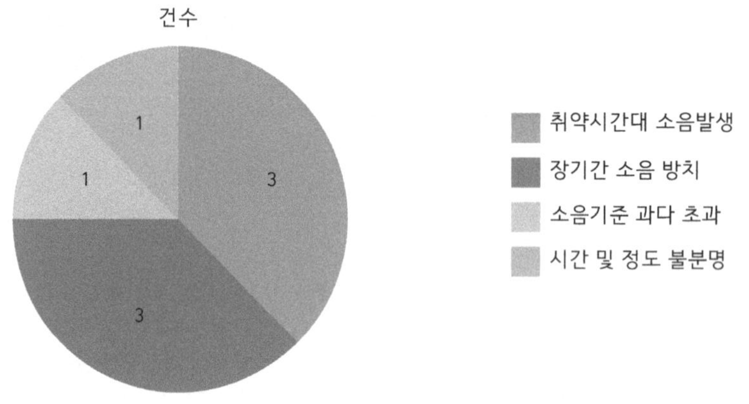

비 고의적 층간소음으로 인한 손해배상책임 인정 사례

공동주택 이웃 간 층간소음을 이유로 한 손해배상청구 사례에서 위자료 배상액은 사건에 이르게 된 경위, 소음유발자의 고의 여부 및 소음방지 노력 여부, 소음의 유형, 정도 및 크기, 소음발생 시간대, 총 피해기간, 피해자의 실제 피해(질병 등)의 내용 등 다양한 요인들을 고려하여 최소 50만원부터 최대 1,500만 원(피해기간 7년)에 이르기까지 넓은 범위에서 인정되었다.

한편 아파트 수분양자가 시공사를 상대로 바닥충격음 차단성능 미달을 이유로 손해배상을 청구한 사례(순번 4)가 1건 확인되었는데, 해당 사례에서 측정된 바닥충격음은 중량충격음 평균 54.5dB(거실 52dB, 안방 57dB), 경량충격음 평균 57.5dB(거실 59dB, 안방 56dB)이었다.

법원은 위 측정된 바닥충격음이 2003. 4 .22. 개정 주택건설기준에 따른 소음기준(중량충격음 50dB, 경량충격음 58dB)을 초과한 것으로, 이에 파생되는 진동소음과 이른 몸으로 느끼는 상태 등을 추가로 고려하면 수인한도를 초과하였다고 볼 수 있다고 판단하였다. 이에 따라 법원은 시공사(피고)가 입주자(원고)에게 재산상 손해 4,263,040원(향후 지출할 차음공사비 2,247,300원, 기 지출한 바닥충격음 측정비 2,000,000원 및 기타 경비 15,740원)과 정신적 손해(위자료) 1,500,000원을 지급할 의무가 있다는 판결을 선고하였다. 시공사는 위 판결에 대해 항소하였으나, 항소심에서 양측이 법원의 화해권고결정을 받아들임으로써 사건이 종결되었다.

### 2) 해외 소송 사례

1) Tejani v Fitzroy Place Residential Ltd & Anor 2022 (영국) 2)

❍ 사건 개요

Tejani 씨는 2012년 7월에 아파트를 £2.6m(약 42억)에 구매했다. 그는 아파트 외벽에서 발생하는 소음으로 인해 잠을 자지 못한다고 불평했다. 재판이 종결될 때까지 그의 주요 주장은 소음으로 인한 사적 불법 침해에 대한 책임이 1순위 피고에게 있다는 것이었다. 대안적으로, Tejani 씨는 제2 피고가 계약 조항 5.6을 위반했다는 이유로 아파트 구매 금액의 약 30%인 £815,000(약 13억) 손해배상을 요구했다.

피고를 대리하여 Emma Louise Hares 씨와 Edward Atterwill 씨로부터 증거가 청취되었다. 파사드 엔지니어링을 포함한 3개의 다른 분야의 전문가 증언이 있었다. Andersen 씨는 아파트에서 자체 음향 모니터링 결과를 포함한 상세한 보고서를 제출했다. 외벽에서 발생하는 소음을 "균열, 터짐, 빙빙거림, 삐걱거림, 똑딱거림, 두드림"과 같은 다양한 소리로 묘사했다. 소음이 외벽 구성 요소의 열적 변동에 의해 발생하며, 각 아파트에서 들리는 효과는 외벽의 다른 곳에서 전달되는 것이 아니라 지역적인 외벽 요소로 인해 발생한다는 견해를 제시했다.

❍ 판결

소음으로 이해 사적 불법 침해가 발생되었고 판단되지 않아 Tejani 씨의 주장은 기각되었다. 또한 Tejani 씨는 인증서 발급일로부터 23개월 이내에 해당 결함에 대한 서면 통지를 제2 피고에게 제공하지 않았기 때문에 계약 조항 5.6의 위반을 주장할 수 없다. 제2 피고는 결함이 합리적으로 실현 가능한 한 빨리 개선되도록 적절한 조치를 취했다.

음향 전문가에 따르면 대부분의 소리는 들리지 않거나 매우 조용한 것으로 나타났다. 소음은

2) 출처: https://www.casemine.com/judgement/uk/636410bbf6b4b9634f9f0d32

30~50 dB 정도의 크기였고, 저녁 시간 동안 45 dB을 이상의 소음은 1~2회 정도 발생하였다. WHO 환경소음 가이드라인에 따르면 45 dB 이상의 소리가 주거지 내부에서 10~15번 이상 발생해야지 수면을 방해한다고 규정했기 때문에 소음으로 인한 수면방해는 인정되지 않았다.

2) Fouladi v Darout Ltd & Ors 2018 (영국) 3)

❍ 사건 개요

사건에서 원고인 Fouladi는 런던의 주택 거처(Flat 62) 내에서 자신의 아파트 위층(Flat 66)에서 발생하는 소음(위층 거주자가 밤에 집에 도착하거나 아파트 내부에서 움직이는 소리, 위층 거주자의 아이들이 놀거나 집회를 하는 소리 등)으로 인해 고통을 받았다고 주장했다. 원고는는 위층 거주자가 소음을 일부러 일으켜 그녀를 괴롭히기도 했지만, 대부분의 소음은 위층 아파트의 일상적인 활동으로 인해 발생했다고 주장했다. 원고는 임차인(Darout Ltd)과 위층 거주자에 대해 괴롭힘으로 소송을 제기하였으며, 임대인에 대해서도 괴롭힘과 정온권(covenant for quiet joyment) 약정 위반으로 소송을 제기하였다.

조사 결과 2010년 위층 거주자들은 해당 아파트에 리모델링 작업을 수행했으며, 이로 인해 소음이 훨씬 심해졌다. 임차인인 Darout Ltd는 해당 아파트의 바닥을 교체하는 것에 대해 임대인으로부터 동의를 얻어야 했으나 이를 이행하지 않았다. Darout 및 위층 거주자들은 층간 소음 감소 및 생활소음을 최소화하기 위한 바닥재 설치에 관한 임대 조건에도 따르지 않고 있었다.

❍ 판결 사항

재판 판사는 임차인과 위층 거주자에 대해 소명을 인정하였으나, 임대인에 대한 소송은 기각하였다. 재판장은 임대인이 작업을 알고 있었고, 작업이 없었다면 괴롭힘이 발생하지 않았을 것임을 인정하였다. 그러나 임대인이 해당 공사가 세입자의 불편을 초래한다는 것을 알았다는 사실이 발견되지 않았으므로, 세입자의 불편에 대해 책임이 없는 것으로 판단하였다. 이에 따라 임대인은 클레이먼트의 아파트 쾌적한 생활을 방해하지 않았으므로 정온권 약정 위반으로 간주되지 않았다. 위층 거주자에게는 임차인이 입주한 2011년 11월 6일부터 주당 £281.25(한화 47만원)로 소음을 해결하기 위한 필요 작업이 완료될 때까지 배상하라고 판결하였다.

**3) 맨션의 층간 소음에 대한 손해배상청구사건 (일본 東京地裁 2007. 10. 3. 판결)**

❍ 사건 개요

X(원고)는 1996년 7월 29일부터 도쿄도(東京都) 이타바시구(板橋區)에 소재하고 있는 맨션에

3) 출처: https://www.casemine.com/judgement/uk/5cb02e812c94e02c1b892d6d

거주하고 있었다. Y(피고)는 2004년 2월 경, X가 거주하는 맨션의 다른 곳에서 임차하여 거주하다가 같은 해 4월 경 이후에는 아내, 장남(당시 3-4 세)과 거주하였다. 이후 2005년 11월 17일에 아내, 장남과 함께 퇴거하였다. 본 사건 맨션의 부지는 제1종 중고층 주거 전용지역에 속하고 있으며, 본 사건 맨션의 북측에는 주차장을 두고 다른 한 측면에는 1차선의 도로가 있지만, 본 사건 당시의 X가 거주하고 있는 곳의 암소음은 27 dB~29 dB이었다. X는 Y에 대해 Y의 아이(당 시 3-4세)가 복도에서 뛰거나 달리는 소음이 수인한도를 넘어섰다고 주장하며, 불 법 행위로 인한 손해배상을 청구한 사례이다.

❍ 판결 사항

층간소음에 의한 소음피해가 아래층에서 거주하고 있는 X에게 미치지 않도록 Y가 장남을 훈육하는 등의 생활방식을 고안하고 성의 있는 대응을 하지 않은 것을 손해배상의 고려요소로 하였다. 측정 소음은 50 dB~60 dB 정도이고, 피해 기간은 1년 6개월 15일이었다. 이에 대해 법원은 소음 피해에 대한 손해 배상액으로 30만엔(한화 275만원)을 인정하였다.

#### 4) 아파트 아래층 소음에 대한 손해배상청구사건 (일본 東京地裁 2014. 3. 25. 판결)

❍ 사건 개요

원고 X1, X2는 2002년 7월에 혼인한 부부이며, 원고 X1이 구입한 본 사건 맨션27) A호실에 같은 해 4월 말부터 거주하였고, 2012년 12월 A호실에서 퇴거하였다. 한 편, 피고 Y1은 그 부모인 피고 Y2 및 피고 Y3가 공유하는 B호실에서 2002년 5월 경부터 거주하고 있었다. 피고 Y1은 록 뮤지션으로서(다만, 하드록이나 헤비메탈 의 장르를 연주한 것은 아님), 자택에서 자신이 작곡한 멜로디로 노래를 부르거나 녹음하는 행위를 반복하고 있었다. 피고 Y1의 상기 작업시간은 1일에 최장 6시간 정도(발성 시간 최대 1시간 반 내지 2시간 정도 포함), 1년에 1·2회, 각 1개월 정 도 앨범제작 등을 이유로 상기 작업을 집중적으로 하였다. 본 사건은 원고 X1, X2 들의 아래층인 B호실에서 거주하고 있는 피고 Y1이 자신의 노래 등으로 인한 소 음이 원고들의 수인한도를 넘지 않도록 노력해야 하고, Y1의 부모인 Y2·Y3가 이 를 시정하기 위한 어떠한 조치를 취해야 하나 태만히 하고 있어서, 이에 원고 X2는 심신에 이상이 생겨 낙태를 할 수 밖에 없게 되었고 A호실에서 이사를 할 수 밖에 없는 등 육체적·정신적 피해를 입었으며, 원고 X1은 정신적 고통을 받는 등을 이 유로 피고들의 불법행위에 대한 손해배상을 요구한 사례이다.

❍ 판결 사항

본 사건에 대해 법원 은 법령상 규제기준의 적용과 관련하여 소음 등의 측정 장소가 음원이 있는 부지 와 인접한 부지와의 경계선인 것으로 되어 있으나, 법령의 목적에 비추어 본 사건 과 같이 음원과 측정 장소가 상하관계에 있는 경우에도 소음 등이 수인한도를 넘고 있는지 판단함에 있어서 하나의 참고 수치로 고려할 수 있다고 하였다.

그리고 심야에 발생하는 소음은 본 사건 맨션이 상업지역에 있다고 하여도 생활 소리와는 분명히 이질적인 소리이며, 그 음량이 최대 41 dB에 그치고 있다고 하여도 수면에 방해가 될 수 있는 등의 생활상의 지장을 주고 있고, 또한 환경 조례에 있어서의 야간 규제기준은 50 dB이지만, 건물의 방음효과를 고려하면 건물 내에서는 보다 엄격한 수치가 요구되는 점 등을 고려하면 최대 41 dB로 측정되는 심야의 피고의 노래 소리는 수인한도를 넘는 것으로 보았다. 이 사례에서 측정 소음은 최대 50 dB이고 피해 기간은 1년 9개월이었다. 이에 대해 법원은 소음피해에 대한 손해 배상액으로 원고 X1은 10만엔(한화 91만원), 원고 X2는 20만엔(한화 183만원)을 인정하였다.

### 5) 소결

층간소음 및 생활소음 관련 해외 소송 사례를 요약하면 <표 2.6>과 같다. 대부분의 경우 입주자 간의 소음 발생 문제로 야기된 소송으로, 층간소음 관련하여 건설시공사와 입주자 간의 분쟁 사례는 아닌 것으로 파악되었다. 따라서 해외 판례를 기준으로 국내 층간 소음 사후 평가 배상 가이드라인 설정을 근거로 삼기에는 다소 어려운 것으로 판단된다. 본 연구에서 수행한 사례연구 결과, 배상액 가이드 수립에서 다루고자 하는 준공시점에서 시공사와 입주예정자 간의 소송사례가 없거나 직접적 연관성이 낮다는 결과를 확인하였다.

**<표 2.6> 해외 생활소음 관련 법원 판례 요약**

| 순번 | 해당국가 / 사안요약 | 청구인용 여부 / 판결이유 요약 | 피해 기간 / 판결 주문 및 위자료 액수 |
|---|---|---|---|
| 1 | 영국 | 기각 | 미상 |
| | [Tejani v Fitzroy Place Residential Ltd & Anor]<br>- 원고는 아파트 외벽에서 발생하는 소음으로 인해 수면방해를 주장<br>- 원고는 소음으로 인한 사적 불법 침해에 대한 손해배상을 요구함 | - 소음측정 결과 WHO 소음 가이드라인을 만족하는 것으로 나타나 수면방해로 불인정<br>- 소음으로 이해 사적 불법 침해가 발생되었고 판단되지 않아 기각됨 | - |

| | | | |
|---|---|---|---|
| 2 | 영국 | 인용 | 미상 |
| | [Fouladi v Darout Ltd & Ors]<br>- 원고는 위층에서 발생하는 층간소음(리모델링)으로 인한 피해를 주장함<br>- 임차인과 위층 거주자에 대해 괴롭힘으로 소송을 제기하고, 임대인에 대해서도 정온권 약정 위반으로 소송을 제기함 | - 임대인이 세입자의 불편을 초래하는 공사에 대한 사실을 알지 못했기 때문에 임대인 관련 소송은 기각됨<br>- 위층 거주자에게는 원고가 입주한 날부터 리모델링 작업이 완료될 때까지 주당 £281.25 (47 만원)를 배상하라고 판결함 | 주당 £281.25<br>(47 만원) |
| 3 | 일본 | 인용 | 1.6 년 |
| | [층간 소음에 대한 손해배상청구]<br>- 원고는 위층 아이가 복도에서 뛰거나 달리는 소음이 수인한도를 넘어섰다고 주장하여 불법행위로 인한 손해배상을 청구함<br>- 위층 아이가 복도에서 뛰거나 달리는 소음이 수인한도를 넘어섰다고 주장함 | - 원고의 거주 지역에서의 암소음은 27dB-29dB 로 측정되었음<br>- 측정 소음은 50dB-60dB 수준이었음, 피해 기간은 이었음<br>- 소음 피해에 대한 손해 배상으로 30 만엔을 인정하였음 | 30 만엔<br>(한화 275 만원) |
| 4 | 일본 | 인용 | 1.9 년 |
| | [층간 소음에 대한 손해배상청구]<br>- 원고는 피고가 음악작업으로 인한 소음이 수인한도를 넘지 않도록 조치를 취해야 할 것을 요구했으나, 피고들은 이를 태만하게 대처함<br>- 이에 원고는 육체적·정신적 피해에 대한 손해배상을 요구함 | - 피고의 음악작업 소리는 최대 41dB 로 측정됨<br>- 법원은 간의 규제기준이 50dB 이지만 야간에 발생하는 소음은 생활 소리와는 다르며, 최대 41 dB 라 하더라도 수면에 방해가 된다고 인정<br>- 따라서 수인한도를 넘는 소음으로 간주됨. | 원고 1<br>10 만엔(한화 91 만원)<br><br>원고 X2<br>20 만엔(한화 183 만원) |

# 2.2 공동주택 바닥충격음 피해의 현황 및 피해 분석

## 2.2.1 공동주택 바닥충격음 피해의 현황 분석

❍ 층간소음 관련 민원 현황

공동주택 입주자 간 층간소음 분쟁 발생시 주로 한국환경공단 산하의 층간소음 이웃사이센터를 통해 민원 접수 및 중재상담 서비스가 이뤄지고 있다. <표 2.2.1>은 국가소음정보시스템(www.noiseinfo.or.kr)을 통해 조사된 층간소음 관련 연도별 민원접수 건수 변화를 나타낸다. 2017년까지 접수된 층간소음 관련 민원은 연간 2만여건 내외였으나, 2018년에서 2019년도에는 연간 2만6천건 이상이 접수되었다. 특히, 코로나가 시작된 2020년도 이후에는 4만건 이상으로 접수되어 코로나 이전에 비해 두 배 가까이 급증한 것으로 조사되었으며, 2021년도에는 역대 최다인 4만6천여건이 접수된 것으로 나타났다. 조사가 시작된 2012년의 8천8백여건과 비교하면, 10년만에 약 5.3배나 증가한 것으로 조사되었다. 전화상담 후 2단계 현장진단 대상으로 접수된 건수는 1단계 접수건수의 26.2%인 7만7천여건으로 나타났고, 직전년 이월분을 고려하면 31.4%인 9만2천여건으로 나타났다. 그중 추가 전화상담, 방문상담, 소음측정 등의 방법으로 처리된 건수는 총 7만6천여건이고, 그중 방문상담으로 처리된 민원은 만6천여건으로 전체 처리건수의 약 21.3%이고, 소음측정으로 처리된 민원은 2천7백여건으로 전체 처리건수의 약 3.6%에 해당하는 것으로 나타났다. 특히, 소음측정은 2014년 이후 연간 평균 약 307건으로서, 피해를 호소하는 민원세대에서 1일간 연속측정을 통해 피해여부를 판단하는 운영방식을 고려하였을 때 거의 매일 측정하는 것에 해당한다고 볼 수 있다.

**<표 2.7> 한국환경공단 이웃사이센터의 연도별 층간소음 관련 민원접수 건수 변화**
(국가소음정보시스템, noiseinfo.or.kr, 2022.12.31. 기준, 단위: 건)

| 연도별 구분 | 1단계 | 2단계(현장진단) | | | | | | |
|---|---|---|---|---|---|---|---|---|
| | 전화상담 (콜센터+온라인접수) | 처리대상 | | | 처리현황 | | | |
| | | 소계 | 접수 | 직전년 이월 | 소계 | 추가 전화상담 | 방문상담 | 소음측정 |
| 2012년 | 8,795 | 1,829 | 1,829 | - | 728 | 351 | 377 | - |
| 2013년 | 18,524 | 4,372 | 3,271 | 1,101 | 2,620 | 1,396 | 1,224 | - |
| 2014년 | 20,641 | 6,217 | 4,465 | 1,752 | 4,617 | 2,789 | 1,747 | 81 |
| 2015년 | 19,278 | 6,312 | 4,712 | 1,600 | 5,000 | 2,477 | 2,364 | 159 |
| 2016년 | 19,495 | 7,618 | 6,306 | 1,312 | 5,741 | 3,380 | 2,158 | 203 |
| 2017년 | 22,849 | 11,103 | 9,226 | 1,877 | 8,576 | 6,170 | 1,997 | 409 |
| 2018년 | 28,231 | 12,669 | 10,142 | 2,527 | 10,294 | 8,058 | 1,817 | 419 |
| 2019년 | 26,257 | 10,346 | 7,971 | 2,375 | 9,654 | 7,447 | 1,745 | 462 |
| 2020년 | 42,250 | 12,831 | 12,139 | 692 | 11,608 | 10,711 | 714 | 183 |
| 2021년 | 46,596 | 10,434 | 9,211 | 1,223 | 9,891 | 8,412 | 1,088 | 391 |
| 2022년 | 40,393 | 8,314 | 7,771 | 543 | 7,609 | 6,116 | 1,035 | 458 |
| 계 | 293,309 | 92,045 | 77,043 | - | 76,338 | 57,307 | 16,266 | 2,765 |

<표 2.7>은 층간소음 이웃사이센터에 접수된 민원에 대한 2012년에서 2019년까지의 소음측정을 수행한 상세 통계정보 자료[4]를 바탕으로 지역별 층간소음 측정현황을 분석한 결과를 나타내었다. 소음 측정 누적건수를 지역별로 비교하면, 경기 지역이 전체의 26.9%로 가장 많은 비중을 차지하였으며, 강원도, 충청도 등의 여러 지역을 통합한 기타가 전체의 24.1%, 서울 지역이 14.3%로 상대적으로 많은 비중을 차지하는 것으로 나타났다. 월별 조사자료가 있는 2019년 소음측정 현황을 보면, 1월에서 4월까지 겨울에서 초봄까지 비중과 9월에서 11월까지인 가을의 비중이 상대적으로 소음 측정에 대한 민원이 높은 것으로 나타났다. 측정결과를 살펴보면 소음 측정을 수행한 전체 누적 1,733건 중 층간소음 기준을 초과하는 건수는 128건으로 전체의 약 7.4%에 해당하는 것으로 나타났다. 2019년도 자료만을 한정했을 때도 전체 462건 중 35건만 층간소음 기준을 초과하여 기준초과 비율은 누적 자료와 유사하게 약 7.6%에 해당하는 것으로 나타났다. 이것은 층간소음 민원이 단순하게 실생활 소음이외에도 음향적 및 비음향적 영향요인이 다양하게 있다는 것을 나타낸다.

**<표 2.8> 한국환경공단 이웃사이센터의 층간소음 지역별 측정현황**

(층간소음 이웃사이센터 2019년 민원 통계 현황, 2019.12.31. 기준, 단위: 건)

| 구분 | | 지역별 층간소음 측정건수 현황 | | | | | | | | | | 측정결과 | |
|---|---|---|---|---|---|---|---|---|---|---|---|---|---|
| | | 서울 | 인천 | 경기 | 부산 | 대구 | 울산 | 대전 | 광주 | 기타* | 계 | 기준이내 | 기준초과 |
| 누계 ('12 ~'19) | 건수 | 248 | 118 | 467 | 172 | 73 | 49 | 128 | 60 | 418 | 1,733 | 1,605 | 128 |
| | 비율 (%) | 14.3 | 6.8 | 26.9 | 9.9 | 4.2 | 2.8 | 7.4 | 3.5 | 24.1 | 100 | 92.6 | 7.4 |
| '19년 | 1월 | 21 | 8 | 31 | 5 | 3 | 4 | 1 | 0 | 10 | 83 | 76 | 7 |
| | 2월 | 9 | 4 | 17 | 3 | 2 | 0 | 1 | 1 | 8 | 45 | 40 | 5 |
| | 3월 | 11 | 7 | 39 | 4 | 1 | 3 | 1 | 1 | 11 | 78 | 72 | 6 |
| | 4월 | 12 | 3 | 9 | 5 | 2 | 0 | 2 | 1 | 10 | 44 | 41 | 3 |
| | 5월 | 1 | 2 | 2 | 3 | 3 | 2 | 0 | 2 | 3 | 18 | 18 | 0 |
| | 6월 | 1 | 0 | 3 | 4 | 3 | 0 | 0 | 1 | 1 | 13 | 12 | 1 |
| | 7월 | 0 | 0 | 1 | 1 | 3 | 0 | 0 | 0 | 5 | 10 | 10 | 0 |
| | 8월 | 0 | 0 | 2 | 0 | 0 | 0 | 0 | 1 | 1 | 4 | 2 | 2 |
| | 9월 | 7 | 4 | 14 | 4 | 1 | 0 | 0 | 0 | 12 | 42 | 39 | 3 |
| | 10월 | 13 | 4 | 20 | 8 | 2 | 2 | 0 | 1 | 12 | 62 | 59 | 3 |
| | 11월 | 15 | 3 | 28 | 2 | 3 | 0 | 0 | 2 | 2 | 55 | 53 | 2 |
| | 12월 | 1 | 0 | 2 | 2 | 0 | 0 | 0 | 2 | 1 | 8 | 5 | 3 |
| | 소계 | 91 | 35 | 168 | 41 | 23 | 11 | 5 | 12 | 76 | 462 | 427 | 35 |

* 기타: 강원도, 충청도, 전라도, 경상도, 제주도, 세종시

4) 층간소음 이웃사이센터 2019년 민원 통계 현황 (한국환경공단, 2020.02)

<표 2.9>와 <표 2.10>은 동일한 자료 중 2012년에서 2019년까지 현장진단을 접수한 민원 총 47,923건에 대해 소음원별 층간소음 접수현황과 층간소음 발생 거주 위치별 접수현황 통계를 나타낸다. 전체 소음원 중 아이들 뛰는 소리 또는 발걸음 소리가 전체 층간소음 민원의 약 69.2%로 가장 큰 비중을 차지하며, 원인미상을 제외하고 망치질, 가구 끄는 소리, 가전제품 소음 등이 각각 약 3%에서 약 4%의 비중을 차지하고 있는 것으로 조사되었다. 한편 층간소음 발생 거주 위치별로 접수된 현황을 살펴보면, 아래층에서 피해를 호소하는 민원이 전체의 약 79.6%로 가장 많은 비중을 차지하고 있지만, 윗층에서 피해를 호소하는 민원도 전체의 약 16.1%에 해당하는 것으로 나타났다.

**<표 2.9> 한국환경공단 이웃사이센터의 소음원별 층간소음 접수현황**
(층간소음 이웃사이센터 2019년 민원 통계 현황, 2019.12.31. 기준, 단위: 건)

| 원인별 | 누적 건수 | 비율(%) |
|---|---|---|
| 아이들 뛰는 소리 또는 발걸음 소리 | 33,143 | 69.2 |
| 망치질 | 2,019 | 4.2 |
| 가구(끌거나 찍는 행위) | 1,669 | 3.5 |
| 문 개폐 | 913 | 1.9 |
| 진동(기계진동) | 943 | 2.0 |
| 운동기구(런닝머신, 골프퍼팅 등) | 394 | 0.8 |
| 가전제품(TV, 청소기, 세탁기) | 1,590 | 3.3 |
| 악기(피아노 등) | 795 | 1.7 |
| 대화(언쟁 등) | 268 | 0.6 |
| 부엌조리 | 164 | 0.3 |
| 기타(원인미상 및 기재하지 않음) | 6,025 | 12.6 |
| 계 | 47,923 | 100 |

<표 2.10> **한국환경공단 이웃사이센터의 층간소음 발생 거주 위치별 접수현황**
(층간소음 이웃사이센터 2019년 민원 통계 현황, 2019.12.31. 기준, 단위: 건)

<table>
<tr><th colspan="2">소음원</th><th>누적 건수</th><th>비율(%)</th></tr>
<tr><td colspan="2">총계</td><td>47,923</td><td>100.0</td></tr>
<tr><td rowspan="3">위층</td><td>소계</td><td>7,730</td><td>16.1</td></tr>
<tr><td>아래층 항의에 의한 피해</td><td>5,627</td><td>-</td></tr>
<tr><td>아래층 소음에 의한 피해</td><td>2,103</td><td>-</td></tr>
<tr><td colspan="2">아래층</td><td>38,156</td><td>79.6</td></tr>
<tr><td colspan="2">옆집</td><td>1,424</td><td>3.0</td></tr>
<tr><td rowspan="9">기타</td><td>소계</td><td>613</td><td>1.3</td></tr>
<tr><td>기타</td><td>162</td><td>-</td></tr>
<tr><td>전 층 공통</td><td>46</td><td>-</td></tr>
<tr><td>3개 층 복합(위, 중간, 아래)</td><td>66</td><td>-</td></tr>
<tr><td>3개 세대 복합(위, 아래, 옆)</td><td>62</td><td>-</td></tr>
<tr><td>제3자(위층, 보복성)</td><td>29</td><td>-</td></tr>
<tr><td>원인미상 소음</td><td>208</td><td>-</td></tr>
<tr><td>원인미상 진동</td><td>38</td><td>-</td></tr>
<tr><td>주상복합, 무용학원 등</td><td>2</td><td>-</td></tr>
</table>

❍ 공동주택 바닥충격음 성능미달 현황

층간소음 민원은 음향적 및 비음향적 요소가 복잡하게 작용하고 있다. 실제로 층간소음을 유발하는 가해 세대에서 과도한 소음이 발생할 수도 있으나, 피해를 호소하는 입주민이 특수한 상황에 작은 소음에도 너무 민감하게 반응한 결과일 수 있다. 한편, 사업계획은 승인받은 모든 공동주택은 주택법 등의 관련 법령에 따라 바닥충격음을 충분히 차단할 수 있는 구조로 설계, 시공되어야 한다. 그러나, 기존 사전인정제도의 특성상 인정받은 바닥구조로만 시공하면 공사 종료 후 해당 공동주택이 바닥충격음 차단성능 기준을 실제로 만족했는지 여부를 확인하지 않아도 되었다. 이에 따라, 입주자들은 입주하는 공동주택의 바닥충격음 차단성능의 법적 기준 충족여부를 확인할 수 없기 때문에, 불량한 건축구조에 의해 층간소음 민원이 야기될 수도 있다. 특히, 대상 공동주택이 바닥충격음 차단성능 기준을 충족하지 못한 것이 주된 원인이 되어, 입주자들이 층간소음 관련 민원에 시달린다 하더라도 그 발생원인을 규명하기 매우 어려운 것이 현실이다. 이에, 2019년 감사원에서는 아파트 층간소음 저감제도 운영실태에 대한 특정감사[5])를 수행하였다. 그 과정에서 실제 바닥충격음 차단성능의 현황파악을 위해 완공단계에 있는 입주 예정 공동주택(아파트)를 대상으로 총 28개 현장, 총 191세대에서 바닥충격음 차단성능의 현장 측정을 수행하였고, 그 결과를 바탕으로 성능미달 현황을 보고서로 제시하고 있다.

5) 감사원, 감사보고서 - 아파트 층간소음 저감제도 운영실태(2019.4)

<표 2.11>는 감사원 보고서 중 전체 191세대의 바닥충격음 측정결과를 바탕으로 사전인정제도 상의 등급변화 양상을 표시(경량충격음 및 중량충격음 통합)하였다. 전체 191세대 중 성능등급이 사전인정 받은 등급보다 상향되거나 유지된 세대는 공공아파트 중 7세대뿐으로 전체의 약 5.6%에 불과하였다. 사전인정 받은 등급보다 하락된 세대 중 최소 등급 내로 평가된 세대도 총 70세대로서 전체의 약 36.6%에 해당하는 것으로 나타났다. 나머지 114세대는 등급 외로 평가되어 바닥충격음 차단성능 최소기준에 미달하는 세대는 약 59.7%로서, 절반 이상이 성능기준에 미달하는 것으로 나타났다.

**<표 2.11> 감사원 보고서 중 전체 191세대 바닥충격음 측정결과(2019)**

| 구분 | | 합계 | 측정결과에 따른 등급변화 양상 | | | | |
|---|---|---|---|---|---|---|---|
| | | | 등급 상향 | 등급 유지 | 등급 하락 | | |
| | | | | | 하락 (등급 외 제외) | 등급 외 | 소계 |
| 공공아파트 | 세대수 | 126 | 2 | 5 | 52 | 67 | 119 |
| | 비율 | 100% | 1.6% | 4.0% | 41.3% | 53.2% | 94.4% |
| 민간아파트 | 세대수 | 65 | 0 | 0 | 18 | 47 | 65 |
| | 비율 | 100 | 0.0% | 0.0% | 27.7% | 72.3% | 100.0% |
| 계 | 세대수 | 191 | 2 | 5 | 70 | 114 | 184 |
| | 비율 | 100 | 1.0% | 2.6% | 36.6% | 59.7% | 96.3% |

<표 2.12>와 <표 2.13>은 동일한 감사원 자료 중 각각 공공아파트 126세대와 민간아파트 65세대에 대한 바닥충격음 충격원별 측정결과를 정리하여 나타낸다. 공공아파트 중 성능등급에 미달하는 세대(등급 외)는 경량충격음 14세대(11.1%) 및 중량충격음 55세대(43.7%)인 것으로 나타났다. 민간아파트 중 성능등급에 미달하는 세대(등급 외)는 경량충격음 0세대(0%) 및 중량충격음 47세대(72.3%)인 것으로 나타났다. 측정결과를 보면, 민간아파트의 중량충격음 차단성능 미달세대의 비율(72.3%)이 공공아파트의 중량충격음 차단성능 미달세대의 비율(43.7%)보다 큰 것으로 나타났다. 공공아파트에도 거의 절반에 가까운 43.7%가 중량충격음 차단성능 최소기준에 미달하는 것으로 조사되었다. 경량충격음 차단성능의 등급 외 비율은 공공아파트에서 11.1%, 민간아파트에서 0%로 상대적으로 양호한 것으로 나타났다. 감사원 보고서에서 조사된 결과는 약 3개월 동안 한정된 191세대에서 측정한 결과이지만, 전국 약 천백만호[6]에 달하는 아파트 보급규모를 고려했을 때 실제 바닥충격음 차단성능이 미달되는 세대는 적지 않을 것으로 예측된다.

6) K-apt 공동주택관리정보시스템(http://www.k-apt.go.kr/cmmn/kaptworkintro.do, 2023.6)

<표 2.12> 감사원 보고서 중 공공아파트 126세대의 바닥충격음 충격원별 측정결과(2019)

(*: 동일세대 중 경량충격음 또는 중량충격음 측정결과가 등급 상향되거나 하락되는 경우)

| 구분 | | 합계 | 측정결과에 따른 등급변화 양상 | | | | |
|---|---|---|---|---|---|---|---|
| | | | 등급 상향 | 등급 유지 | 등급 하락 | | |
| | | | | | 하락 (등급 외 제외) | 등급 외 | 소계 |
| 경량충격음 | 세대수 | 126 | 6 | 39 | 67 | 14 | 81 |
| | 비율 | 100% | 4.8% | 31.0% | 53.2% | 11.1% | 64.3% |
| 중량충격음 | 세대수 | 126 | 0 | 18 | 53 | 55 | 108 |
| | 비율 | 100 | 0.0% | 14.3% | 42.1% | 43.7% | 85.7% |
| 계* | 세대수 | 126 | 2 | 5 | 52 | 67 | 119 |
| | 비율 | 100 | 1.6% | 4.0% | 41.3% | 53.2% | 94.4% |

<표 2.13> 감사원 보고서 중 민간아파트 65세대의 바닥충격음 충격원별 측정결과(2019)

(*: 경량충격음은 전체 65세대 중 34세대에서만 측정, **: 동일세대 중 경량충격음 또는 중량충격음 측정결과가 등급 상향되거나 하락되는 경우)

| 구분 | | 합계 | 측정결과에 따른 등급변화 양상 | | | | |
|---|---|---|---|---|---|---|---|
| | | | 등급 상향 | 등급 유지 | 등급 하락 | | |
| | | | | | 하락 (등급 외 제외) | 등급 외 | 소계 |
| 경량충격음* | 세대수 | 34 | 0 | 6 | 28 | 0 | 28 |
| | 비율 | 100% | 0.0% | 17.6% | 82.4% | 0.0% | 82.4% |
| 중량충격음 | 세대수 | 65 | 0 | 2 | 16 | 47 | 63 |
| | 비율 | 100 | 0.0% | 3.1% | 24.6% | 72.3% | 96.9% |
| 계** | 세대수 | 65 | 0 | 0 | 18 | 47 | 65 |
| | 비율 | 100 | 0.0% | 0.0% | 27.7% | 72.3% | 100.0% |

### 2.2.2 바닥충격음 피해 사회・경제적 가치 추정

❍ 피해 가치 추정

'층간소음 사후 확인제도'가 도입됨에 따라 시공 후 바닥충격음 성능이 일정 기준 미달시 바닥충격음 피해에 따른 적정 사회·경제적 가치를 추정하는 것이 필요하다. 바닥충격음 등급의 경우 경량 및 중량충격음이 37 dB 이하인 경우 1급, 37 dB 초과 ~ 41 dB 이하인 경우 2급, 41 dB 초과 ~ 45 dB 이하인 경우 3급, 46 dB 초과 ~ 49 dB 이하인 경우 4급을 부여한다. 바닥충격음의 경우 동일하게 시공하더라도 시공오차 및 계측오차 등의 요인으로 인하여 세대별로 바닥충격음이 일정하지 않다. 이에 따라 '층간소음 사후 확인제도'에 의해 시공 후 무작위로 선별된 2%의 가구에서 계측한 바닥충격음 등급이 4급을 만족하나 시공 전 예상등급보다 낮아지거나 또는 일부 가구에서 바닥충격음 등급을 만족하지 못할 수도 있다. 본 보고서에서는 사회적 비용편익분석을 통해 바닥충격음 성능 미달시 사회에 발생할 수 있는 전반적인 피해(사회적 비용)을 산정하였다.

❍ 사회적 비용편익 산정

바닥충격음 성능등급 미달로 인한 손해배상은 사회적 비용편익분석을 통해 사회·경제적 가치 추정을 바탕으로 산정하였다. 사회적 비용편익분석에서는 기준시점(1년)의 편익을 기반으로 보상년수 기간동안의 비용편익을 물가상승률과 사회적 할인율을 고려하여 다음과 같이 산정할 수 있다.

비용편익 = 1년차 편익 + 2년차 편익 + 3년차 편익 + ... + n년차 편익 (2.2-1)

= 1년차 편익 + 1년차 편익×(1+물가상승률)/(1+사회적 할인율) + 1년차 편익×(1+물가상승률)$^{2}$/(1+사회적 할인율)$^{2}$ + 1년차 편익×(1+물가상승률)$^{(n-1)}$/(1+사회적 할인율)$^{(n-1)}$

여기서,

1년차 편익은 <표 2.14>에서 초과 소음당 배상액으로 산정한 기준배상액을 의미한다. 초과소음당 배상액은 중앙환경분쟁조정위원회의 층간소음 배상액 산정기준에 근거하여 <표 2.15>에 따라 산정할 수 있으며, 법정분쟁 평균소요기간을 고려하여 피해기간이 3년 이내를 기준으로 결정하였다. <표 2.15>의 초과소음도는 기준소음(발생소음)에 대해 <표 2.16>~<표 2.18>의 구조시스템, 행위특성 등을 고려하여 결정할 수 있다.

물가상승률은 보상년수기간동안의 예상 평균 물가상승률을 적용할 수 있다.

(KOSIS 국가통계포털 - 연도별 소비자물가 등락률
https://kosis.kr/statHtml/statHtml.do?orgId=101&tblId=DT_1J20041&conn_path=I2)

사회적 할인율은 현재부터 미래까지 발생하는 모든 비용과 편익을 현재가치로 환산하기 위한 기준율을 의미한다. 사회적 할인율의 경우 기획재정부훈령 제587호 제50조에서는 예비타당성 조사시 4.5%를 적용하고 있다.

보상 년수는 비용편익 산정을 위한 기간을 의미하며, 본 보고서에서는 하자보증기간 10년, 주택 평균수명으로 30년과 50년을 고려하였다.

**- 1인당 사회적 비용편익 예시**

<표 2.14>는 비용편익분석에 의한 손해배상비용 산정 예시를 나타낸다. 1인당 기준비용 884,000원에 대해 사회적 할인율을 적용한 비용편익은 10년 기준 3,003,696원, 30년 기준 6,514,732원, 50년 기준 8,918,446원이 산정되었다.

**<표 2.14> 1인당 비용편익**

| 항목 | | | 값 | 비고 |
|---|---|---|---|---|
| 기준 배상액 | 초과 소음당 배상액 | | 884,000 원/인 | 1인당 배상액 - 3년 기준 (표 2.2.9) |
| | 거주자 수 | | 1 인 | 1인 기준 |
| | 기준비용 | | 884,000 원 | 초과 소음당 배상액 × 거주자 수 |
| 물가상승률 | | | 2 % | 기준배상액에 대한 평균 물가상승 고려 |
| 사회적 할인율 | | | 4.5 % | 예비타당성 조사시 값 적용 |
| 비용 편익 총액 | 사회적 할인율 미적용 | 10년 기준 | 3,609,982 원 | 식 (2.2-1) |
| | | 30년 기준 | 11,718,136 원 | |
| | | 50년 기준 | 24,972,901 원 | |
| | 사회적 할인율 적용 | 10년 기준 | 3,003,696 원 | |
| | | **30년 기준** | **6,514,732 원** | |
| | | 50년 기준 | 8,918,446 원 | |

**<표 2.15> 기준시점 편익 산정기준**

| 초과소음도 / 피해기간 | 0이상 ~ 5미만 (dB) | 5이상 ~ 10미만 (dB) | 10이상 ~ 15미만 (dB) | 15이상 (dB) |
|---|---|---|---|---|
| 6월 이내 | 312,000 원/인 | 520,000 원/인 | 741,000 원/인 | 962,000 원/인 |
| 1년 이내 | 442,000 원/인 | 663,000 원/인 | 884,000 원/인 | 1,092,000 원/인 |
| 2년 이내 | 585,000 원/인 | 793,000 원/인 | 1,014,000 원/인 | 1,235,000 원/인 |
| **3년 이내** | **663,000 원/인** | **884,000 원/인** | **1,092,000 원/인** | **1,313,000 원/인** |

- 가구별 사회적 비용편익 (기준소음 49 dB)

바닥충격음 4급에 해당하는 기준소음(발생소음) 49 dB에 대해 구조시스템, 행위특성, 가구당 평균 가구원 수 등을 추가로 고려하여 가구별 사회적 비용편익을 산정하였다. <표 2.16>에서 1분 등가소음도에 대해 주간 및 야간 수인한도를 40 dB과 35 dB로 정의한다. 또한, 구조시스템별로 기준소음을 3~5 dB을 보정할 수 있다.

<표 2.16> 구조시스템 별 구분 (기준소음 49 dB)

| 항목* | | 값 | 비고 |
|---|---|---|---|
| 1분 등가소음도 | 주간 수인한도 (A) | 40 dB | 뛰는 소리, 걷는 소리 등 |
| | 야간 수인한도 (B) | 35 dB | |
| 구조시스템별 소음 보정 (C) | 벽식구조 | 44 dB | 기준소음-5dB |
| | 라멘조 | 46 dB | 기준소음-3dB |
| | 주상복합건물, 공동주택 | 46 dB | 기준소음-3dB |

* 복진승, "층간소음 배상액 산정기준 및 측정 방법", 한국소음진동공학회 2014년 춘계학술대회논문집, pp. 255~258.

<표 2.17>과 <표 2.18>은 구조시스템별 1인 최대 및 최소 기준배상액을 나타낸다. 초과소음도는 각 행위의 특성에 따라 각 구조시스템별로 보정을 하며, 피해 배상액은 주간 및 야간의 초과 소음도를 기준으로 <표 2.15>에 따라 산정할 수 있다. 최종적으로 최대 및 최소 기준배상액은 수인한도 초과여부 및 피신청인의 입주 시점에 따라 30% 이내에서 가산하거나 감액할 수 있다.

<표 2.17> 구조시스템 별 구분 - 1인 최대 배상액 (기준소음 49 dB)

| 항목 | | | | | 비고 |
|---|---|---|---|---|---|
| 구조시스템 | | 벽식구조 | 라멘조 | 주상복합건물, 공동주택 | |
| 행위의 특성에 따른 소음 보정 (D) | | 46 dB | 48 dB | 48 dB | 발생행위 반복시 (C)+2dB |
| 초과 소음도 | 주간 | 6 dB | 8 dB | 8 dB | (D)-(A) |
| | 야간 | 11 dB | 13 dB | 13 dB | (D)-(B) |
| 비용편익 (E) | 주간 | 884,000 원 | 884,000 원 | 884,000 원 | 3년 기준 (표 2.2.9) |
| | 야간 | 1,092,000 원 | 1,092,000 원 | 1,092,000 원 | |
| **최대 비용** | 주간 | 1,149,200 원 | 1,149,200 원 | 1,149,200 원 | 주간, 야간 모두 수인한도 초과시 1.3×(E) |
| | **야간** | **1,419,600 원** | **1,419,600 원** | **1,419,600 원** | |

<표 2.18> 구조시스템 별 구분 - 1인 최소 배상액 (기준소음 49 dB)

| 항목 | | | | | 비고 |
|---|---|---|---|---|---|
| 구조시스템 | | 벽식구조 | 라멘조 | 주상복합건물, 공동주택 | |
| 행위의 특성에 따른 소음 보정 (F) | | 44 dB | 46 dB | 46 dB | 소음저감 노력 인정 (D)-2dB |
| 초과 소음도 | 주간 | 4 dB | 6 dB | 6 dB | (F)-(A) |
| | 야간 | 9 dB | 11 dB | 11 dB | (F)-(B) |
| 비용편익 (E) | 주간 | 663,000 원 | 884,000 원 | 884,000 원 | 3년 기준 (표 2.2.9) |
| | 야간 | 884,000 원 | 1,092,000 원 | 1,092,000 원 | |
| **최소 비용** | 주간 | 464,100 원 | 618,800 원 | 618,800 원 | 피신청인이 먼저 입주시 0.7×(E) |
| | **야간** | **618,800 원** | **764,400 원** | **764,400 원** | |

<표 2.19>는 각 주거건물 타입별 평균 가구원 수를 바탕으로 사회적 비용편익 산정결과를 나타낸다. 아파트 및 주상복합건물의 경우 평균 가구원 수는 2.617인이며, 10년 기준 사회적 비용편익은 6,797,169원 ~ 12,623,313원(평균 9,710,241원), 30년 기준 사회적 비용편익은 14,742,416원 ~ 27,378,773원(평균 21,060,595원), 50년 기준 사회적 비용편익은 20,181,867원 ~ 37,480,611원(평균 28,831,239원)으로 산정되었다.

다세대주택(벽식구조와 라멘조 포함)의 경우 평균 가구원 수는 2.236인이며, 10년 기준 사회적 비용편익은 4,701,384원 ~ 10,785,528원(평균 7,743,456원), 30년 기준 사회적 비용편익은 10,196,858원 ~ 23,392,792원(평균 16,794,825원), 50년 기준 사회적 비용편익은 13,959,152원 ~ 32,023,938원(평균 22,991,545원)으로 산정되었으며, 아파트 및 주상복합건물의 사회적 비용편익보다는 다소 작은 것으로 나타났다.

<표 2.19> 가구별 사회적 비용편익 (기준소음 49 dB)

| 항목 | 아파트 | 주상복합건물 | 연립+다세대주택 (벽식구조) | 연립+다세대주택 (라멘조) | 오피스텔 |
|---|---|---|---|---|---|
| 평균가구원 수* | 2.617 인 | 2.617 인 | 2.236 인 | 2.236 인 | 1.484 인 |
| 최대 기준비용 | 3,715,093 원 | 3,715,093 원 | 3,174,226 원 | 3,174,226 원 | 2,106,686 원 |
| 최소 기준비용 | 2,000,435 원 | 2,000,435 원 | 1,383,637 원 | 1,709,198 원 | 1,134,370 원 |
| 10년 기준 | 6,797,169 ~ 12,623,313 원 | 6,797,169 ~ 12,623,313 원 | 4,701,384 ~ 10,785,528 원 | 5,807,592 ~ 10,785,528 원 | 3,854,413 ~ 7,158,195 원 |
| **30년 기준** | **14,742,416 ~ 27,378,773 원** | **14,742,416 ~ 27,378,773 원** | **10,196,858 ~ 23,392,792 원** | **12,596,119 ~ 23,392,792 원** | **8,359,857 ~ 15,525,449 원** |
| 50년 기준 | 20,181,867 ~ 37,480,611 원 | 20,181,867 ~ 37,480,611 원 | 13,959,152 ~ 32,023,938 원 | 17,243,659 ~ 32,023,938 원 | 11,444,360 ~ 21,253,812 원 |

* KOSIS 국가통계포털 - 거처의 종류 및 가구원수별 가구
(https://kosis.kr/statHtml/statHtml.do?orgId=101&tblId=DT_1JC1505&conn_path=I2)

- 가구별 사회적 비용편익 (기준소음 51 dB)

<표 2.20>은 기준소음(발생소음)이 49 dB에서 51 dB로 증가하였을 때의 각 주거건물 타입별 평균 가구원 수를 바탕으로 사회적 비용편익 산정결과를 나타낸다. 아파트 및 주상복합건물의 경우 10년 기준 사회적 비용편익은 6,797,169원 ~ 15,178,031원(평균 10,987,600원), 30년 기준 사회적 비용편익은 14,742,416원 ~ 32,919,715원(평균 23,831,066원), 50년 기준 사회적 비용편익은 20,181,867원 ~ 45,065,972원(평균 32,623,920원)으로 최대 비용편익이 증가하는 것으로 나타났다.

다세대주택(벽식구조와 라멘조 포함)의 경우 10년 기준 사회적 비용편익은 5,807,592원 ~ 12,968,314원(평균 9,387,953원), 30년 기준 사회적 비용편익은 12,596,119원 ~ 28,127,048원(평균 20,361,584원), 50년 기준 사회적 비용편익은 17,243,659원 ~ 38,504,973원(평균 27,874,316원)으로 산정되었으며, 아파트 및 주상복합건물의 사회적 비용편익보다는 다소 작은 것으로 나타났다.

<표 2.20> 가구별 사회적 비용편익 (기준소음 51 dB)

| 항목 | 아파트 | 주상복합건물 | 연립+다세대주택 (벽식구조) | 연립+다세대주택 (라멘조) | 오피스텔 |
|---|---|---|---|---|---|
| 평균가구원 수* | 2.617 인 | 2.617 인 | 2.236 인 | 2.236 인 | 1.484 인 |
| 최대 기준비용 | 4,466,957 원 | 4,466,957 원 | 3,174,226 원 | 3,816,628 원 | 2,533,040 원 |
| 최소 기준비용 | 2,000,435 원 | 2,000,435 원 | 1,709,198 원 | 1,709,198 원 | 1,134,370 원 |
| 10년 기준 | 6,797,169 ~ 15,178,031 원 | 6,797,169 ~ 15,178,031 원 | 5,807,592 ~ 10,785,528 원 | 5,807,592 ~ 12,968,314 원 | 3,854,413 ~ 8,606,877 원 |
| **30년 기준** | **14,742,416 ~ 32,919,715 원** | **14,742,416 ~ 32,919,715 원** | **12,596,119 ~ 23,392,792 원** | **12,596,119 ~ 28,127,048 원** | **8,359,857 ~ 18,667,504 원** |
| 50년 기준 | 20,181,867 ~ 45,065,972 원 | 20,181,867 ~ 45,065,972 원 | 17,243,659 ~ 32,023,938 원 | 17,243,659 ~ 38,504,973 원 | 11,444,360 ~ 25,555,179 원 |

* KOSIS 국가통계포털 - 거처의 종류 및 가구원수별 가구

(https://kosis.kr/statHtml/statHtml.do?orgId=101&tblId=DT_1JC1505&conn_path=I2)

제 3 장

# 바닥충격음 기준 초과시 손해배상 가이드라인

# 제3장 바닥충격음 기준 초과시 손해배상 가이드라인

## 3.1 손해배상의 원칙 및 방향

❍ 주택법 규정의 내용과 민법상 손해배상의 기본원칙

주택법 제42조의 2 제6항은 **"사용검사권자는 제5항에 따른 성능검사 결과가 성능검사기준에 미달하는 경우 대통령령으로 정하는 바에 따라 사업주체에게 보완 시공, 손해배상 등의 조치를 권고할 수 있다"**과 규정하여 성능검사기준 미달 시 사업주체의 금전적 책임을 '손해배상'으로 파악하고 있다. '손해'는 법률적으로 볼 때 '보상'의 대상인 '적법한 원인에 기한 손실'(공익상 목적에 의한 토지보상 등)과 구별되는 개념이며, 법익에 대한 비자발적 손실로 '배상'의 대상이다. 위 주택법 제42조의 2 제6항은 바닥충격음 성능검사기준에 미달할 경우 이를 사업주체의 수분양자에 대한 '손해배상'이 요구되는 계약위반사항으로 파악하고 있는 것으로 볼 수 있다.7)

한편 대법원은 "재산상 손해는 위법한 가해행위로 인하여 발생한 재산상 불이익, 즉 그 위법행위가 없었더라면 존재하였을 재산상태와 그 위법행위가 가해진 현재의 재산상태의 차이를 말하는 것이고, 그것은 기존의 이익이 상실되는 적극적 손해의 형태와 장차 얻을 수 있을 이익을 얻지 못하는 소극적 손해의 형태로 구분된다"고 판시하여 재산상 손해에 관하여 이른바 '차액설'에 따라 배상이 요구되는 손해의 개념을 파악함으로써 피해자에게 완전한 배상이 이루어질 수 있도록 하고 있다(대법원 1992. 6. 23. 선고 91다33070 전원합의체 판결 등).

❍ 바닥충격음 차단성능기준의 의미에 대한 법률적 고찰

7) 이외에도 주택법 제35조 제1항은 "사업주체가 건설·공급하는 주택의 건설 등에 관한 다음 각호의 기준(이해 "주택건설기준등")을 대통령령으로 정한다"고 규정하면서 같은 항 제2호에서는 구조내력 등 주택의 구조·설비기준과 함께 '바닥충격음 차단구조'를 주택건설기준등에 포함시키고 있고, 주택법 제103조 제8호는 "제35조에 따른 주택건설기준등을 위반하여 사업을 시행한 자"를 2년 이하의 징역 또는 2천만원 이하의 벌금에 처한다"고 하여 벌칙 규정을 두고 있다. 이에 의할 때 '바닥충격음 차단구조'는 '주택건설기준등'에 포함되는 것으로 사업주체가 사업시행 시 준수해야 할 기준이기도 하다.

공동주택의 바닥충격음에 관한 규제와 관련하여 2003. 4. 22. 대통령령 제17972호로 개정되기 전의 주택건설기준 등에 관한 규정(이하 '**개정 전 규정**') 제14조 제3항에서는 "공동주택의 바닥은 각 층간의 바닥충격음을 충분히 차단할 수 있는 구조로 하여야 한다"고 규정하고 있었는데, 2003. 4. 22. 개정된 주택건설기준등에관한규정(이하 '**개정 규정**') 제14조 제3항에서는 "공동주택의 바닥은 각 층간의 바닥충격음이 경량충격음(비교적 가볍고 딱딱한 충격에 의한 바닥충격음을 말한다)은 58dB 이하, 중량충격음(비교적 무겁고 부드러운 충격에 의한 바닥충격음을 말한다)은 50dB 이하가 되도록 하여야 한다"고 처음 구체적인 기준이 도입되었다.

대법원은 1996년경 완공된 아파트의 수분양자들인 원고들이 시공사이자 사업주체인 피고를 상대로 하여 바닥충격음 하자로 인한 손해배상(바닥충격음 하자보수를 위한 공사비 및 신경쇠약·수면방해 등 정신적 고통에 대한 위자료)을 청구한 사안에서, 위와 같은 개정 경위를 지적한 다음, "개정 전 규정의 기준에 부합하는지 여부를 판단함에 있어서 개정 규정이 일응 참작사유가 될 수 있을 뿐 개정 규정에 의하여서만 판단될 수는 없는 것이고, 개정 규정과 아울러 이 사건 아파트 건축 당시의 공동주택들의 건축현황이나 바닥충격음의 정도, 당시의 기술 수준, 개정 규정의 기준설정 경위 등 여러 사정들이 종합적으로 고려되어 판단되어야 할 것이다"하면서 개정 규정을 곧바로 적용하여 해당 아파트에 바닥충격음 하자가 있다고 판단하였던 원심 판결을 파기하였다(대법원 2008. 6. 26. 선고 2005다56193, 2005다56209 판결 참조).

이후 파기환송심인 서울고등법원은 "공동주택인 아파트의 입주자는 이웃 거주자들이 자신들의 가정 내에서 통상의 용도에 맞게 아파트 실내 공간을 사용함으로써 야기되는 일상적인 소음 때문에 고통받지 아니하고 정상적인 주거생활을 영위할 수 있어야 할 것이고, 이를 위하여 아파트는 각 층간의 바닥충격음을 충분히 차단할 수 있도록 건축되어 입주자들이 기대하는 최소한도의 소음 차단 성능을 갖추어야 할 것"이라고 판시한 다음, "2004. 4. 22. 시행된 주택건설기준등에관한규정과 현행 **주택건설기준 등에 관한 규정에서 정하고 있는 경량 및 중량충격음에 관한 규제 규정이 현시점에서 아파트가 최소한도의 소음 차단성능을 갖추었는지 여부에 대한 기준을 제시**하는 것이긴 하지만 그 개정 경위와 이 사건 아파트 건축 당시의 건축 현황이나 기술 수준이 개정 규정 시행 당시의 그것과 동일하다고 단정할 수 없으므로 위 기준을 1996년경에 이미 완공된 이 사건 아파트에 바로 적용할 수는 없다는 점을 더하여 보면, 위 인정과 같은 정도의 층간 소음 정도만으로는 이 사건 아파트의 소음 차단기능에 하자가 있다고 볼 수는 없고, 달리 이를 인정할 증거가 없다"고 판시하여 원고들의 항소를 기각하였고, 이 판결은 그대로 확정되었다(서울고등법원 2008. 9. 24. 선고 2008나59522, 2008나59539 판결 참조).

위 판결례들에 의하면, 비록 법원은 해당 사안에서 시공사가 건설한 아파트에 바닥충격음 하자가 있다고 인정하여 시공사에게 손해배상책임을 묻지는 않았지만, 주택건설기준 등에 관한 규정에서 정하고 있는 경량 및 중량충격음에 관한 규제 규정에 부합하지 않은 경우 이는 '하자'로 판단되어 시공사가 손해배상책임을 부담할 수 있음을 명시적으로 밝히고 있다.

앞서 살펴 본 바와 같이 주택법 제42조의 2 제6항은 바닥충격음 성능검사기준에 미달할 경우 수분양자에 대한 '손해배상'이 요구되는 것으로 파악하고 있으며, 위 판결례에서도 법원은 바닥충격음 성능기준에 미달하는 것을 '하자'로 보아 손해배상의 대상으로 판단하고 있다. 따라서 바닥충격음 성능기준에 미달할 경우 손해배상액에 대한 가이드라인을 설정함에 있어서도 기본적으로 건축물의 하자를 이유로 한 손해배상에 있어서의 접근방식을 차용할 필요가 있다.

❍ 바닥충격음 차단성능 미달 시 손해배상액 가이드라인의 설정방향

민법 제667조 제1항은 "완성된 목적물 또는 완성전의 성취된 부분에 하자가 있는 때에는 도급인은 수급인에 대하여 상당한 기간을 정하여 그 하자의 보수를 청구할 수 있다. 그러나 하자가 중요하지 아니한 경우에 그 보수에 과다한 비용을 요할 때에는 그러하지 아니하다"고 규정하고 있으며, 같은 조 제2항은 "도급인은 하자의 보수에 갈음하여 또는 보수와 함께 손해배상을 청구할 수 있다"고 규정하여 하자에 대한 손해배상책임에 대하여 규정하고 있다.

대법원은 위 민법 제667조 제1항 후문과 관련하여 "하자가 중요하지 아니하면서 동시에 보수에 과다한 비용을 요할 때에는 하자의 보수나 하자의 보수에 갈음하는 손해배상을 청구할 수는 없고 하자로 인하여 입은 손해의 배상만을 청구할 수 있으며, 이러한 경우 하자로 인하여 입은 통상의 손해는 특별한 사정이 없는 한 도급인이 하자 없이 시공하였을 경우의 목적물의 교환가치와 하자가 있는 현재의 상태대로의 교환가치와의 차액이 되고, 교환가치의 차액을 산출하기가 현실적으로 불가능한 경우의 통상의 손해는 하자 없이 시공하였을 경우의 시공비용과 하자 있는 상태대로의 시공비용의 차액이라고 봄이 상당하다"고 판시한 바 있다(2009.06.25. 선고 2008다18932,18949 판결, 대법원 1998. 3. 13. 선고 97다54376 판결 등 참조).

따라서 본 연구에서 손해배상액 가이드라인을 설정함에 있어서도, '**하자의 보수에 갈음한 손해**', 즉 바닥충격음 차단성능의 미달이라는 하자를 보수하기 위하여 소요되는 일체의 비용이 우선적으로 사업주체에 대하여 그 배상이 권고될 '손해'로 인정되어야 할 것이다.

다만 바닥충격음 차단성능 미달 수준이 미미하다는 이유 등으로 "하자가 중요하지 아니하면서 동시에 보수에 과다한 비용이 요한다"고 평가될 경우에는 "바닥충격음 차단성능 미달이라는 하자 없이 시공하였을 경우의 목적물의 교환가치와 하자가 있는 상태대로의 교환가치와의 차액", 이른바 '**하자로 인해 입은 손해**'를 파악하기 위해 다양한 요소를 고려할 필요가 있다.

## 3.2 손해배상 수준 차등 요인 분석

바닥충격음 허용기준 초과시 손해배상의 기본 원칙은 보수에 소요되는 일체의 비용을 배상하는 것이다. 이에 영향을 미치는 주요 차등 요인을 제시하면 다음과 같다.

❍ 허용기준 초과 dB

허용기준 초과치의 정도에 따라서 보수의 수준이 결정되므로 손해배상 수준 차등의 주요 요인으로 분석된다.

❍ 경량 및 중량충격음 허용기준 초과

동일한 허용기준 초과라 하더라도 경량충격음은 바닥마감재의 개선을 통해서 초과 dB를 완화할 수 있음에 비하여, 저주파의 중량충격음 저감 성능개선을 위해서는 전면적인 재시공이 불가피하므로 보수에 소요되는 비용에서 차이가 날 수 밖에 없다.

❍ 분양면적

바닥재 해체 및 재시공비 등은 바닥면적 즉 분양면적에 따라서 차이가 나므로 차등 요인으로 고려하는 것이 타당하다.

❍ 분양가

분양가는 바닥재의 재시공에 직접적 영향을 미치지는 않으나, 공사 기간에 비례하여 결정되는 입주지체보상금은 분양가 대비로 결정된다. 따라서 결과적으로 분양가는 손해배상 수준의 주요 차등 요인으로 작용하게 된다.

## 3.3 바닥충격음 기준 초과시 손해배상 가이드라인

○ 일반사항

(보완시공 공법 선정)

o 본 배상액 가이드는 보편적으로 사용될 수 있는 검증된 일반공법을 기준으로 수립함

o 바닥충격음 저감의 일반공법으로 **슬래브 두께 증가**를 사용함(LH 연구기획보고서 연구기획 2022-048)

- 슬래브 210㎜ → 240㎜: 30㎜ 증가시 벽식 1.9dB, 무량판 1.9db 저감

- 슬래브 210㎜ → 270㎜: 60㎜ 증가시 벽식 3.6dB, 무량판 3.7dB 저감

o 바닥충격음 성능개선을 위한 특수공법은 각 기업에서 아직 개발 중인 경우가 많고 그 비용이 기업 고유의 영업비밀로써 파악이 어렵고 비용의 편차가 큼. 특수공법에 필요한 자재의 대량생산이 되지 않는 상황에서 배상액이 과다하게 산정될 우려가 있음. 현재 LH 등 공공기관에서 보완시공법이 정립되지 않은 상태임

o 시간의 경과에 따라 보편화된 보완시공법이 제시될 때 손해배상 가이드 라인 보완 필요

(배상액 가이드 적용범위)

o 본 배상액 가이드는 주택법 제 42조의 2제 6항에 따라서 손해배상액으로 권고할 수 있음

o 본 배상액 가이드는 권고사항이므로, 소송가능성을 배제하는 법적 의무성을 가지고 있지는 않음.

o 본 배상액 가이드는 주택건설기준 등에 관한 규칙, 제3조 4항 등 반자높이 규정을 만족하는 경우에 권고액으로 활용함. 그 이외에는 배상액의 단순 기준값으로 활용함. 보완시공시 기능성 또는 안전성 확보를 위하여 추가로 요구되는 공사비는 사업주체가 부담함.

o 당사자 간의 계약사항이 있을 경우 본 배상액의 적용에 우선함

○ 배상액 가이드라인(중량충격음 보완시공시)

중량충격음이 허용기준 초과시에는 기설치된 뜬바닥을 해체하고 콘크리트 슬래브 추가 타설 및 뜬바닥 재시공에 소요되는 전체 비용과 입주지체보상금을 포함하여 배상액을 산정함

1) 기본 고려 항목

- 뜬바닥 구조 시공비 총액(완충재, 경량기포콘크리트, 난방 배관, 마감몰탈, 바닥마감재 등). 주택건설기준 등에 관한 규정, 제14의 2(바닥구조)에 따라 뜬바닥 구조가 미적용된 화장실 바닥, 현관 등의 면적을 제외하고 적용함

- 해체비용

- 폐콘크리트 등 처리비용

- 관련 인건비 및 간접비 적용

2) 슬래브 두께 증가 비용

- 슬래브 두께 증가시 반자높이 요건이 확보됨을 가정

3) 입주지체보상금

- 연체 이율: 1일 0.05%(국가계약법 시행규칙 제75조에서 공사계약 관련 지체상금율). 만약 계약서에 명시된 연체 이율이 있을 경우 이를 적용함

- 중량충격음은 기준 초과시 보완시공기간을 28일로 가정: (부록4 참조)

| 순서 | 세부 사항 | 예상 시공 기간 | 비고 |
|---|---|---|---|
| 1 | 바닥 철거 | 2일 | [1] |
| 2 | 완충재 시공 | 1일 | [2] |
| 3 | 경량기포콘크리트 시공 | 양생 7일 이상 | [2] |
| 4 | 난방배관 설치 및 마감 모르타르 시공 | 양생 14일 이상 | [2] |
| 5 | 바닥 마감 및 정리 | 3일 | [1] |
| 예상 최소 보완시공기간 | | 28일(4주) | |
| [1] 바닥인테리어 업체: http://www.kujungmaru.co.kr/faq/<br>[2] LH HERI 바닥충격음 차단구조 인증인정 현황: https://shorturl.at/blqrF | | | |

**(경량충격음 보완시공시)**

- 경량충격음이 허용기준 초과시에는 기설치된 뜬바닥을 해체하지 않고, 바닥재(고급 장판 기준, 인건비 포함)의 보완 시공에 소요되는 비용과 입주지체보상금을 포함하여 배상액을 산정함

- 경량충격음은 허용기준 초과시 보완시공기간을 7일로 가정: 시방에서 규정하는 최소기간에 기반

(현실적 배상항목)

1) 허용기준 대비 바닥충격음 db 초과치

- 중량충격음의 경우 허용기준 대비 dB 초과치를 고려하여 슬래브 두께 증가 및 배상액을 결정함

- 경량충격음의 경우 허용기준 대비 dB 초과치에 관계없이 일정하게 배상액을 결정함

### ❍ 배상액 산정 근거

아래 배상항목은 배상액 가이드 수립 시점인 2023년 기준이며, 물가에 연동하여 조정할 수 있음

(중량충격음 보완시공)

o 기본 배상항목

1) 기본 고려항목 및 슬래브 두께 증가

- 기본 고려항목의 총 비용은 143,984원/㎡로 함 (부가세 제외). 이는 공동주택 표준바닥 관련 각종 품명의 일위대가와 조달청 단가에 기반하여 산정하였음.

- 슬래브 두께 증가 비용 산정시 콘크리트 가격은 레미콘 25-27-15를 기준으로 산정하였으며, 2dB 마다 슬래브 두께 4㎝ 증가시킬 경우 4,770원/㎡임. 레미콘 25-18-12, 25-24-15, 25-27-15, 25-30-15, 25-30-15의 일위단가를 모두 비교한 결과, 큰 차이가 없으므로 레미콘 25-27-15를 기준으로 산정함

2) 입주지체보상금

- 입주지체보상금은 실제 분양가에 적용하는 것을 원칙으로 함

- 중량충격음 허용기준 초과시 보완시공기간을 28일로 가정함

- 전국, 서울, 5대 광역시 및 세종시, 기타 지방의 경우 입주지체보상금은 분양가*에 기반하되 반올림하여 다음과 같이 정함

(단위: 원/㎡)

| 전국 | 서울 | 5대 광역시 및 세종시 | 기타 지방 |
|---|---|---|---|
| 68,760 | 129,920 | 70,140 | 55,750 |

*분양가: 주택도시보증공사(HUG), '2023년 3월말 기준 민간 아파트 분양가격 동향', 분양가 서울 -928만원/㎡. 5대 광역시 및 세종시-501만원/㎡, 기타 지방-398.2만원, 전국- 490.5만원

(경량충격음 보완시공)

- 경량충격음이 허용기준 초과시에는 전체 보완시공을 하지 않으며, 바닥재(고급 장판 기준, 인건비 포함)의 보완 시공만 수행함. 비용은 34,510원/㎡, (부가세 제외)이며 이는 강마루설치(자재포함)의 일위대가와 조달청 단가에 기반하여 산정하였음.

전국, 서울, 5대 광역시 및 세종시, 기타 지방의 경우 입주지체보상금은 분양가에 기반하되 반올림하여 다음과 같이 정함. 단, 보완시공기간을 7일로 가정

(단위: 원/㎡)

| 전국 | 서울 | 5대 광역시 및 세종시 | 기타 지방 |
|---|---|---|---|
| 17,170 | 32,480 | 17,540 | 13,940 |

❍ 배상액 산정 결과

1) 중량충격음이 49dB 초과이고, 경량충격음은 49dB 이하인 경우

- 중량충격음 보완시공에 소요되는 비용을 기준으로 함

- 입주지체보상금 포함하므로 분양가의 차이를 고려함

- 중량충격음 허용기준 초과치를 2dB 단위로 배상액을 가중함

- 본 배상액은 바닥충격음이 허용기준 대비 초과치가 6dB 이내인 경우(55dB)까지는 권고액으로 활용하며, 그 이상 초과시에는 배상의 단순 기준값으로만 활용하는 것이 타당함

분양가를 직접 고려하여 배상액을 다음 식에 의하여 산정할 수 있음

$$\text{총 배상액(원)} = 0.014 \times \text{분양가} + \text{기본고려항목비용} \times \text{뜬바닥시공면적}(m^2) + \text{콘크리트비용} \times (dB\text{초과수준}) \times \text{뜬바닥시공면적}(m^2)$$

여기서, $dB$초과수준은 계측 dB와 49dB 차이의 절반을 올림 후 2를 곱한 값으로 정의한다. 예를 들어 계측 dB가 51.1dB이면 49dB와 차이의 절반이 1.05이므로 올림하면 2이며 여기에 2를 곱하여 4가 "$dB$초과수준"이 된다. 2023년 기준으로 "기본 고려항목비용"은 143,984원/㎡이며 "콘크리트 비용"는 슬래브 두께를 4㎝ 증가시키는 비용으로 4,770원/㎡이다.

<표 3.1> 중량충격음 성능미달 및 경량충격음 성능확보시 배상액 가이드

(단위: 원/㎡)

| 중량충격음 | 전국 | 서울 | 5대 광역시 및 세종시 | 기타 지방 |
|---|---|---|---|---|
| 49dB 초과-51dB 이하 | 217,424 | 278,674 | 218,894 | 204,504 |
| 51dB 초과-53dB 이하 | 222,194 | 283,444 | 223,664 | 209,274 |
| 53dB 초과-55dB 이하 | 226,964 | 288,214 | 228,434 | 214,044 |
| 55dB 초과-57dB 이하 | 231,734 | 292,984 | 233,204 | 218,814 |
| 57db 초과-59dB 이하 | 236,504 | 297,754 | 237,974 | 223,584 |
| 59dB 초과 | 241,274 | 302,524 | 242,744 | 228,354 |

2) 중량충격음과 경량충격음이 모두 49dB 초과인 경우

- 중량충격음 보완시공에 소요되는 비용과 함께 경량충격음 보완시공 비용을 추가함. 단 경량충격음 보완시공기간은 추가로 고려하지 않음

- 경량충격음은 허용기준 대비 초과치에 관계없이 일정함

분양가를 직접 고려하여 배상액을 다음 식에 의하여 산정할 수 있음

총 배상액(원)=0.014× 분양가 + 기본고려항목비용 × 뜬바닥시공면적$(m^2)$

+ 경량충격음보완시공비용 × 뜬바닥시공면적$(m^2)$

+ 콘크리트비용 × $(dB$초과수준$)$ × 뜬바닥시공면적$(m^2)$

여기서, 2023년 기준으로 경량충격음 보완시공비용은 34,510원/㎡ 임.

<표 3.2> 중량충격음과 경량충격음 모두 성능미달시 배상액 가이드

(단위: 원/㎡)

| 중량충격음 | 전국 | 서울 | 5대 광역시 및 세종시 | 기타 지방 |
|---|---|---|---|---|
| 49dB 초과-51dB 이하 | 251,934 | 313,184 | 253,404 | 239,014 |
| 51dB 초과-53dB 이하 | 256,704 | 317,954 | 258,174 | 243,784 |
| 53dB 초과-55dB 이하 | 261,474 | 322,724 | 262,944 | 248,554 |
| 55dB 초과-57dB 이하 | 266,244 | 327,494 | 267,714 | 253,324 |
| 57db 초과-59dB 이하 | 271,014 | 332,264 | 272,484 | 258,094 |
| 59dB 초과 | 275,784 | 337,034 | 277,254 | 262,864 |

3) 경량충격음만 49dB 초과인 경우

- 경량충격음 보완시공 비용만 포함

- 입주지체보상금 포함: 시공기간 1주일 적용

| |
|---|
| 총 배상액(원)=0.0035×분양가+경량충격음보완시공비용×뜬바닥구조시공면적($m^2$당)<br>여기서, 2023년 기준으로 경량충격음 보완시공비용은 34,510원/㎡임. |

**<표 3.3> 경량충격음만 성능미달시 배상액 가이드**

(단위: 원/㎡)

| 전국 | 서울 | 5대 광역시 및 세종시 | 기타 지방 |
|---|---|---|---|
| 51,680 | 66,990 | 52,050 | 48,450 |

제 4 장

# 손해배상과 관련된 이해관계자 의견수렴

4.1 관련 전문가 간담회 및 설문조사

4.2 학술발표 및 간담회

# 제4장 손해배상과 관련된 이해관계자 의견수렴

## 4.1 관련 전문가 간담회 및 설문조사

### 4.1.1 건설회사 간담회

❍ 건설회사 간담회 실시 결과

(1) 행사명: 바닥충격음 손해배상 가이드라인 마련을 위한 간담회

(2) 일　시: 2023년 4월 4일(화) 17:00-19:00

(3) 장　소: 한국구조물진단유지관리공학회 회의실 (서울시 서초구 법원로2길 15, 505호)

(4) 대　상: 바닥충격음 관련 건설사 관계부처, 전문가 그룹, 국토안전관리원, 연구진

(5) 목　적: 바닥충격음 손해배상 가이드라인(안)의 수립 배경을 소개하고 이해당사자의 대응 방안 및 의견을 수렴

(6) 주　관: 한국구조물진단유지관리공학회

**<표 4.1> 간담회 토론 및 질의 주요내용**

| 발언자 | 의견 |
|---|---|
| 건설사 공통의견 | - 계약서 해석에 근거하면 시방서 기준에 충족하게 시공이 완료 되었을 때, 바닥충격음 기준 미달에 대한 책임을 따지기 어려움<br>- 건설사의 현행 수익구조상 바닥충격음 기준미달로 인한 과다한 손해배상은 사업장 운영에 치명적임<br>- 특히, 1, 2, 3 군 건설사의 입장이 다를 수 있는데, 1군 건설사의 경우 이익과 손해가 서로 상충되는 현장이 있는 반면, 중/소 규모의 경우 1년에 1-2 사업장으로 운영되어 손해가 발생하는 사업장은 회사의 경영에 매우 치명적일 수 있음<br>- 현재 시공방식(구조체-완충재-마감 몰탈: hard: soft: hard)과 같은 재료의 연속설치는 시공상 하자의 가능성을 높일 가능성이 높아 새로운 방식의 제안이 필요함<br>- 바닥충격음에 대한 시험법의 정확도에 의문임. 같은 코라스 기관이어도 동 |

| | |
|---|---|
| | 일 계측에서 ~3dB까지의 차이를 보이기에 이를 근거로 바닥충격음의 기준 미달을 결정하는 것은 부당함<br>- 그럼에도 불구하고 손해배상금을 정의해야 한다면, 적정수준 설정을 통하여 민사소송을 줄일 수 있는 방향이어야 함<br>- 추가적으로 기술력 해소를 위하여 국가 R&D 및 국토부 주관으로 다음의 연구 및 지침화가 필요함(바닥충격음 전달원리와 전달경로 규명을 통한 dB초과의 원인규명 필요, 대량시공 및 다양한 평면조건에서 등급만족 사례를 만들고 시공과정의 지침화 필요) |
| A건설사 | - 실험실 내에서 개발한 구조체 및 평면에 대해서 바닥충격음에 대한 인증을 받았더라도 실제 시공 평면에서는 편차가 발생가능함. 이에 바닥충격음에 대한 대변성이 부족한 현행 시험방법에 수정이 필요함<br>- 건설사의 risk 관리 측면에서 현행 바닥충격음 측정의 편차가 매우 큼<br>- 경량충격음은 완충재 변경 등 대응가능하나 중량충격음은 기술적 대응 어려움. 경량충격음은 완충재를 바꾸는 것만으로 비교적 간단하게 해결이 가능하지만, 중량충격음은 준공 시점에서 현실적 대응 방안이 없음<br>- 현재 기술력으로 입주 직전 단계에서 바닥충격음 기준이 미달되었을시 성능입증에 대한 보증이 불가하며, 기술적 대응의 경우 수가 적음<br>- 바닥충격음 검사에 대응하고자 자체적으로 여러 방향으로 기술개발을 수행 중임(사전해석 및 설계최적화 추진, 결과에 따라서 벽의 위치이동 및 벽 길이를 가감함, 기존에 없는 평면에 대하여 다양하게 해석을 수행하며 성능평가 중, 완충재 개발 및 현장적용, 개선된 EPS 완충재, 금속재, 저탄성계수 자재, 중량몰탈-저강성완충재 등 재료개발 중, 흡음천장 개발 중) |
| B건설사 | - A건설사의 의견에 동의하며, 추가적으로 비구조체, 경량벽체 등 영향정도도 분석 중<br>- 바닥충격음 검사에 대응하고자 건설사에서 투자하는 비용적 노력은 다음과 같음(갖추어진 테스트배드에서 실험 시 바닥구조체 설치, 측정, 철거비용까지 2000-3000만원 실험비 소요, 자체 테스트 배드없는 경우 최대 1억까지 실험비가 필요함, 추가적으로 바닥충격음 측정 결과에 대한 해석 비용도 필요함)<br>- 대부분의 건설사는 바닥충격음에 대응할 수 있는 자체 테스트배드가 없음 |
| 전문가 그룹 | - 시험장 측정과 현장측정의 차이를 이해 및 인정해야 함(내화, 벽체 수음, 바닥충격음의 분류에서 유독 바닥충격음만 현장측정 대상으로 가혹한 규정 적용일 수 있음)<br>- 물리적 현상인 진동과 소음을 구별해서 접근해야 함<br>- 바닥충격음의 측정 시점으로 준공 직전 시점은 건설사가 기술적 대응을 하기에 매우 불리함. 그 이전 시공과정에 대한 평가 및 관리가 필요함 |

## 4.1.2 자문위원 자문결과

○ 자문 개요

(1) 자문 조사명 : 공동주택 바닥충격음 피해 손해배상 가이드 자문의견 조회

(2) 기 간 : 2023년 05월 15일 ~ 2023년 06월 15일

(3) 방 법 : 오프라인 설문지

(4) 대 상 : 공동주택 바닥충격음 피해 손해배상 관련 자문위원 5인

(5) 목 적 : 바닥충격음 차단성능이 기준에 미달하는 경우, 권고할 수 있는 손해배상의 적정 수준을 평가하기 위한 관련 자문위원 의견 수렴

(6) 자문의견 조회 견본

「공동주택 바닥충격음 피해 손해배상 가이드 자문의견 조회」

**1. 공동주택 바닥충격음(층간소음) 문제의 해소에 있어서 가장 큰 난관은 무엇이라고 생각하시나요?**

예시) 완공된 공동주택의 시공 품질 불량, 소음저감 구조설계 기술력 부족, 거주자의 세대별 소음전달 성능 인지 부족, 마땅한 보완시공 및 소음저감 방법 부재, 거주자 개별 문제 등

답변)

**2. 바닥충격음 피해 손해배상의 기준으로 고려되어야 하는 항목은 무었이라고 생각하시나요?**

예시) 바닥충격음 성능 등급별 차등 방안, 세대 보완시공 비용, 층간소음 유발에 따른 정신적 피해보상, 세대별 분양가, 입주지연에 따른 보상 비용 등

답변)

**3. 바닥충격음(층간소음) 성능이 부족한 경우 배상액을 지불하는 기준(예: 기준 성능 초과수준이 1.5dB 이상)과 입주예정자와 보상자가 동의할 수 있는 배상액의 적정 수준은 어느 정도가 타당하다고 생각하십니까?**

예시) 1.5dB 초과시, 분양면적별 10만원 내외/m2의 배상액과 입주지연보상금

답변)

**4. 바닥충격음(층간소음) 성능 부족 수준이 미미한 경우(예: 기준 성능 초과수준이 1dB 이하)에 완전 보완시공비 수준 이하로 일부 배상하는 방안은 타당한지요? 타당하다고 생각하시는 경우 보완시공비 대비 어느 정도 수준으로 일부 배상하는 것이 적절하다고 생각하십니까?**

답변)

**5. '층간소음 사후확인제도'의 원활한 시행을 위한 정부의 역할은 어떠한 것이 있다고 생각하십니까?**

예시) 공인된 설계 및 실험 지침 준수시 배상액 완화, 기업의 연구개발시 정부 지원, 배상금 관련 비용 보증제도 강화(예, 주택도시보증공사), 정부의 엄격한 시행 등

답변)

**6. 신축 공동주택 대상 층간소음 저감을 위하여 수행되어야 하는 필수 연구개발 방향에 대하여 답해 주시기 바랍니다.**

예시) 바닥충격음(층간소음)의 저감 성능을 예측할 수 있는 구조설계 및 성능평가 공인 지침 개발, 바닥충격음 시험시 다양한 평면을 대변할 수 있는 시험법 개선, 준공 세대 층간소음 보완시공 기술 등

답변)

**7. 공동주택 바닥충격음(층간소음) 완화를 위하여 위 설문 항목 외에 추가 의견이 있으시면 자유롭게 기술해주시기 바랍니다.**

답변)

○ 자문결과 요약

전문가 자문위원단의 자문결과 다양한 의견이 개진되었다. 주요 결과에 대한 자문결과를 다음과 같이 요약하였다.

| | 자문위원1 | 자문위원2 | 자문위원3 | 자문위원4 | 자문위원5 |
|---|---|---|---|---|---|
| 바닥충격음(층간소음) 해결의 문제점 | -벽식구조 시공방식 | -대응기술력 부족<br>-거주자의 민감도 차이 | -측정방법의 부정확성<br>-미완적 정부 정책 | -대응기술력 부족 | -벽식구조 시공방식 |
| 손해배상의 기준 | -요구성능미달에 대한 가치 차액 | -보완시공비용<br>-입주지연보상금 | -보완시공비용<br>-요구성능미달에 대한 가치차액 | -보완시공비용 | -요구성능미달에 대한 가치차액 |
| 보완시공비 기준 적용 시 손해배상의 적정수준 | - | -보완시공의 50% | -완전 보완시공에 준하는 금액 | -보완시공의 50~70% | - |
| 정부의 역할 | -국가 R&D 기반 기술력 제공 | -국가 R&D기반 기술력 제공<br>-우수시공 인센티브제도 | -우수시공 인센티브제도 | -평가기준 정비 및 결과공개 | -우수시공 인센티브제도 |
| 연구개발 방향 | -구조시스템 개발 및 해석 기술 개발<br>-민감도 측정 및 정량화 기술개발 | -구조시스템 개발 및 해석기술 개발 | -구조시스템 개발 및 해석 기술 개발<br>-보완시공 방안 | -구조시스템 개발 및 해석 기술 개발 | -구조형식 변경 시공에 대한 건설산업 영향분석 |

### 4.1.3 설문조사

#### 4.1.3.1 관련 업계 전문가 설문

❍ 설문 개요

(1) 설문 조사명 : 공동주택 바닥충격음 피해 손해배상 가이드 산정 설문조사

(2) 기 간 : 2023년 05월 15일 ~ 2023년 06월 15일

(3) 방 법 : 온라인(구글 설문), 오프라인(관계기관 협조 공문) 설문지

(4) 대 상 : 공동주택 바닥충격음 피해 손해배상 관련 관계부처, 단체, 협회, 학회 등 전문가

(5) 목 적 : 바닥충격음 차단성능이 기준에 미달하는 경우, 권고할 수 있는 손해배상의 적정 수준을 평가하기 위한 관련 전문가 의견 수렴

(6) 설문조사 견본

「공동주택 바닥충격음 피해 손해배상
가이드 산정 설문조사」

0. 경력 및 활동분야를 기입해주십시오.
(1) 학계(교수, 연구원 등)
(2) 기술사(전문분야 활동 기간 : )
(3) 특급기술자(기사 후 10년 or 박사 후 3년 or 석사 후 9년 이상)
(4) 고급기술자(기사 후 7년 or 박사 or 석사 후 6년 이상)
(5) 중급기술자(기사 후 4년 or 석사 후 3년 or 학사 후 6년 이상)

1. 공동주택 바닥충격음(층간소음)이 일상생활에 미치는 영향은 어느 정도라고 생각하십니까?
(1) 매우 작음
(2) 작음
(3) 보통
(4) 큼
(5) 매우 큼

2. 공동주택 바닥충격음(층간소음) 문제의 해소에 있어서 가장 큰 난관은 무엇이라고 생각하십니까?
(1) 완공된 공동주택의 시공 품질 불량
(2) 소음저감 구조설계 기술력 부족
(3) 거주자의 세대별 소음전달 성능 인지 부족
(4) 마땅한 보완시공 및 소음저감 방법 부재
(5) 거주자 개별 문제
(6) 기 타 :

3. 바닥충격음(층간소음) 수준을 보다 정확히 평가하고, 성능개선을 위한 구조, 자재, 시공기술 등 다양한 기술개발을 유도하고 바닥충격음(층간소음) 저감을 위한 '층간소음 사후확인제도'가 주택법 개정을 통해 2022년 8월 4일부터 시행되었습니다. 공동주택 준공 후 '층간소음 사후확인제도'가 바닥충격음(층간소음) 완화에 도움이 된다고 생각하십니까?
(1) 도움이 전혀 안됨
(2) 도움이 안됨
(3) 보통
(4) 도움이 됨
(5) 매우 도움이 됨

4. 바닥충격음(층간소음) 성능 등급의 경우 경량 및 중량충격음이 37 dB 이하인 경우 1급, 37 dB 초과 ~ 41 dB 이하인 경우 2급, 41 dB 초과 ~ 45 dB 이하인 경우 3급, 46 dB 초과 ~ 49 dB 이하인 경우 4급을 부여합니다. '층간소음 사후확인제도'에 따라 바닥충격음(층간소음) 성능 기준을 결정할 때 어느 수준이 타당하다고 생각하십니까?
(1) 1급
(2) 2급
(3) 3급
(4) 4급
(5) 건설사의 사전 제시 등급
(6) 기 타 :

5. 바닥충격음 피해 손해배상의 기준으로 고려되어야 하는 항목에 대하여 우선순위로 3개만 답해주시기 바랍니다. (체크 후 우선순위에 따라 기타에 기입하여 주시면 감사하겠습니다)
(1) 바닥충격음 성능 등급별 차등 방안
(2) 세대 보완시공 비용
(3) 층간소음 유발에 따른 정신적 피해보상
(4) 세대별 분양가
(5) 입주지연에 따른 보상 비용

(6) 기 타 :

6. '층간소음 사후확인제도'에 따라 바닥충격음(층간소음) 성능이 미달시 시공사(또는 시행사)가 ①바닥충격음(층간소음) 성능을 만족할 수 있도록 보완시공 및 입주지연보상금 또는 ② 이에 상응하는 배상액 지불 중 무엇이 더 타당하다고 생각하십니까?
(1) 보완시공 및 입주지연보상금
(2) 배상액
(3) 기 타 :

7. 바닥충격음(층간소음) 성능이 상당히 부족한 경우(예: 기준 성능 초과수준이 1.5dB 이상)에 배상액을 지불한다면 입주예정자와 보상자가 동의할 수 있는 적정 수준은 어느 정도가 타당하다고 생각하십니까?
(*참고사항: 입주지연보상금은 계약시 정한 금융회사에 적용한 연체금리에 따라 산정됨. 분양가 5억의 아파트에 20일 입주지연의 경우 연체금리 18%/년 적용시 대략 493만원임.)
(1) 분양면적별 3만원 내외/m2의 배상액과 입주지연보상금 (위 참조)
(2) 분양면적별 5만원 내외/m2의 배상액과 입주지연보상금 (위 참조)
(3) 분양면적별 10만원 내외/m2의 배상액과 입주지연보상금 (위 참조)
(4) 분양면적별 15만원 내외/m2의 배상액과 입주지연보상금 (위 참조)
(5) 기 타 :

8-1. 바닥충격음(층간소음) 성능 부족수준이 미미한 경우(예: 기준 성능 초과수준이 1.5dB 미만)에 완전 보완시공비 수준 이하로 일부 배상하는 것이 타당하다고 생각하십니까?
(1) 타당하지 않음
(2) 타당함

8-2. 완전 보완시공비 수준 이하로 일부 배상하는 것이 타당하다고 생각하시는 경우 보완시공비 대비 어느 정도 수준으로 일부 배상하는 것이 적절하다고 생각하십니까?
(1) 보완시공비의 10% 내외
(2) 보완시공비의 30% 내외
(3) 보완시공비의 50% 내외
(4) 보완시공비의 70% 내외
(5) 기 타 :

9. '층간소음 사후확인제도'의 원활한 시행을 위한 정부의 역할에 대해 아래 항목에서 우선순위로 3개만 답해 주시기 바랍니다. (체크 후 우선순위에 따라 기타에 기입하여 주시면 감사하겠습니다)
(1) 공인된 설계 및 실험 지침 준수시 배상액 완화

(2) 기업의 연구개발시 정부 지원
(3) 배상금 관련 비용 보증제도 강화(예, 주택도시보증공사)
(4) 정부의 엄격한 시행
(5) 기 타 :

10. 신축 공동주택 대상 층간소음 저감을 위하여 수행되어야 하는 필수 연구개발 주제에 대하여 우선순위로 3개만 답해 주시기 바랍니다. (체크 후 우선순위에 따라 기타에 기입하여 주시면 감사하겠습니다)
(1) 바닥충격음(층간소음)의 저감 성능을 예측할 수 있는 구조설계 및 성능평가 공인 지침 개발
(2) 바닥충격음 시험시 다양한 평면을 대변할 수 있는 시험법 개선
(3) 공동주택 층간소음 모니터링 및 경보 기술
(4) 준공 세대 층간소음 보완시공 기술
(5) 소음 저감 음향 재료 개발
(6) 기 타 :

11. 공동주택 바닥충격음(층간소음) 완화를 위하여 위 설문 항목 외에 추가 의견이 있으시면 자유롭게 기술해주시기 바랍니다.

답 변 :

○ 결과 요약

총 104건의 전문가 설문조사를 받았으며, 참여자는 학계 37명, 기술사 16명, 특급기술사 30명, 고급기술사 6명, 중급기술사 15명 순서였다. 각 질문별 결과 요약은 아래와 같다.

(가) 공동주택 바닥충격음(층간소음)이 일상생활에 미치는 영향 : 해당 질문에 대한 답변으로는 “큼” 54건(52%), “매우 큼” 30건(29%), 보통 15건(14%), 작음 5건(5%)로 의견이 도출되었다.

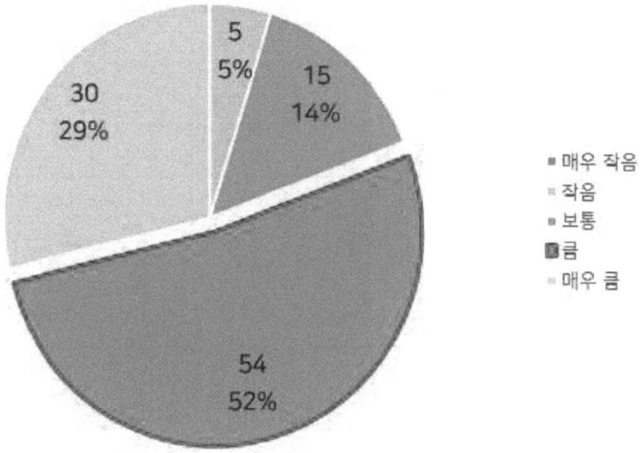


<그림 4.1> 설문조사 결과(1번 문항)

(나) 공동주택 바닥충격음(층간소음) 문제의 해소에 있어서 가장 큰 난관 : 해당 질문에 대한 답변으로는 “마땅한 보완시공 및 소음저감 방법 부재” 41건(39%), “완공된 공동주택의 시공 품질 불량” 18건(17%), “거주자의 세대별 소음전달 성능 인지 부족” 14건(13%), “거주자 개별 문제” 13건(13%)로 의견이 도출되었다.

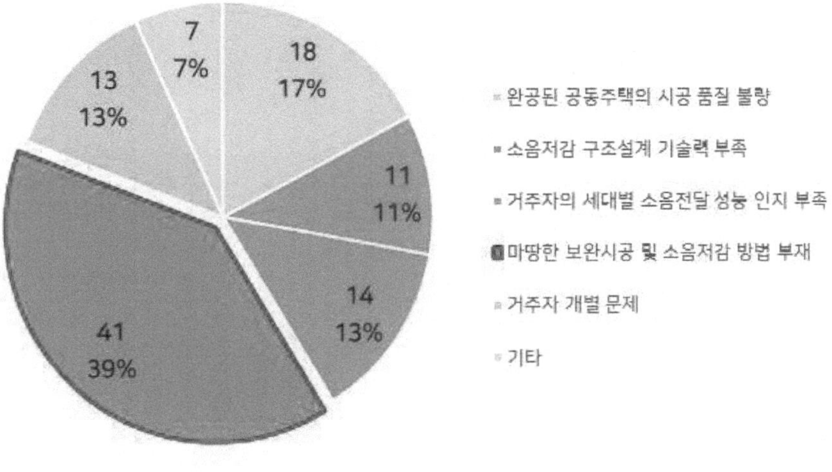


<그림 4.2> 설문조사 결과(2번 문항)

기타 의견

1) 거주자의 생활습관, 공동주택이라는 의식, 법제화 이전 다수의 공동주택

2) 거주자 기대 수준과 현 구조에서 기능적 한계 사이의 괴리

3) 공사비 상승을 고려한 분양가, 시공비 산정 및 시행사 합의

4) 벽, 천장, 바닥을 공유하는 공동주택에 살며 이웃에 대한 배려가 부족하고 단독주택 수준의 조용함을 원하는 입주민의 의식 개선

5) 개인별 소음에 대한 수인한도가 다르며, 고성능 공동주택을 위하여 불필요한 구조, 재료 등의 손실이 큼

6) 공동주택 주거문화의 이해와 배려 부족

7) 한국인의 좌식생활특성 및 바닥복사난방 방식에 따른 딱딱한 바닥표면

(다) '층간소음 사후확인제도'가 바닥충격음(층간소음) 완화 도움 여부 : 해당 질문에 대한 답변으로는 "도움이 됨" 53건(50%), "보통" 24건(24%), "도움이 안됨" 13건(12%), "매우 도움이 됨" 11건(11%)로 의견이 도출되었다.

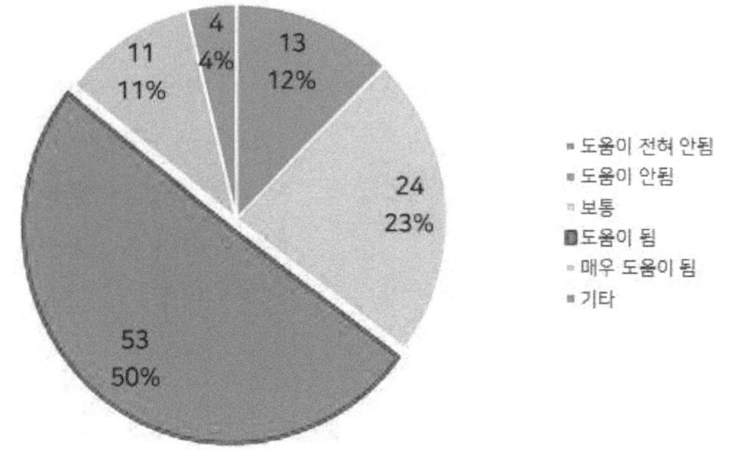


<그림 4.3> 설문조사 결과(3번 문항)

기타 의견

1) 준공 후 확인이 무슨의미가 있을지, 물론 안하는 것 보다는 나을수 있으나, 시공시 수시 확인이 더 필요할 듯

2) 기술개발, 품질관리 등 측면에서는 도움이 되나 자칫 불필요한 사회적 갈등과 과도한 비용 투입 우려

3) 법 개정으로 소음저감 기술개발에 도움이 될것으로 예상되지만 불필요한 갈등유발과 이에 대한 대책이 필요함

4) 사후확인 경우 통상 골조/마감 공사가 마무리된 이후에 진행되므로, 대책마련이 현실적으로 어렵고 비용이 많이 듬. 설계단계에서 사전 검토할 수 있는 방안에 대한 기술제도 입법을 검토하는 것이 필요함.

(라) '층간소음 사후확인제도'에 따른 바닥충격음(층간소음) 성능 기준 결정의 타당성 수준 : 해당 질문에 대한 답변으로는 "46dB 초과 ~ 49dB 이하인 4급" 30건(29%), "37dB 초과 ~ 41 dB 이하인 2급" 25건(24%), "41 dB 초과 ~ 45 dB 이하인 3급" 22건(21%), "건설사의 사전 제시 등급" 17건(16%), "37 dB 이하인 1급" 7건(7%)로 의견이 도출되었다.

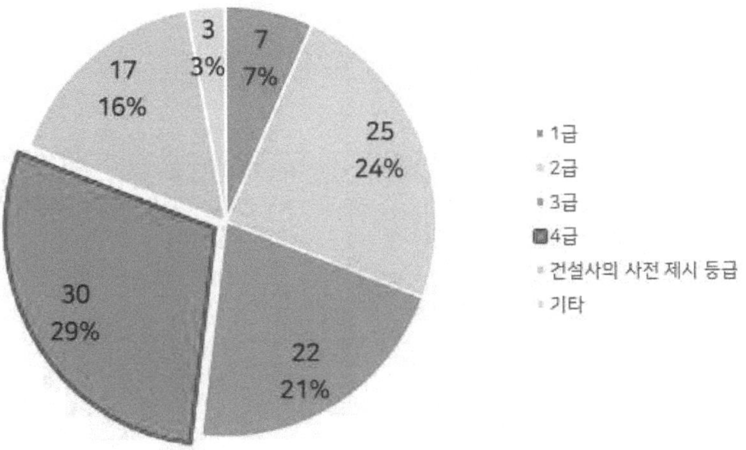


<그림 4.4> 설문조사 결과(4번 문항)

기타 의견

1) 층간소음 문제는 사람이 거주함으로써 발생하는 사항으로 기술적, 시공적으로 해결하기에는 물리적, 기술적, 시공비 차원에서 한계가 있는 사항으로 층간소음에 대한 사회적 합의가 먼저 이루어져야 할 것으로 보이고 굳이 최소의 기준이 필요하다면 종전 기준인 중량충격음 기준 50dB 이하로 권고함이 사회적 합의에 다다르는 적정한 기준으로 판단함

2) 바닥 소음의 경우 개인별 느끼는 것이 다르기에 어떤 등급이 타당하다고 얘기하기 어려움, 다만 2~3 등급 사이가 가장 적절하다고 생각이 듦

(마) 바닥충격음 피해 손해배상의 기준으로 고려되어야 하는 항목 (중복답변 가능) : 해당 질문에 대한 답변으로는 “세대 보완시공 비용” 90건(30%), “바닥충격음 성능 등급별 차등 방안” 69건(23%), “입주지연에 따른 보상비용” 55건(18%), “층간소음 유발에 따른 정신적 피해보상” 46건(15%), “세대별 분양가” 37건(12%)로 의견이 도출되었다.

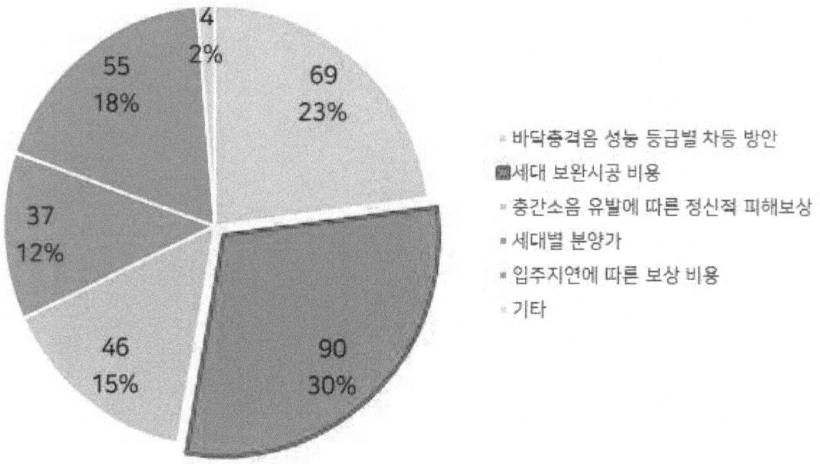


<그림 4.5> 설문조사 결과(5번 문항)

기타 의견

1) 입주지연보상금+보완시공이 진행되어야함.

2) 목표성능 등급 만족 여부(제시된 등급을 만족하였는가? 만족하지 못하였는가?)

3) 기술적으로 보완시공에 대한 대안이 부재하고 민법상 중요하지 않은 사항으로 보수비용이 많이 드는 경우 차액배상이 원칙이나 시공비 차액을 산출하기는 어렵고 재산적 가치 하락, 정신적 손해에 대한 배상 정도가 필요

4) 환경부에서 정한 손해배상 금액 기준(공동주택 층간소음의 범위와 기준에 관한 규칙)을 참고하여 바닥충격음 성능 등급별 차등 방안 마련 필요

(바) '층간소음 사후확인제도'에 따라 바닥충격음(층간소음) 성능이 미달시 보상방안(기타 답변 중복 가능) : 해당 질문에 대한 답변으로는 "배상액" 66건(63%), "보완시공 및 입주지연보상금" 33건(31%)로 의견이 도출되었다.

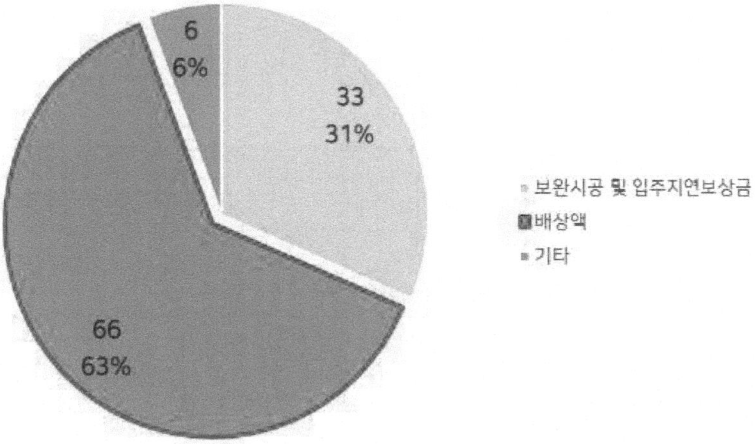


<그림 4.6> 설문조사 결과(6번 문항)

기타 의견

1) 2개의 방안 모두 타당하다고 생각하지 않음.

2) 거주자가 바뀌면 배상액을 또 줘야하는지

3) 성능 미달에 따른 보완시공(성능 충족)이 입주에 지장을 주지 않는다면 배상의 필요성이 없으며 입주가 지연된다면 입주지연보상금을 지불하여야 할 것으로 판단됨

4) 사후확인제 권고에 따른 현실적 손해배상 방안 마련 필요

5) 입주지원 보상금은 타당하지 않으며, 보완시공 방법은 없음

6) 현재 주택법에 따르면 사후확인제의 성능기준은 권고사항이며, 입주를 불가능하게 할 정도의 기능적 하자로 판단하는 어떠한 근거도 없이 입주지연 보상금을 언급하는 것은 법령 해석을 너무 넓게 해석한 사항으로 판단되고, 이와 별도로 유의미하고 합리적인 사후보강공법이 개발되지 않은 상황에서 과도한 2 또는 보수비 산정은 결과적으로 분양가를 상승시키고 입주자와 시행사(시공사)간 무익한 소송만 대량 양산할 것으로 예상됨

(사) 바닥충격음(층간소음) 성능이 미달시 배상액 적정 수준(기타 답변 중복 가능) : 해당 질문에 대한 답변으로는 “분양면적별 10만원 내외/$m^2$의 배상액과 입주지연보상금” 36건

(34%),“ 5만원 내외의 배상액과 입주지연보상금” 25건(24%), “15만원 내외의 배상액과 입주지연보상금” 15건(14%), “3만원 내외의 배상액과 입주지연보상금” 11건(11%)로 의견이 도출되었다.

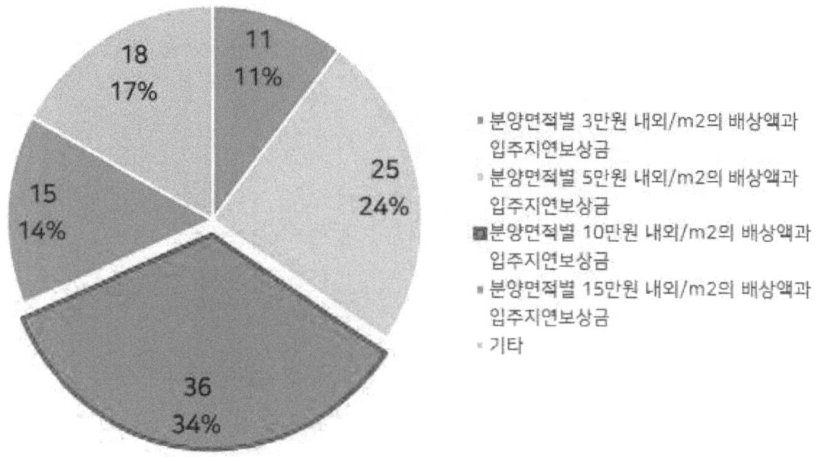


<그림 4.7> 설문조사 결과(7번 문항)

기타 의견

1) 바닥충격음 저감기술이 정립되지 않은 현 시점에서 부정확한 측정기준, 비합리적인평가기준을 바탕으로 한 배상금 지급에 동의할 수 없음.

2) 면적별 금액 산출은 타당하지 않다고 사료됨. 돈이 많아서 큰 집을 구매한 사람이 보상을 더 받는 조건은 형평성 맞지 않음. 층간소음은 큰 집이건 작은 집이건 거주자가 받는 스트레스 입장에서 동일하게 생각해야 함. 세대당 일정 금액을 보상하는 것이 타당하다고 보여짐. 금액은 세대(1일 지연당)당 10만원 내외가 적당하다고 판단됨.

3) 개별 세대의 평형의 형태, 소음 발생 위치, 소음의 형태 등 바닥충격음의 생산 및 확산의 메커니즘이 위치별로 소음의 정도가 각기 다름에도 세대별 면적 기준으로 일률적으로 배상액을 산정하는 것은 옳지 않은 방법으로 판단되며, 분양면적은 전용면적과 달리 공용부면적(주거공용면적+공용면적)이 포함되어 있어 바닥충격음의 영향을 받지 않는 면적에도 배상하는 문제가 발생하여 합리적이라 할 수 없으며, 앞서 언급한 바와 같이 입주가 불가능할 정도의 하자사항이 아니므로 입주지연보상금 지급은 검토대상이 아니라고 판단됨

4) 면적별 배상액과 입주지연보상금으로 산정하기에는 기준이 명확치 않음

5) 분양면적별 3만원 내외로 하되, 초과수준별 차등

6) 분양면적기준 배상액 및 입주지연보상금 지급방안은 타당하지 않으므로 다른 대안 마련 필요

7) 1번금액의 50% 수준 (1.5dB 수준은 청감상 구별이 어려운 수준임)

8) 사후확인제 권고에 따른 현실적 손해배상 방안 마련 필요

9) 성능 미달에 따른 보완시공(성능만족)을 완료한 경우 보상의 필요성이 없으며 보완시공으로도 성능을 만족하지 못할 경우 1의 보상이 필요할 것으로 판단됨

10) 기술적으로 보완시공에 대한 대안이 부재하므로 손해배상액 지불이 합리적임

11) 공사완료 후 현실적인 성능보강 방법의 부재▶ 배상액으로 한정(분양면적 3만원 내외 /m2)

12) 보완시공 대신 배상액을 지급하는 것이 층간소음 방지 취지에 맞지 않는 것으로 보임. 입주자가 배상액만 받고 보완시공 미수행시 소음피해는 이웃세대로 전가되는 것이므로, 이웃세대가 피해자로 남게 됨. 따라서 배상액 지급여부와 상관없이 보완시공은 필수적으로 선행되어야 하며, 이와는 별도로 배상액을 추가 지급할 경우 배상액의 적정수준은 보완시공 외에 추가로 지급하여야 하는 사유를 명확히 하고(예: 부적합 성능에 대한 정신적 피해 보상 등), 해당사유에 대한 유사지급사례 금액 등을 조사해서 제시해야 할 것으로 사료됨.

13) 분양가도 고려되어야 하고, 원할 경우 분양가 환늘 및 입주 실패에 따른 배상금도 지불해야함.

14) 준공 후 최소 20~30년 사용을 고려하면, 보완 시공이 이루어져야함.(보상 받은 세대는 층간소음 분쟁이 줄어들 수 있으나, 이후에 이사오는 세대는 분쟁 가능성 증가)

15) 배상액 지불이 무슨 의미가 있을까요? 실 거주자가 수시로 바뀌는데

16) 단순히 분양면적 산출금액이 아닌 보완시공 금액 지원 필요(기타 피해보상고려 필요)

17) 보완시공 등으로 인해 입주가 지연되었을 때 입주지연보상금을 지급해야함. 보완시공 대신에 배상액을 지급하는 건이므로 입주가 지연되지 않았을 경우는 입주지연 보상금을 지불할 필요가 없음,

18) 입주지연보상금은 참고사항을 따를 수 있으나, 배상금은 지연기간, 이사, 숙소, 짐보관 등 복합적인 문제임으로 단순하게 m^2 당 금액으로 산정하는 것은 한계가 있음,

(아) 바닥충격음(층간소음) 성능 부족수준이 미미한 경우에 완전 보완시공비 수준 이하로 일부 배상에 대한 타당성(1건 답변 누락) : 해당 질문에 대한 답변으로는 “타당하지 않음” 53건(51%), “타당함” 50건(49%)로 의견이 도출되었다.

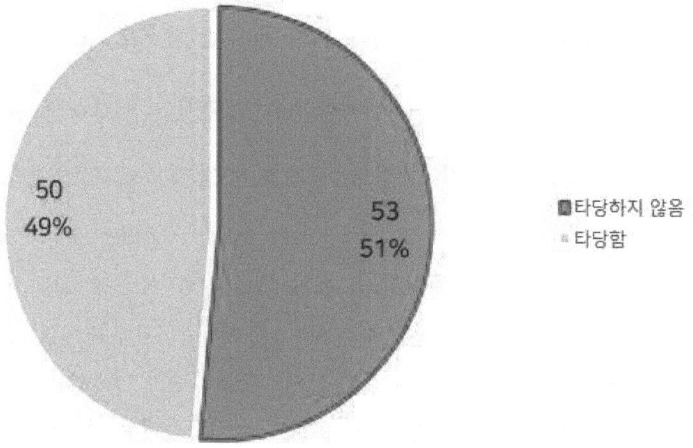


<그림 4.8> 설문조사 결과(8-1번 문항)

기타 의견

1) 현재 유의미하고 합리적 수준의 보완시공방법이 없는 상태에서 어떤 수준의 보완시공비를 가정하여 배상액을 적정함을 묻고 있는지 알 수 없음

(자) 완전 보완시공비 수준 이하로 일부 배상하는 것이 타당할 경우, 일부 배상 수준의 적정성(선택 답변) : 해당 질문에 대한 답변으로는 “보완시공비의 50% 내외” 27건(33%), “70% 내외” 22건(27%), “30% 내외” 15건(18%), “10% 내외” 10건(12%)로 의견이 도출되었다.

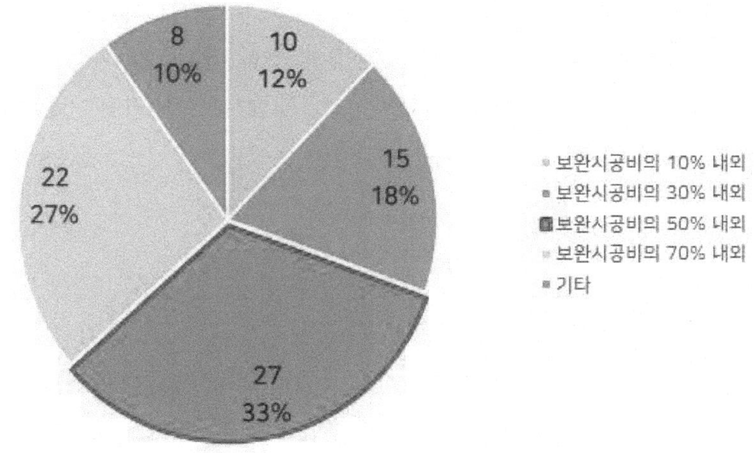


<그림 4.9> 설문조사 결과(8-2번 문항)

기타 의견

1) 보완시공방법이 있다면, 그리고 보완시공이 필요하면 그 비용을 전액 납부해야 함. ( 그 전에 그 보완시공을 당초 설계에 반영해야 할 것임)

2) 100%

3) 현재 유의미하고 합리적 수준의 보완시공방법이 없는 상태에서 어떤 수준의 보완시공비를 가정하여 배상액을 적정함을 묻고 있는지 알 수 없음

4) 소음초과 수준별로 배상액 차등

5) 보완시공 방법이 없어 보완시공비 산출 불가

6) 현실적으로 보안시공 방안이 부재하므로 배상액이 적절해보임

7) 기술적으로 보완시공에 대한 대안이 부재하므로 손해배상액 지불이 합리적임

8) 보완시공 비용을 측정할 수 없고, 보완시공을 해도 성능달성을 보장할 수 없으므로, 10만원/m^2 정도(매트시공비)의 배상금을 지급하는 것이 현실적임

9) 보완시공방법 및 소요비용이 구체적이지 않은 상태에서 배상수준을 정하는 건 맞지 않음, 아직 효과적인 보완시공방법이 없음

(차) ‘층간소음 사후확인제도’의 원활한 시행을 위한 정부의 역할(중복답변 가능) : 해당 질문에 대한 답변으로는 “배상금 관련 비용 보증제도 강화” 79건(27%), “공인된 설계 및 지침 준수시 배상액 완화” 73건(25%), “기업의 연구개발시 정부 지원” 68건(24%), “정부의 엄격한 시행” 61건(21%)로 의견이 도출되었다.

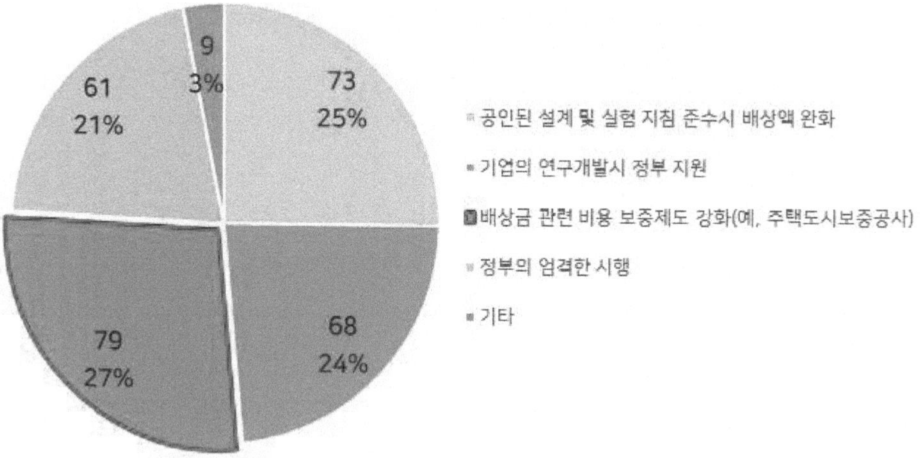


**<그림 4.10> 설문조사 결과(9번 문항)**

기타 의견

1) 인력으로 하는 시공 및 시험의 특성상 바닥충격음 차단성능의 오차가 불가피하고, 설계서대로 성실하게 시공했음에도 불구하고 성능 미달로 나오는 선량한 피해자가 발생할 수 있으며, 이로 인한 시공사 불신 팽배 등 사회에 미치는 파급효과가 크므로 이를 방지하기 위한 철저한 검토가 선행되어야 함.

2) 바닥층간소음에 대한 체계적인 기준으로 재정립

3) 공인시험기관의 독립성 보장 및 업계 커넥션 차단 방안 마련

4) 사후확인제도 적용 시 보완시공 등이 제한적임 따라서 실제 설계와 동일한 조건에서 실행이 되고 성능이 검증될 수 있도록 설계-실험 지침 강화 노력 필요

5) 측정방법의 신뢰도 확보 필요, 확정적으로 기준만족가능한 단면개발 필요.

6) 건설현장의 공정별 철저한 관리감독

7) 정부 산하 연구 기관을 통한 고성능 바닥구조 개발 및 사용 권장

8) 정부에서는 공인된 설계 및 실험 지침이 준비되지 않은 상태이고 유의미한 사후보수방안 도 없는 상태에서 제도 추진을 강행할 경우 사회적 혼란를 초래 할 것으로 예상되므로 기발표한 시한을 조정하여 심도 깊은 연구를 통한 설계 및 실험지침, 사후 보수공법을 개발하고, 각개 각층의 포괄적인 사회적 합의를 통하여 제도 시행 시기를 조절할 필요 있음

9) 층간소음 저감 기술개발을 위한 제도 정비

(카) 신축 공동주택 대상 층간소음 저감을 위해 수행되어야 하는 필수 연구개발 주제(중복답변 가능) : 해당 질문에 대한 답변으로는 “바닥충격음(층간소음)의 저감 성능을 예측할 수 있는 구조설계 및 성능평가 공인 지침 개발” 81건(28%), “준공 세대 층간소음 보완 시공 기술” 72건(25%), “바닥충격음 시험시 다양한 평면을 대변할 수 있는 시험법 개선” 49건(17%), “공동주택 층간소음 모니터링 및 경보 기술” 46건(16%), “소음 저감 음향 재료 개발” 36건(13%)으로 의견이 도출되었다.

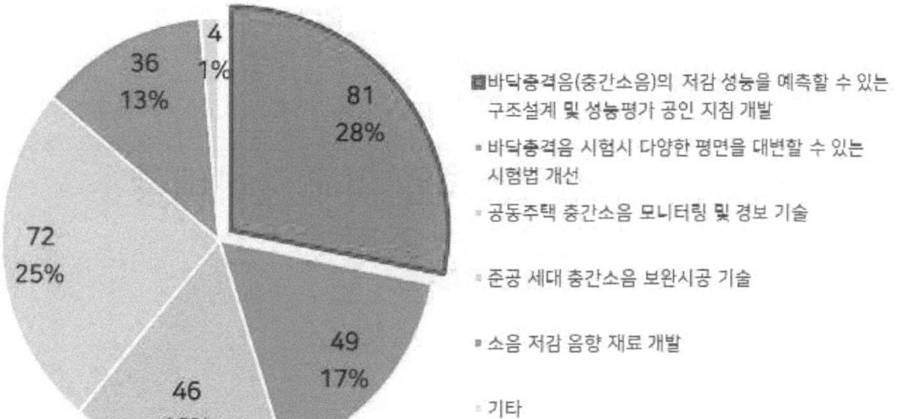


<그림 4.11> 설문조사 결과(10번 문항)

기타 의견

1) 공동주택 거주자 대상(대규모 조사) 층간소음 만족 수준 연구 -> 기대 수준을 만족하는

구조 구현 및 현실화 가능여부 판단 연구

2) 층간소음구조의 사후유지관리에 대한 기준

3) 신축은 물론 구축 공동주택의 층간소음 보완이 가능한 시공 및 재료 개발

4) 저주파수 대역의 충격음과 고주파수 대역 충격음에 대한 측정, 평가 방안 개발

### 4.1.3.2 일반인 설문

❍ 설문 개요

(1) 설문 조사명 : 공동주택 바닥충격음 피해 손해배상 가이드 일반의견 조회

(2) 기 간 : 2023년 05월 24일 ~ 2023년 05월 30일

(3) 방 법 : 국민신문고

(4) 대 상 : 이해관계자(입주자)

(5) 목 적 : 바닥충격음 차단성능이 기준에 미달하는 경우, 권고할 수 있는 손해배상의 적정 수준을 평가하기 위한 관련 이해관계자(일반인) 의견 수렴

(6) 설문조사 견본

「공동주택 바닥충격음 피해 손해배상 가이드 의견 조회」

**1. 귀하께서 현재 거주하고 계신 지역은 다음 중 어디입니까?**

답변)

**2. 귀하의 연령은 다음 중 어디에 해당합니까?**

답변)

**3. 귀하의 성별은 다음 중 어디에 해당합니까?**

답변)

4. 현재 거주하고 계신 공동주택의 점유 형태를 답해주세요.

답변)

5. 현재 거주하고 계신 공동주택의 형태를 답해주세요.

답변)

6. 현재 거주하고 계신 공동주택의 전용면적을 답해주세요.

답변)

7. 공동주택 바닥충격음(층간소음)이 일상생활에 미치는 영향은 어느 정도라고 생각하십니까?

답변)

8. '바닥충격음 성능검사(준공 전 실시)'가 바닥충격음(층간소음) 완화에 도움이 된다고 생각하십니까?

답변)

9. 바닥충격음(층간소음) 성능이 미달시 사업주체한테 권고된 사항(보완시공, 손해배상) 중 무엇이 더 타당하다고 생각하십니까?

* 참고사항: (입주지연보상금) 계약시 정한 금융회사에 적용한 연체금리에 따라 산정됨. 분양가 5억의 아파트에 20일 입주지연의 경우 연체금리 18%/년 적용시 대략 493만원임.

** 실제 입주지연금의 보상액수는 입주자와 시행사의 계약관계에 따라 달라질 수 있음

답변)

10. 바닥충격음(층간소음) 성능(예: 초과수준 1.5dB 이상)이 부족한 경우 배상액을 조치한다면 입주예정자와 사업주체가 동의할 수 있는 배상금(입주지연금 포함)의 적정 수준은 어느 정도가 타당하다고 생각하십니까?

답변)

11. 공동주택 바닥충격음(층간소음) 완화를 위하여 위 설문 항목 외에 추가 의견이 있으시면 자유롭게 기술해주시기 바랍니다.

답변)

### ❍ 결과 요약

국민 신문고 플랫폼을 통하여 총 1,318개 이해관계자(입주민) 설문조사를 받았으며, 각 질문별 결과 요약은 아래와 같다.

(가) 설문응답자 거주 지역 : 해당 질문에 대한 답변으로는 “경기, 인천” 358건(27%), “서울” 357건(27%), “부산” 123건(9%), “경상도” 96건(7%), “대구” 92건(7%), “충정도” 91건(7%), “광주” 54건(4%), “대전” 51건(4%), “전라도” 48건(4%), “울산” 26건(2%), “강원도” 19건(2%), “제주” 3건(0%)로 의견이 도출되었다.

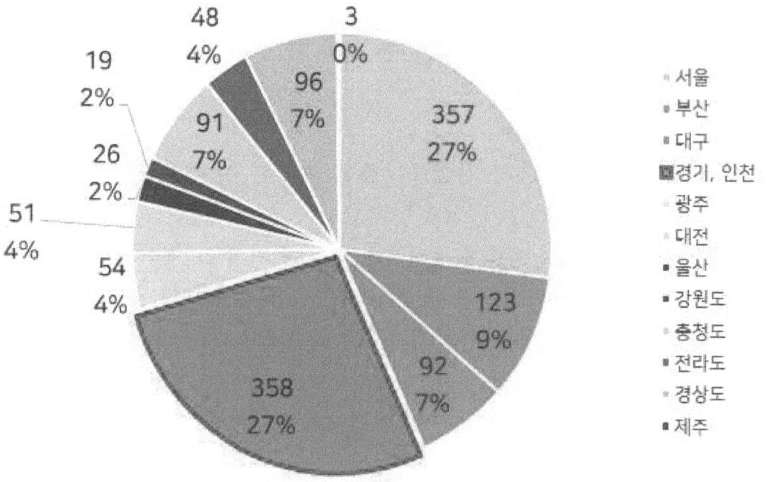


<그림 4.12> 설문조사 결과(1번 문항)

(나) 설문응답자 연령대 : 해당 질문에 대한 답변으로는 “40대” 470건(36%), “30대” 468건(36%), “50대” 143건(11%), “20대” 128건(10%), “60대 이상” 84건(6%), “20세 미만” 7건(1%)로 의견이 도출되었다.

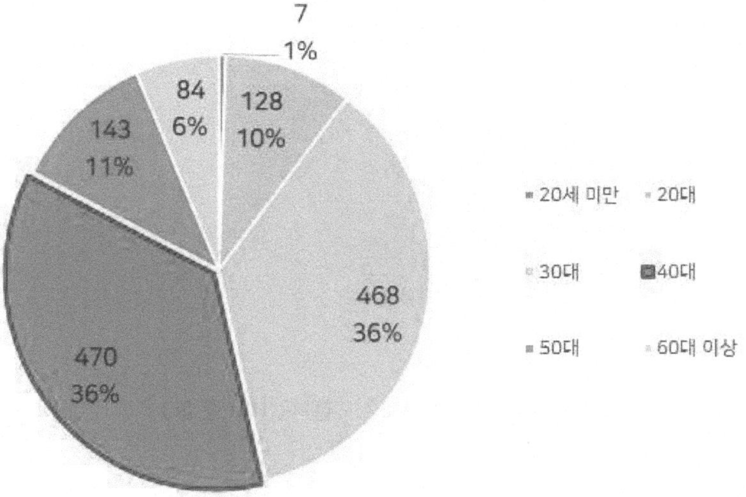


<그림 4.13> 설문조사 결과(2번 문항)

(다) 설문응답자 성별 : 해당 질문에 대한 답변으로는 “남성” 908건(69%), “여성” 410건(31%)로 의견이 도출되었다.

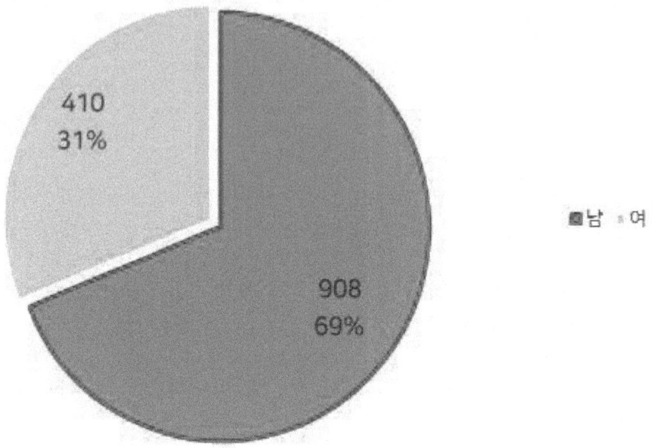


<그림 4.14> 설문조사 결과(3번 문항)

(라) 거주중인 공동주택의 점유 형태 : 해당 질문에 대한 답변으로는 “자가” 741건(56%), “전세” 326건(25%), “월세” 219건(17%), “기타” 32건(2%)로 의견이 도출되었다.

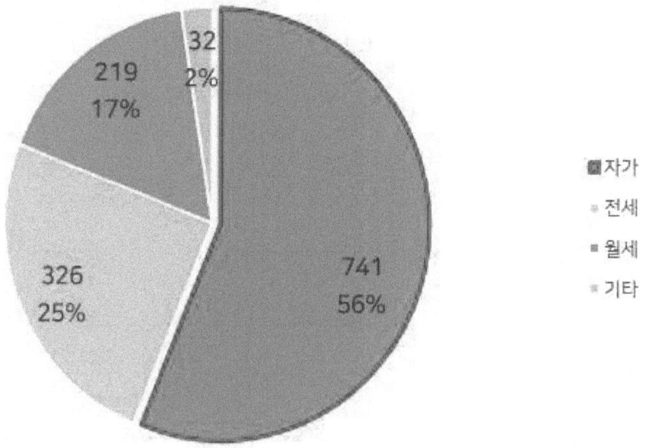


<그림 4.15> 설문조사 결과(4번 문항)

(마) 거주중인 공동주택의 형태 : 해당 질문에 대한 답변으로는 “아파트 853건(65%)”, “연립주택, 다세대/다가구 주택” 298건(23%), “오피스텔” 86건(6%), “주상복합” 56건(4%), “기숙사” 8건(1%), “기타” 17건(1%)로 의견이 도출되었다.

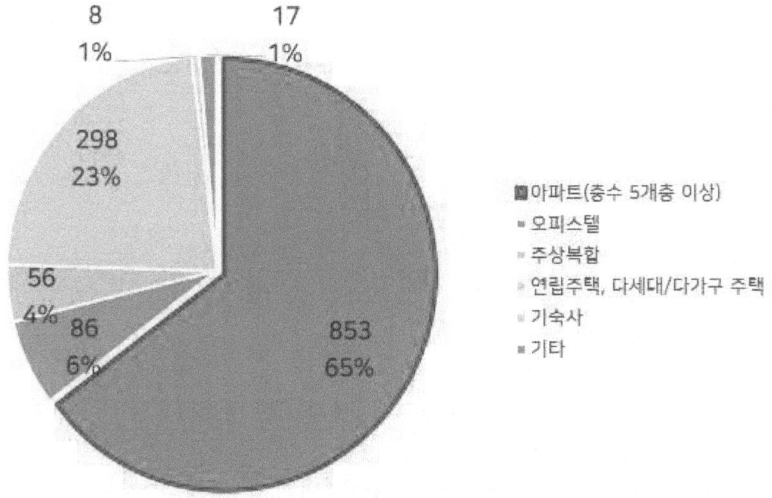


<그림 4.16> 설문조사 결과(5번 문항)

(바) 거주중인 공동주택의 전용면적 : 해당 질문에 대한 답변으로는 “59$m^2$ 초과 84$m^2$이하” 472건(36%), “84$m^2$ 초과 102$m^2$ 이하” 379건(29%), “59$m^2$ 이하” 279건(21%), “102$m^2$ 초과 135$m^2$ 이하” 143건(11%), “135$m^2$ 초과” 45건(3%)로 의견이 도출되었다.

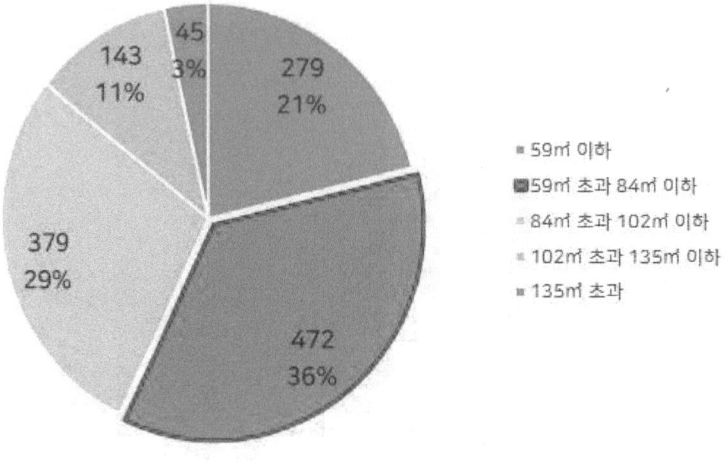


<그림 4.17> 설문조사 결과(6번 문항)

(사) 공동주택 바닥충격음(층간소음)이 일상생활에 미치는 영향의 정도 : 해당 질문에 대한 답변으로는 "큼" 462건(35%), "매우 큼" 409건(31%), "보통" 284건(22%), "작음" 119건(9%), "매우 작음" 44건(3%)로 의견이 도출되었다.

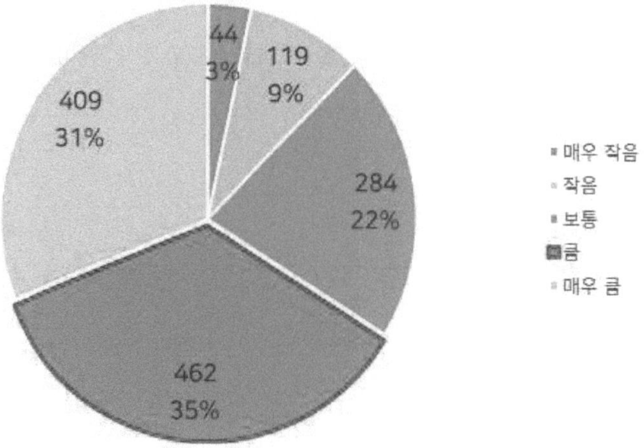


<그림 4.18> 설문조사 결과(7번 문항)

(아) '바닥충격음 성능검사(준공 전 실시)'의 바닥충격음(층간소음) 완화 도움 여부 : 해당 질

문에 대한 답변으로는 "도움이 됨" 517건(39%), "매우 도움이 됨" 356건(27%), "보통" 218건(17%), "도움이 안됨" 150건(11%), "도움이 전혀 안됨" 77건(6%)로 의견이 도출되었다.

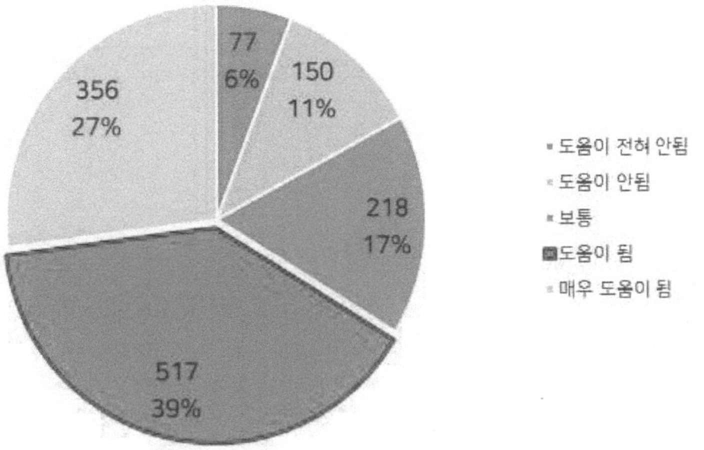


<그림 4.19> 설문조사 결과(8번 문항)

(자) 바닥충격음(층간소음) 성능 미달시 사업주체한테 권고된 사항(보완시공, 손해배상) 중 더 타당한 것은? : 해당 질문에 대한 답변으로는 "보완시공(입주지연시 지연보상금 지급)" 1,031건(78%), "배상액" 284건(22%), "기타" 3건(0%)로 의견이 도출되었다.

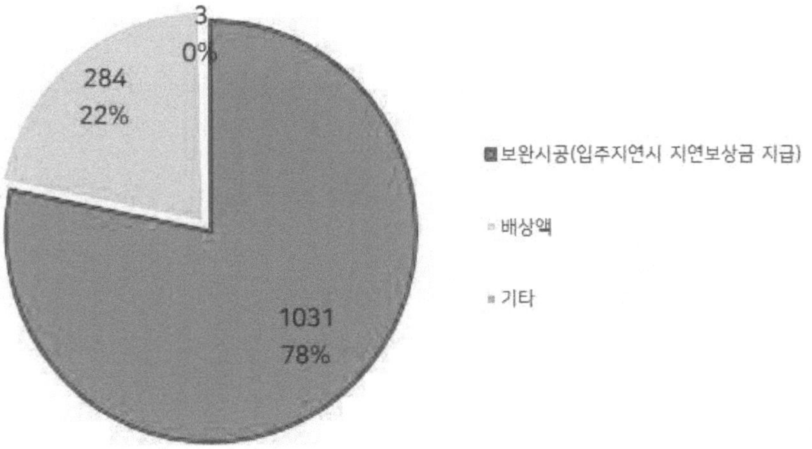


<그림 4.20> 설문조사 결과(9번 문항)

(차) 바닥충격음(층간소음) 성능(예: 초과수준 1.5dB 이상)이 부족한 경우 배상액을 조치한다면 입주예정자와 사업주체가 동의할 수 있는 배상금(입주지연금 포함)의 적정 수준 : 해당 질문에 대한 답변으로는 "15만원 내외/$m^2$의 배상액" 623건(47%), "10만원 내외/$m^2$의 배상액" 421건(32%), "5만원 내외/$m^2$의 배상액" 199건(15%), "3만원 내외/$m^2$의 배상액" 49(4%), "기타" 26건(2%)로 의견이 도출되었다.

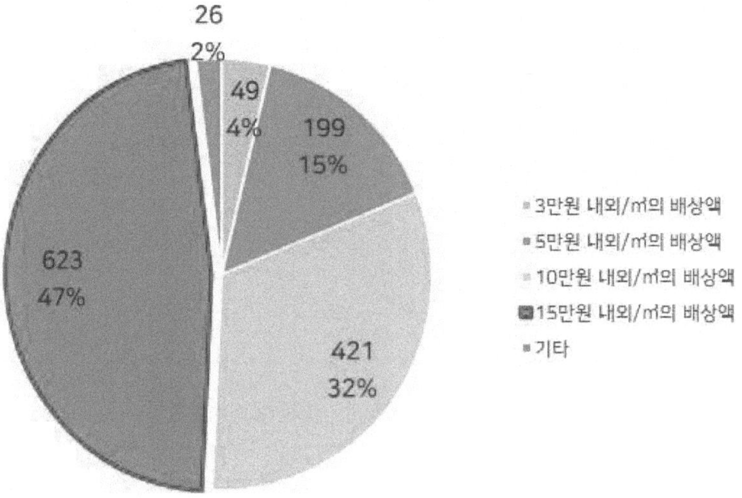


<그림 4.21> 설문조사 결과(10번 문항)

## 4.1.3.3 설문결과 분석

○ 공통질문 결과비교표

| | 전문가 설문결과 | 일반인 설문결과 |
|---|---|---|
| 공동주택 바닥 충격음(층간소음)이 일상생활에 미치는 영향 | 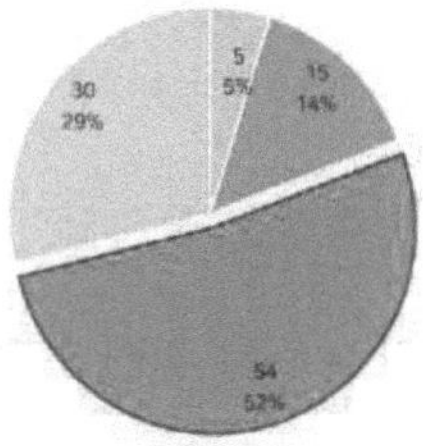 | 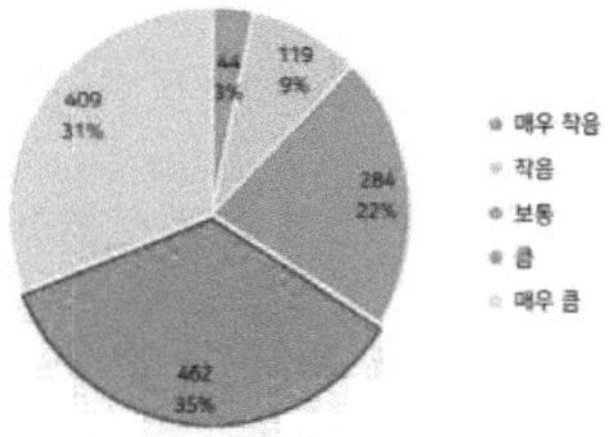 |
| 사후확인제 실효성 | 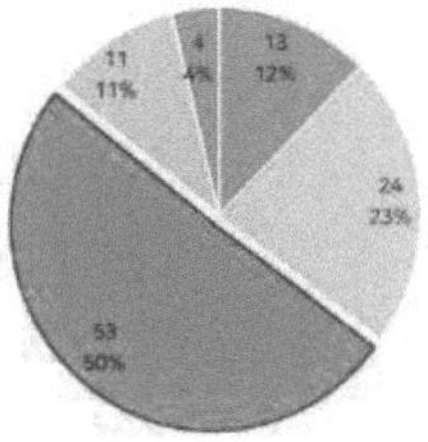 | 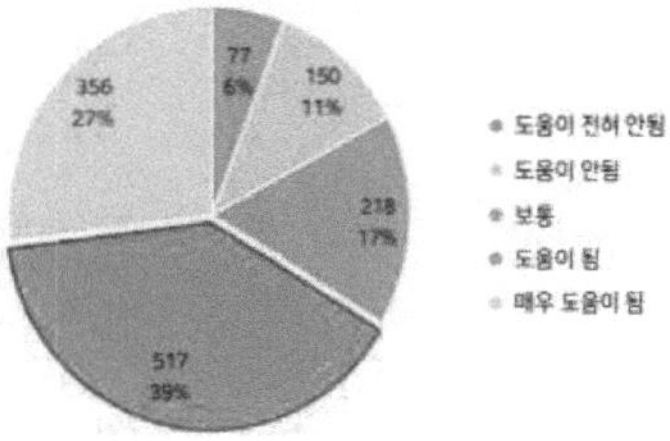 |
| 성능 미달 시, 보완시공과 손해배상 중 타당성<br>(보완시공에 대한 이해도/실효성 판단에 의한 의견 차이) | 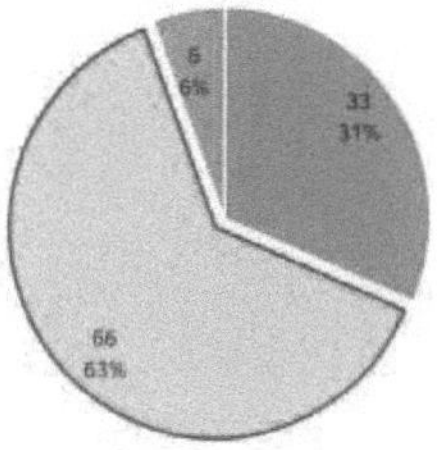 | 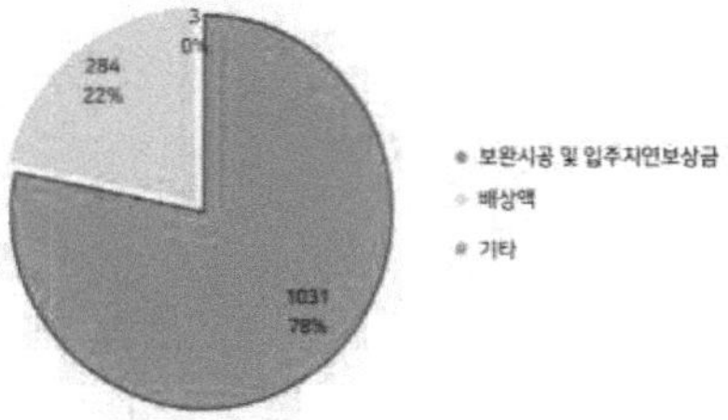 |
| 성능 부족으로 인한 배상액 수준 | 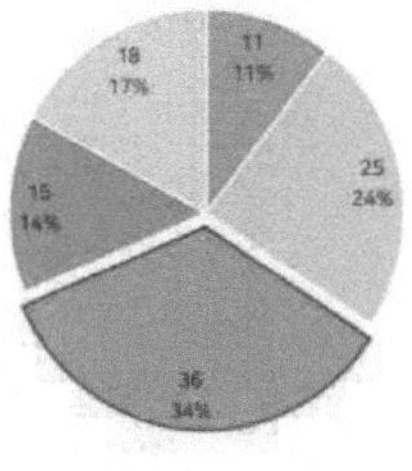 | 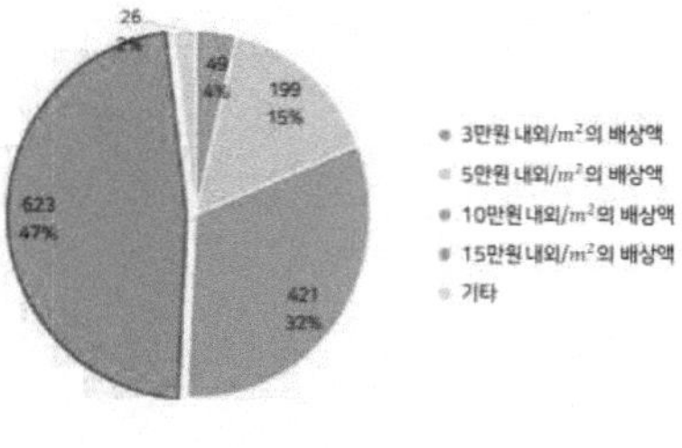 |

❍ 설문결과 분석 요약

가. 사후확인제 필요성에 대한 대중적(일반/전문가) 동의를 확인함

나. 바닥충격음 기준 미달 시 손해배상 대책 관련 설문조사 결과 차이 확인

- 일반인 대상 설문결과, 보완시공을 통한 성능보장을 요구함

→ 완전보완시공에 근접한 배상액이 설정되어야 국민 동의

- 단, 전문가 설문결과 배상액을 통한 문제 해결을 동의함

→ 보완시공을 위한 공법 부재 및 기술력 부족의 현실을 인지함

다. 전문가 설문결과, 기술력 부족(성능 평가기술과 향상기술)을 해소할 수 있는 국가의 역할 필요성 제기

# 4.2 학술발표 및 간담회

## 4.2.1 학술발표

○ 한국구조물진단유지관리공학회 특별세션 실시 결과

(1) 행사명: 공동주택 바닥충격음 손해배상 가이드라인 발표 특별세션

(2) 일 시: 2023년 10월 12일(목) 13:00-15:00

(3) 장 소: 쏠비치 양양 (강원특별자치도 양양군 손양면 선사유적로 678)

(4) 대 상: 바닥충격음 관련 전문가 그룹

(5) 목 적: 바닥충격음 손해배상 가이드라인(안)의 수립 과정 및 결과 소개, 관련 전문가 그룹의 의견 청취

(6) 주 관: 국토안전관리원, 한국구조물진단유지관리공학회

특별세션 Ⅳ

| | | | |
|---|---|---|---|
| 주제 | 공동주택 바닥충격음 손해 보상 가이드라인 및 안전점검 실효성 강화 방안 대책 연구 | | 13:00~15:00 |
| 주관 | 국토안전관리원 & 한국구조물진단유지관리공학회 | | 사파이어B |
| 1 | 공동주택 바닥충격음 피해 현황 및 사회·경제적 가치 추정 | 황현종 | 건국대학교 |
| 2 | 바닥충격음 배상 및 보완시공에 대한 설문 등 의견수렴 결과 분석 | 최하진 | 숭실대학교 |
| 3 | 국내외 관련 법원 소송 결과, 판례, 배상 및 바닥충격음 성능부족시 배상 가이드 | 최경규 | 숭실대학교 |

<그림 4.22> 특별세션 프로그램

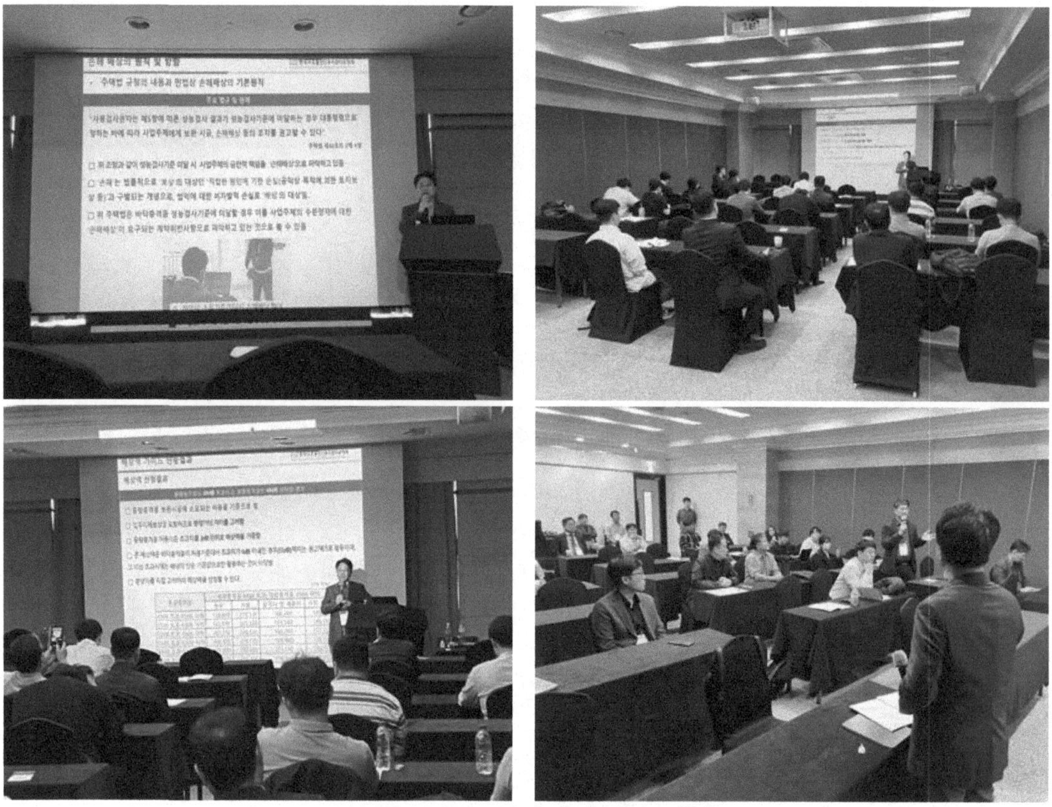

<그림 4.23> 특별세션 주요사진

❍ 주요 질의사항 및 이슈별 처리지침 반영

특별세션 발표 결과 다양한 의견이 개진되었다. 주요 질의응답에 대한 내용은 다음과 같다.

- 경량/중량 충격음에 대한 기준에 조금 미달 시 손해배상의 적용 여부
- 기준 미달인 개별 공동주택에 대한 정보공개 여부
- 손해배상과 완전보완시공에 대한 입주자의 선택 가능성 여부
- 공동주택 대 단지 내, 동별/호별 바닥충격음 성능 감안 방안
- 시행사, 건설사, 입주민, 지자체 등 복잡한 계약 절차에 따른 책임배분 문제

❍ 특별세션을 통하여 개진된 주요 질의사항에 대하여, 보고서내 이슈별 처리지침(3.4장)에 반영하여 손해배상 가이드라인(안)에 대한 보완설명을 기록하였다.

## 4.2.2 간담회

❍ **바닥충격음 손해배상 가이드라인관련 이해관계자 간담회**

(1) 행사명: 바닥충격음 손해배상 가이드라인관련 이해관계자 간담회

(2) 일 시: 2023년 11월 23일(목) 13:30-15:30

(3) 장 소: : 서울 양재 aT센터 세계로룸-Ⅰ, Ⅱ

(4) 대 상: 바닥충격음 관련 전문가 그룹

(5) 목 적: 바닥충격음 손해배상 가이드라인(안)의 이해당사자 그룹의 의견 청취

(6) 주 관: 국토부, 국토안전관리원

<그림 4.24> 간담회 주요사진

❍ 간담회 주요 의견사항

이해당사자 간담회 결과 다양한 의견이 개진되었다. 주요 의견에 대한 내용은 다음과 같다.

- 건설협회: 사후확인제 시행으로 인한 손해배상 금액이 과중함, 현실적 대응 기술의 부재, 공공의 영역에서 R&D를 통한 기술적 해결책을 제시해야 함
- 입주자 협의회: 징벌적 손해배상 개념, 주거권(생존권)의 보장 및 개인의 재산권과 관련된 문제로 접근, 손해배상의 기준은 층간소음 방지 성능을 지키도록 하는 것이 목적
- 공공기관: 현행 제도 상에서 가이드라인은 필수, 일반공법에 기반한 슬래브 두께 증가에 대한 고려는 연구진의견에 공감, 배상액의 과중으로 건설사에게 부담이 가는 방향에 대하여 우려

# 제 5 장

# 결 론

# 제5장 결 론

공동주택 바닥충격음 차단성능 사후확인제 도입에 따라 성능검사 후 결과에 따라 차단성능이 기준에 미달하는 경우 검사기관은 사업자에게 보완 시공이나 손해배상 등을 권고할 수 있는데 이때 권고할 수 있는 손해배상 가이드라인의 마련이 필요하다.

본 연구의 주요 목표와 내용은 다음과 같다.

**❍ 연구 목표**

가. 국내·외 바닥충격음 소송 판례, 배상수준 등 사례 조사와 배상액 적정성 검토

나. 손해배상과 관련된 이해관계자 의견수렴

다. 공동주택 바닥충격음 성능검사관련 현실적인 손해배상 가이드라인 마련

**❍ 연구내용**

가. 바닥충격음 피해 손해배상 사례조사 및 사회·경제적 가치 추정

1) 국내·외(미국, 일본, 독일 등) 공동주택 층간소음 관련 법원 소송 결과, 판례, 배상수준 조사· 분석

2) 공동주택 바닥충격음 피해의 사회·경제적 가치 추정

3) 바닥충격음 성능수준 대비 배상액의 적정성 검토

나. 손해배상 관련 이해관계자 의견수렴

1) 건설회사, 입주민대표, 사용검사권자(지자체) 등 의견수렴

다. 현실적인 손해배상 가이드라인 마련

1) 시공상 귀책(하자), 기준 초과량(dB) 등 손해배상에 차등을 둘 수 있는 다양한 요인을 발굴·분석하여 그에 따른 손해배상 수준 차등방안 마련

2) 바닥충격음 기준 초과에 따른 배상액 분석평가의 통일과 자료 활용도 제고를 위해 비교지표 제시·활용하여 가이드라인 제시 (예: 바닥충격음(경량, 중량)별 성능수준(dB), 분양면적(㎡) 등

본 연구의 주요 연구 결과는 다음과 같다.

❍ 연구 결과

## 가. 바닥충격음 피해 손해배상 사례조사

1) 국내·외 공동주택 층간소음 관련 규정 및 사례 조사·분석

- 해외 국가별 주택 내 생활소음 기준에 대해서 살펴보았다. 주택 내 생활소음 기준은 국가별로 상이하였으나, 대체적으로 50~60 dBA 사이에서 기준이 설정된 것을 확인할 수 있다. 특히, 뉴욕시와 홍콩은 주택에서 발생하는 소음 기준을 위반 시 벌금을 부과하고 있다. 그러나 해외 국가의 생활소음 규정에는 바닥충격음 및 층간소음 규정이 따로 되어 있지 않아 국내 층간 소음 기준과 직접적으로 비교하기에는 다소 어렵다고 판단된다.
- 층간소음 및 생활소음 관련 해외 소송 사례를 요약하면 다음과 같다. 대부분의 경우 입주자 간의 소음 발생 문제로 야기된 소송으로, 층간소음 관련하여 건설시공사와 입주자 간의 분쟁 사례는 아닌 것으로 파악되었다. 따라서 해외 판례를 기준으로 국내 층간 소음 사후 평가 배상 가이드라인 설정을 근거로 삼기에는 다소 어려운 것으로 판단된다.

2) 공동주택 바닥충격음 피해의 현황 및 피해 분석

- '층간소음 사후 확인제도'가 도입됨에 따라 시공 후 바닥충격음 성능이 일정 기준 미달시 바닥충격음 피해에 따른 적정 사회·경제적 가치를 추정하는 것이 필요하다.
- 사회적 비용편익 산정: 바닥충격음 성능등급 미달로 인한 손해배상은 사회적 비용편익분석을 통해 사회·경제적 가치 추정을 바탕으로 산정하였다. 사회적 비용편익분석에서는 기준시점(1년)의 편익을 기반으로 보상년수 기간동안의 비용편익을 물가상승률과 사회적 할인율을 고려하여 산정할 수 있다.
- 가구별 사회적 비용편익 분석을 기준소음 49dB, 51dB 등으로 세분화하여 제시하였다.

## 나. 바닥충격음 기준 초과시 손해배상 가이드라인

1) 손해배상의 원칙 및 방향

- 본 연구에서 손해배상액 가이드라인을 설정함에 있어서도, '하자의 보수에 갈음한 손해', 즉 바닥충격음 차단성능의 미달이라는 하자를 보수하기 위하여 소요되는 일체의 비용이 우선적으로 사업주체에 대하여 그 배상이 권고될 '손해'로 인정하였다.

2) 손해배상 수준 차등 요인 분석

- 바닥충격음 허용기준 초과시 손해배상의 기본 원칙은 보수에 소요되는 일체의 비용을 배상하는 것이다. 이에 영향을 미치는 주요 차등 요인을 제시하면 다음과 같다.
  · 허용기준 초과 dB
  · 경량 및 중량충격음 허용기준 초과

· 분양면적
· 분양가

3) 바닥충격음 기준 초과시 배상액 가이드라인

**(보완시공 공법 선정)**

- 본 배상액 가이드는 보편적으로 사용될 수 있는 검증된 일반공법을 기준으로 수립함
- 바닥충격음 저감의 일반공법으로 슬래브 두께 증가를 사용함

**(배상액 가이드 적용범위)**

- 본 배상액 가이드는 주택건설기준 등에 관한 규칙, 제3조 4항 등 반자높이 규정을 만족하는 경우에 권고액으로 활용함. 그 이외에는 배상액의 단순 기준값으로 활용함. 보완시공시 기능성 또는 안전성 확보를 위하여 추가로 요구되는 공사비는 사업주체가 부담함
- 당사자 간의 계약사항이 있을 경우 본 배상액의 적용에 우선함

**(중량충격음 보완시공)**

- 기본 고려항목 및 슬래브 두께 증가
  · 기본 고려항목의 총 비용은 143,984원/㎡로 함 (부가세 제외). 이는 공동주택 표준바닥 관련 각종 품명의 일위대가와 조달청 단가에 기반하여 산정하였음
  · 슬래브 두께 증가 비용 산정시 콘크리트 가격은 레미콘 25-27-15를 기준으로 산정하였으며, 2dB 마다 슬래브 두께 4㎝ 증가시킬 경우 4,770원/㎡임
- 입주지체보상금
  · 입주지체보상금은 실제 분양가에 적용하는 것을 원칙으로 함
  · 중량충격음 허용기준 초과시 보완시공기간을 28일로 가정함
  · 전국, 서울, 5대 광역시 및 세종시, 기타 지방의 경우 배상금은 분양가에 기반하되 반올림하여 정함

**(경량충격음 보완시공)**

- 경량충격음이 허용기준 초과시에는 전체 보완시공을 하지 않으며, 바닥재(고급 장판 기준, 인건비 포함)의 보완 시공만 수행함. 비용은 34,510원/㎡, (부가세 제외)이며 이는 강마루 설치(자재포함)의 일위대가와 조달청 단가에 기반하여 산정하였음
- 전국, 서울, 5대 광역시 및 세종시, 기타 지방의 경우 배상금은 분양가에 기반하되 반올림하여 정함. 단, 보완시공기간을 7일로 가정

**(배상액 산정 결과)**

(1) 중량충격음이 49dB 초과이고, 경량충격음은 49dB 이하인 경우
- 중량충격음 보완시공에 소요되는 비용을 기준으로 함
- 입주지체보상금 포함하므로 분양가의 차이를 고려함
- 중량충격음 허용기준 초과치를 2dB 단위로 배상액을 가중함

(2) 중량충격음과 경량충격음이 모두 49dB 초과인 경우

- 중량충격음 보완시공에 소요되는 비용과 함께 경량충격음 보완시공 비용을 추가함. 단 경량충격음 보완시공기간은 추가로 고려하지 않음
- 경량충격음은 허용기준 대비 초과치에 관계없이 일정함

(3) 경량충격음만 49dB 초과인 경우

- 경량충격음 보완시공 비용만 포함
- 입주지체보상금 포함: 시공기간 1주일 적용

**다. 손해배상과 관련된 이해관계자 의견수렴**

1) 관련 전문가 간담회 및 자문결과 요약

- 사후확인제 필요성에 대한 대중적(일반/전문가) 동의를 확인함
- 바닥충격음 기준 미달 시 손해배상 대책 관련 설문조사 결과 차이 확인
- 일반인 대상 설문결과, 보완시공을 통한 성능보장을 요구함
  → 완전보완시공에 근접한 배상액이 설정되어야 국민 동의
- 단, 전문가 설문결과 배상액을 통한 문제 해결을 동의함
  → 보완시공을 위한 공법 부재 및 기술력 부족의 현실을 인지함
- 전문가 설문 및 자문결과, 기술력 부족(성능 평가기술과 향상기술)을 해소할 수 있는 국가의 역할 필요성 제기

2) 학술발표 및 간담회 결과 요약

- 건설협회: 사후확인제 시행으로 인한 손해배상 금액이 과중함, 현실적 대응 기술의 부재, 공공의 영역에서 R&D를 통한 기술적 해결책을 제시해야 함
- 입주자 협의회: 징벌적 손해배상 개념, 주거권(생존권)의 보장 및 개인의 재산권과 관련된 문제로 접근, 손해배상의 기준은 층간소음 방지 성능을 지키도록 하는 것이 목적
- 공공기관: 현행 제도 상에서 가이드라인은 필수, 일반공법에 기반한 슬래브 두께 증가에 대한 고려는 연구진 의견에 공감, 배상액의 과중으로 사업주체에게 부담이 가는 방향에 대하여 우려

# 참 고 문 헌

[1] 감사원. (2019). 감사보고서 “아파트 층간소음 저감제도 운영실태“

[2] 김용희. (2022). “공동주택 바닥충격음 관련 법규 변경 및 전망.” 건축환경설비, 16(4), 13-21.

[3] 양홍석, 김태민, 박시현, 이정환, 배진영. (2022). “바닥충격음 저감 기술공유시스템 구축 및 맞춤형 모델 개발.”, 한국토지주택공사 토지주택연구원

[4] 주택법 제39조, 제41조, 제48조 2항, 제102조 9항

[5] 주택건설기준 등에 관한 규정(대통령령) 제14조 2항, 제60조 7-11항

[6] 공동주택 바닥충격음 차단구조 인정 및 관리기준(국토교통부 고시)

부 록

# 1. 국내외 바닥충격음 관련 법령 및 규정

# 1. 소음진동관리법

**제21조(생활소음과 진동의 규제)** ① 특별자치시장·특별자치도지사 또는 시장·군수·구청장은 주민의 조용하고 평온한 생활환경을 유지하기 위하여 사업장 및 공사장 등에서 발생하는 소음·진동(산업단지나 그 밖에 환경부령으로 정하는 지역에서 발생하는 소음과 진동은 제외하며, 이하 "생활소음·진동"이라 한다)을 규제하여야 한다. <개정 2009. 6. 9., 2013. 8. 13., 2020. 5. 26.>

② 제1항에 따른 생활소음·진동의 규제대상 및 규제기준은 환경부령으로 정한다.

**제21조의2(층간소음기준 등)** ① 환경부장관과 국토교통부장관은 공동으로 공동주택에서 발생되는 층간소음(인접한 세대 간 소음을 포함한다. 이하 같다)으로 인한 입주자 및 사용자의 피해를 최소화하고 발생된 피해에 관한 분쟁을 해결하기 위하여 층간소음기준을 정하여야 한다.

② 제1항에 따른 층간소음의 피해 예방 및 분쟁 해결을 위하여 필요한 경우 환경부장관은 대통령령으로 정하는 바에 따라 전문기관으로 하여금 층간소음의 측정, 피해사례의 조사·상담 및 피해조정지원을 실시하도록 할 수 있다.

③ 제1항에 따른 층간소음의 범위와 기준은 환경부와 국토교통부의 공동부령으로 정한다.

[본조신설 2013. 8. 13.]

# 2. 소음 · 진동관리법시행령

**제3조(층간소음 관리 등)** ① 환경부장관은 법 제21조의2제2항에 따라 다음 각 호의 어느 하나에 해당하는 기관으로 하여금 층간소음의 측정, 피해사례의 조사 · 상담 및 피해조정지원을 실시하도록 할 수 있다.

1. 「한국환경공단법」에 따른 한국환경공단(이하 "한국환경공단"이라 한다)

2. 환경부장관이 국토교통부장관과 협의하여 층간소음의 피해 예방 및 분쟁 해결에 관한 전문기관으로 인정하는 기관

② 제1항에 따른 층간소음의 측정, 피해사례의 조사 · 상담 및 피해조정지원에 관한 절차 및 방법 등 세부적인 사항은 환경부장관이 국토교통부장관과 협의하여 고시한다.

[본조신설 2014. 2. 11.]

# 3. 공동주택 층간소음의 범위와 기준에 관한 규칙

**제1조(목적)** 이 규칙은 「소음 · 진동관리법」 제21조의2제3항 및 「공동주택관리법」 제20조제5항에 따라 공동주택 층간소음의 범위와 기준을 규정함을 목적으로 한다. <개정 2023. 1. 2.>

**제2조(층간소음의 범위)** 공동주택 층간소음의 범위는 입주자 또는 사용자의 활동으로 인하여 발생하는 소음으로서 다른 입주자 또는 사용자에게 피해를 주는 다음 각 호의 소음으로 한다. 다만, 욕실, 화장실 및 다용도실 등에서 급수 · 배수로 인하여 발생하는 소음은 제외한다.

1. 직접충격 소음: 뛰거나 걷는 동작 등으로 인하여 발생하는 소음

2. 공기전달 소음: 텔레비전, 음향기기 등의 사용으로 인하여 발생하는 소음

**제3조(층간소음의 기준)** 공동주택의 입주자 및 사용자는 공동주택에서 발생하는 층간소음을 별표에 따른 기준 이하가 되도록 노력하여야 한다.

[별표] 층간소음의 기준(제3조 관련)

층간소음의 기준(제3조 관련)

| 층간소음의 구분 | | 층간소음의 기준[단위: dB(A)] | |
|---|---|---|---|
| | | 주간<br>(06:00 ~ 22:00) | 야간<br>(22:00 ~ 06:00) |
| 1. 제2조제1호에 따른 직접충격 소음 | 1분간 등가소음도 (Leq) | 39 | 34 |
| | 최고소음도 (Lmax) | 57 | 52 |
| 2. 제2조제2호에 따른 공기전달 소음 | 5분간 등가소음도 (Leq) | 45 | 40 |

비고

1. 직접충격 소음은 1분간 등가소음도(Leq) 및 최고소음도(Lmax)로 평가하고, 공기전달 소음은 5분간 등가소음도(Leq)로 평가한다.

2. 위 표의 기준에도 불구하고 「공동주택관리법」 제2조제1항제1호가목에 따른 공동주택으로서 「건축법」 제11조에 따라 건축허가를 받은 공동주택과 2005년 6월 30일 이전에 「주택법」 제15조에 따라 사업승인을 받은 공동주택의 직접충격 소음 기준에 대해서는 2024년 12월 31일까지는 위 표 제1호에 따른 기준에 5dB(A)을 더한 값을 적용하고, 2025년 1월 1일부터는 2dB(A)을 더한 값을 적용한다.

3. 층간소음의 측정방법은 「환경분야 시험·검사 등에 관한 법률」 제6조제1항제2호에 따른 소음·진동 분야의 공정시험기준에 따른다.

4. 1분간 등가소음도(Leq) 및 5분간 등가소음도(Leq)는 비고 제3호에 따라 측정한 값 중 가장 높은 값으로 한다.

5. 최고소음도(Lmax)는 1시간에 3회 이상 초과할 경우 그 기준을 초과한 것으로 본다.

# 4. 공동주택 내 층간소음 측정방법

### 1.0 개요

**1.1 목적** : 이 시험기준은 환경분야 시험검사 등에 관한 법률 제6조의 규정에 의거 층간소음을 측정함에 있어서 측정의 정확성 및 통일성을 유지하기 위하여 필요한 제반사항에 대하여 규정함을 목적으로 한다.

**1.2 적용범위** : 이 시험기준은 소음·진동관리법 제21조의2 및 공동주택 층간소음의 범위와 기준에 관한 규칙 제3조에서 정하는 층간소음을 측정하기 위한 시험기준에 대하여 규정한다.

**1.2.1 층간소음의 범위** : 입주자 또는 사용자의 활동으로 인하여 발생하는 소음으로서 다른 입주자 또는 사용자에게 피해를 주는 직접충격 소음 및 공기전달 소음으로 한다. 다만, 욕실, 화장실 및 다용도실 등에서 급수.배수로 인하여 발생하는 소음은 제외한다.

## 2.0 용어정의

**2.1 개구부** : 주택 (세대)의 내부와 외부의 경계를 구분하여 설치되는 창문 또는 출입문 등을 말한다.

**2.2 직접충격 소음** : 뛰거나 걷는 동작 등으로 인하여 발생하는 소음을 말한다.

**2.3 공기전달 소음** : 텔레비전, 음향기기 등의 사용으로 인하여 발생하는 소음을 말한다.

## 3.0 분석기기 및 기구

### 3.1 사용 소음계

**3.1.1** KS C IEC 61672-1에 정한 등급 2의 소음계 또는 동등 이상의 성능을 가진 것이어야 한다.

**3.1.2** 환경측정기기의 형식승인.정도검사 등에 관한 고시의 환경측정기기 구조.성능 세부기준(TS 0401.1)에 따라 샘플주기는 0.125초 이하로 결정할 수 있어야 한다.

### 3.2 일반사항

**3.2.1** 소음계의 전원과 기기의 동작을 점검하고 측정 전 교정(Calibration)을 실시하여야 한다.

**3.2.2** 소음계의 레벨레인지는 측정 대상의 소음 발생 범위를 포함하도록 설정한다. (단, 자동으로 레벨레인지 법위를 설정하는 기능이 있는 경우 그 기능을 따른다.)

### 3.3 기기 설정(청감보정회로 등)

**3.3.1** 소음계의 청감보정회로는 A특성으로 설정한다

**3.3.2** 소음계의 동특성은 빠름 (fast)으로 설정한다.

**3.3.3** 소음계의 샘플주기는 0.125 초 이하로 설정한다.

## 4.0 "내용없음"

## 5.0 시료채취 및 관리

### 5.1 측정점

**5.1.1** 피해가 예상되는 실에서 소음도가 높을 것으로 예상되는 지점의 바닥 위 1.2 m ~ 1.5 m 높이로 한다.

**5.1.2** 벽 등 반사면으로부터 1.0 m 이상, 개구부 (닫은 상태)로부터 1.5 m 이상 떨어진 지점으로 한다.

**5.1.3** 측정점에 높이가 1.5 m를 초과하는 장애물 (붙박이장 등)이 있는 경우에 장애물로부터 1.0 m 이상 떨어진 지점으로 한다.

**5.1.4** 위 5.1.2 및 5.1.3의 규정에도 불구하고 측정공간이 협소하여 측정점 확보가 어려운 경우에는 실의 중앙을 측정점으로 한다.

**5.1.5** 배경소음도는 측정소음도의 측정점과 동일한 장소에서 측정함을 원칙으로 한다.

### 5.2 측정조건

#### 5.2.1 일반사항

**5.2.1.1** 소음계는 측정위치에 받침장치 (삼각대 등)를 설치하여 측정하는 것을 원칙으로 한다.

**5.2.1.2** 손으로 소음계를 잡고 측정할 경우 소음계는 측정자의 몸으로부터 0.5 m 이상 떨어져야 한다.

#### 5.2.2 측정사항

**5.2.2.1** 대상소음 이외의 소음에 의한 영향을 배제하기 위하여 소음피해가 예상되는 주택 (세대) 내 재실.출입 등이 없어야 한다.

**5.2.2.2** 실내 소음원 (냉장고 소음, 시계알람 등)에 의한 영향이 예상되는 경우 소음영향을 최소화하는 조치 (일정거리 이격 등)를 하여야 한다.

**5.2.2.3** 실외로 통하는 창문과 문을 닫은 상태에서 측정하여야 한다.

**5.2.2.4** 실내의 모든 방문은 개방하고 욕실, 화장실, 다용도실, 창고 및 발코니 등의 문은 닫아야 한다.

### 5.3 측정시간 및 측정지점수

**5.3.1** 피해가 예상되는 적절한 측정시각에 1 개 지점 이상에서 연속하여 1 시간 이상 측정하여야 한다.

## 6.0 "내용없음"

## 7.0 분석절차

### 7.1 측정자료 분석

**7.1.1** 소음도의 계산과정에서는 소수점 첫째 자리를 유효숫자로 하고, 평가소음도(최종값)는 소수점 첫째 자리에서 반올림한다.

**7.1.2** 측정하고자 하는 층간소음 대상 (직접충격 소음 또는 공기전달 소음)에 따라 7.1.3 또는 7.1.4의 절차에 따라 측정소음도를 산정한다.

**7.1.3 측정소음도 (직접충격 소음)**

**7.1.3.1** 1분간 등가소음도는 연속 1 시간 이상 측정값 중 가장 큰 측정소음도로 한다.

**7.1.3.2** 최고소음도 (LAmax)는 1 시간 동안에 기준 초과 횟수가 3 회 이상인 경우 가장 큰 3 개를 선정하여 측정소음도로 한다. 단, 발생 간격이 1 초 이내인 경우 1 회로 간주한다.

**7.1.3.3** 7.1.3.2의 규정에도 불구하고 최고소음도 (LAmax) 기준 초과 횟수가 3 회 미만인 경우 기준 초과값 중 큰 순으로 측정소음도로 한다.

**7.1.4 측정소음도 (공기전달 소음)** : 연속 1 시간 이상 측정값 중 가장 높은 5 분간 등가소음도 (LAeq)를 측정소음도로 한다.

**7.1.5 배경소음도** : 5 분 이상 연속 측정하여 자동 연산.기록한 등가소음도를 그 지점의 배경소음도로 한다.

## 7.2 배경소음 보정

**7.2.1** 측정소음도에 다음과 같이 배경소음을 보정하여 대상소음도로 한다.

**7.2.2** 배경소음도는 측정소음도 측정시간과 동일한 시간대별로 측정.보정함을 원칙으로 한다.

**7.2.3** 측정소음도가 배경소음도보다 10 dB(A) 이상 크면 배경소음의 영향이 극히 작기 때문에 배경소음의 보정 없이 측정소음도를 대상소음도로 한다.

**7.2.4** 측정소음도가 배경소음도보다 3.0 ~ 9.9 dB(A) 차이로 크면 배경소음의 영향이 있기 때문에 측정소음도에 표 1의 보정표에 의한 보정치를 더한 후 대상소음도를 구한다.

표 1. 배경소음의 영향에 대한 보정표

단위 : dB(A)

| 차이 (d)[1] | .0 | .1 | .2 | .3 | .4 | .5 | .6 | .7 | .8 | .9 |
|---|---|---|---|---|---|---|---|---|---|---|
| 3 | -3.0 | -2.9 | -2.8 | -2.7 | -2.7 | -2.6 | -2.5 | -2.4 | -2.3 | -2.3 |
| 4 | -2.2 | -2.1 | -2.1 | -2.0 | -2.0 | -1.9 | -1.8 | -1.8 | -1.7 | -1.7 |
| 5 | -1.7 | -1.6 | -1.6 | -1.5 | -1.5 | -1.4 | -1.4 | -1.4 | -1.3 | -1.3 |
| 6 | -1.3 | -1.2 | -1.2 | -1.2 | -1.1 | -1.1 | -1.1 | -1.0 | -1.0 | -1.0 |
| 7 | -1.0 | -0.9 | -0.9 | -0.9 | -0.9 | -0.9 | -0.8 | -0.8 | -0.8 | -0.8 |
| 8 | -0.7 | -0.7 | -0.7 | -0.7 | -0.7 | -0.7 | -0.6 | -0.6 | -0.6 | -0.6 |
| 9 | -0.6 | -0.6 | -0.6 | -0.5 | -0.5 | -0.5 | -0.5 | -0.5 | -0.5 | -0.5 |

[1] : 차이(d) = 측정소음도 - 배경소음도

**7.2.5** 측정소음도가 배경소음도보다 3 dB(A) 미만으로 큰 경우 10.1 층간소음 측정자료 평가표[서식 1]의 '특이사항'란 또는 10.2 층간소음 측정결과서[서식 2]의 '측정결과'란에 '대상소음도 (1분간 등가소음도 또는 최고소음도 또는 5분간 등가소음도)는 배경소음도 미만'으로 기재한다.

## 8.0 결과보고

**8.1 평가** : 7.2에서 구한 대상소음도를 소수점 첫째 자리에서 반올림하여 평가소음도를 산정하고, 층간소음 기준과 비교하여 다음 경우에 따라 판정한다.

### 8.1.1 직접충격 소음

**8.1.1.1** 1분 등가소음도(LAeq)가 1 회 이상 초과할 경우 그 기준을 초과한 것으로 판정한다.

**8.1.1.2** 최고소음도(LAmax)가 1 시간 동안에 3 회 이상 초과할 경우 그 기준을 초과한 것으로 판정한다.

**8.1.2 공기전달 소음** : 5 분 등가소음도 (LAeq)가 1 회 이상 초과할 경우 그 기준을 초과한 것으로 판정한다.

**8.2 측정자료의 기록** : 소음평가를 위한 자료는 10.1 층간소음 측정자료 평가표 [서식 1] 또는 10.2 층간소음 측정결과서 [서식 2]에 의하여 기록하며, 측정값에 대한 증빙자료 (수기제외)를 첨부한다.

10.1 층간소음 측정자료 평가표

[서식 1]

**층간소음 측정자료 평가표**

작성년월일 : 년 월 일

| | |
|---|---|
| 1. 측정년월일 | 년 월 일 요일 시 분부터 시 분까지 |
| 2. 측정대상 | 소재지 :<br>명 칭 : |
| 3. 관리자 | |
| 4. 측정자 | 소속 : 직명 : 성명 : (인)<br>소속 : 직명 : 성명 : (인) |
| 5. 측정기기 | 소음계명 : 기록기명 :<br>부속장치 : |
| 6. 측정환경 | 주요 소음원 : |
| 7. 특이사항 | |

8. 측정대상의 소음원과 측정지점

| 구분 | 직접충격 소음 | | | | 공기전달 소음 |
|---|---|---|---|---|---|
| | 1분 등가소음도 (LAeq) | 최고소음도 (LAmax) | | | 5분등가소음도 (LAeq) |
| 가. 측정소음도 | | | | | |
| 나. 배경소음도 | | | | | |
| 다. 대상소음도 | | | | | |
| 라. 평가소음도 | | | | | |

(첨부) 측정값의 인쇄 자료 등 증빙자료

10.2 층간소음 측정결과서 (층간소음 전문기관용)

[서식 2]

**층간소음 측정결과서**

| | | | | | | |
|---|---|---|---|---|---|---|
| 접수번호 | | | | 측정일자 | | |
| 신청인 | 성명 | | | 연락처 | | |
| | 공동주택명 | | | | | |
| | 주소 | | | | | |
| 측정정보 | 측정자 | | | 분석자 | | |
| | 측정기간 | | | 측정지점 | | |
| | 측정기 (모델명) | | | 측정기 (수량) | | |
| | 주요소음 | | | | | |

| 측정결과 | 구분 | | 주간(06:00~22:00) | | 야간(22:00~06:00) | |
|---|---|---|---|---|---|---|
| | | | 측정일시 | 측정결과 [dB(A)] | 측정일시 | 측정결과 [dB(A)] |
| | 배경소음(Leq) | | | | | |
| | 직접충격 소음 | 1분간 등가소음도 (LAeq) | | | | |
| | | 최고소음도 (LAmax) | | | | |
| | | | | | | |
| | | | | | | |
| | 공기전달 소음 | 5분간 등가소음도 (LAeq) | | | | |

「층간소음 피해사례 조사·상담 등의 절차 및 방법에 관한 규정」 제7조제4항에 따른 층간소음 측정결과입니다.

(작성자) 직위: 성명:

년 월 일

# 5. 층간소음 피해사례 조사·상담 등의 절차 및 방법에 관한 규정

**제1조(목적)** 이 고시는 「소음 · 진동관리법」(이하 "법"이라 한다) 제21조의2제2항 및 같은 법 시행령(이하 "영"이라 한다) 제3조제2항에 따라 층간소음의 측정, 피해사례의 조사 · 상담 및 피해조정지원에 관한 절차 및 방법 등에 관하여 필요한 사항을 정함을 목적으로 한다.

**제2조(용어의 정의)** 이 고시에서 사용하는 용어의 뜻은 다음 각 호와 같다.

1. "층간소음"이란 공동주택의 위 · 아래층 등 인접한 세대 간에 발생한 소음을 말하며 「공동주택 층간소음의 범위와 기준에 관한 규칙」 제2조에서 정한 직접충격 소음과 공기전달 소음으로 구분한다.

2. "전문기관"이란 층간소음의 측정, 피해사례의 조사 · 상담 및 피해조정지원을 위하여 영 제3조제1항에서 정한 기관 및 제4조 단서에서 정한 기관을 말한다.

3. "공동주택"이란 「주택법」 제2조제3호 및 같은 법 시행령 제3조에 따른 아파트, 연립주택, 다세대주택을 말한다.

4. "관리주체"란 「공동주택관리법」 제2조제1항제10호의 각 목에서 정한 공동주택의 관리사무소장 등을 말한다.

5. "신청세대"란 층간소음을 상담하기 위하여 전문기관에 방문상담 또는 소음측정을 신청한 입주자 및 사용자(이하 "입주자등"이라 한다)를 말한다.

6. "상대세대"란 신청세대의 상대가 될 수 있는 세대를 말한다.

7. "입주자대표회의"란 공동주택의 입주자등을 대표하여 관리에 관한 주요사항을 결정하기 위하여 「공동주택관리법」 제14조에 따라 구성하는 자치 의결기구를 말한다.

8. "전화상담"이란 전문기관이 입주자등과 층간소음을 상담하기 위하여 전화로 실시하는 상담을 말한다.

9. "방문상담"이란 전문기관이 층간소음 피해사례의 조사 · 상담 및 피해조정지원을 위하여 현장에 방문하여 신청세대 및 상대세대 등과 실시하는 상담을 말한다.

10. "소음측정"이란 전문기관이 「공동주택 층간소음의 범위와 기준에 관한 규칙」 제2조에 따른 직접충격 소음 및 공기전달 소음을 측정하는 것을 말한다.

11. "층간소음정보관리시스템"이란 전문기관이 체계적이고 원활한 층간소음 관리를 위하여

구축・운영하는 정보시스템을 말한다.

12. "피해사례조사"란 전문기관이 신청세대 및 상대세대의 거주환경, 층간소음 현황 등을 조사하는 것을 말한다.

13. "피해조정지원"이란 전문기관이 피해사례조사 결과를 기초로 층간소음의 재발을 방지하기 위하여 신청세대와 상대세대에게 층간소음 저감방법 및 생활수칙 등을 제공하는 행위를 말한다.

**제3조(적용범위)** 이 고시는 「주택법」 제2조제3호에 따른 공동주택과「공동주택 층간소음의 범위와 기준에 관한 규칙」제2조에 따른 층간소음에 대하여 적용한다.

**제4조(전문기관의 역할)** 전문기관은 입주자등의 층간소음으로 인한 피해를 최소화하기 위하여 소음측정, 피해사례의 조사・상담 및 피해조정지원 등의 업무를 수행한다. 다만, 한국토지주택공사에서 공동주택을 건설한 경우에는 「공동주택관리법」 제86조제1항 본문에 따라 지정・고시된 공동주택관리 지원기구(한국토지주택공사를 말한다)가 이를 우선 수행한 경우에 한하여 전문기관이 수행할 수 있다.

**제5조(전화상담)** ① 입주자등이 층간소음을 상담하기 위하여 전화상담을 요청하는 경우 전문기관은 다음 각 호의 사항을 상담할 수 있다.

1. 층간소음 저감방법 및 대응요령

2. 층간소음 관련 규정

② 전문기관은 제1항에 따른 전화상담과정에서 신청인이 방문상담을 신청하는 경우 다음 각 호의 사항을 확인하고 방문상담을 신청받을 수 있다.

1. 신청세대 및 상대세대 현황

2. 공동주택 현황

3. 층간소음 현황

③ 전문기관은 제1항 및 제2항에 따른 상담내용을 녹음하고 보관할 수 있다. 또한 상담내용은 층간소음정보관리시스템에 입력・보관할 수 있다.

**제6조(방문상담)** ① 입주자등은 제5조제2항 또는 층간소음정보관리시스템을 이용하여 방문상담을 신청할 수 있으며 전문기관은 신청인이 층간소음정보관리시스템을 이용하여 방문상담을 신청하는 경우 제5조제2항 각호의 사항을 확인할 수 있다.

② 전문기관은 제1항에 따른 방문상담 신청이 제3조에 해당하지 않거나 중복하여 신청된

경우 신청일로부터 5일이내에 신청인에게 방문상담의 대상이 아님을 통지한다.

③ 전문기관은 제1항에 따라 방문상담 신청을 받은 경우 관리주체에게 우선 상담을 실시하도록 요청한다. 다만, 관리주체가 없는 경우에는 그러하지 아니하다.

④ 관리주체는 다음 각 호의 어느 하나에 해당하는 경우 별지 제1호서식의 층간소음 방문상담 신청서에 층간소음 중재상담 보고서, 사업자등록증을 첨부하여 전문기관에 방문상담을 신청할 수 있다.

1. 제3항 전단에 따라 상담을 실시하였음에도 층간소음 분쟁이 지속되는 경우

2. 상대세대가 관리주체의 상담에 참여의견을 제출하지 않거나 참여하지 않은 경우로서 신청세대가 전문기관의 방문상담을 원하는 경우

⑤ 전문기관은 제1항에서 제4항까지에 따라 방문상담 신청을 받은 경우 상담 일정을 협의한 후 층간소음 현장에 방문하여 다음 각 호의 내용을 확인하고 상담을 실시할 수 있다.

1. 신청세대 및 상대세대 현황

2. 공동주택 현황

3. 층간소음 현황

4. 거주자 생활 형태 등 거주환경

5. 다른 기관의 중재 여부 등

⑥ 전문기관은 제5항에 따라 방문상담을 실시하는 경우 그 내용을 분석하여 조정방안 등을 제시하고 별지 제2호서식의 층간소음 방문상담 결과서를 작성하여 해당세대에게 제공할 수 있다.

**제7조(소음측정)** ① 제6조제5항에 따라 방문상담을 실시하였으나 층간소음으로 인한 분쟁이 지속되는 경우에는 입주자등은 별지 제3호서식의 층간소음 측정신청서에 층간소음 발생일지를 첨부하여 전문기관에 소음측정을 신청할 수 있다.

② 제1항에 따라 신청서를 받은 전문기관은 5일 이내에 접수사실을 신청세대에게 알리고 소음측정을 실시한다. 이 경우 전문기관은 소음측정 일정을 미리 협의하고 신청세대가 소음측정 3일전까지 소음측정일의 변경을 요청하는 경우 1회에 한하여 이를 변경할 수 있다.

③ 전문기관은 소음측정을 하는 경우 신청세대에게 별지 제4호서식의 층간소음 측정동의서를 받고 측정세대 내·외부에 소음의 영향이 없으며 세대원이 거주하지 않는 환경에서 소음측정을 한다. 다만, 측정기간 동안 세대원의 출입이 필요한 경우 별지 제5호서식의 층간소음

측정기간 세대원 출입일지를 작성하여 전문기관에 제출한다.

④ 전문기관은 제3항에 따라 소음측정을 한 경우 별지 제6호서식의 층간소음 측정결과서를 작성하여 신청세대에게 제공할 수 있다.

⑤ 전문기관은 다음 각 호의 어느 하나에 해당하는 경우 소음측정을 실시하지 않을 수 있다

1. 같은 건으로 2회 이상 신청한 경우

2. 소음측정 일정을 협의하기 위한 전화·문자 등의 연락이 3회 이상 되지 않는 경우

3. 소음측정을 2회 이상 연기한 경우

4. 협의된 소음측정일에 연락이 되지 않는 경우

5. 제3항에 따른 층간소음 측정동의서를 제출하지 않은 경우

**제8조(소음측정방법)** ① 소음측정은 「공동주택 층간소음의 범위와 기준에 관한 규칙」별표비고 제3호에서 정하는 바에 따르되, 1개 지점 이상에서 1시간 이상 24시간 이하로 연속하여 측정하여야 한다.

② 전문기관은 제1항에 따라 소음측정을 하는 경우 녹음을 실시하고 소음측정결과를 분석할 때 이를 활용한다. 다만, 다음 각 호의 어느 하나에 해당하는 경우에는 소음측정결과를 분석하지 않을 수 있다.

1. 제7조제3항 단서에 따른 출입일지에 기록된 세대원 출입 시간대

2. 층간소음과 관계없이 측정세대 내부에서 소음이 발생한 시간대

3. 소음측정 시간을 초과하여 측정한 시간대

③ 층간소음 측정결과는 제1항에 따라 측정한 소음도에 「소음·진동 공정시험기준」중 「공동주택 내 층간소음 측정방법」의 배경소음 보정방법을 적용하여 대상소음도를 구한다. 이 경우 배경소음은 제2항을 제외한 주간 및 야간시간대의 평균 배경소음을 말한다.

④ 전문기관은 층간소음에 대한 조사 및 연구를 위하여 제2항에 따른 녹음 음원을 활용할 수 있다.

**제9조(재검토기한)** 환경부장관은 이 고시에 대하여 「훈령·예규 등의 발령 및 관리에 관한 규정」에 따라 2023년 7월 1일 기준으로 매 3년이 되는 시점(매 3년째의 6월 30일까지를 말한다)마다 그 타당성을 검토하여 개선 등의 조치를 한다.

[별지 1~6]

[별지 제1호서식]

| 충간소음 방문상담 신청서 | | | | | | |
|---|---|---|---|---|---|---|
| 신청인 | ①공동주택명 | | | | | |
| | ②관리주체명 | | ③대표자 성 명 | | ④직위 | |
| | ⑤연락처 | | ⑥전자우편(E-mail) | | | |
| 세대정보 | ⑦신청세대 | 성 명 | | 연락처 | | |
| | | 주 소 | | | | |
| | ⑧상대세대 | 성 명 | | 연락처 | | |
| | | 주 소 | | | | |
| 민원현황 | ⑨소음유형 | | | | | |
| | ⑩피해기간 및 내용 | | | | | |

「충간소음 피해사례 조사·상담 등의 절차 및 방법에 관한 규정」 제6조제4항에 따라 충간소음 방문상담을 신청합니다.

년 월 일

관리주체 (서명 또는 인)
신청세대 (서명 또는 인)
상대세대 (서명 또는 인)

**충간소음 전문기관의 장 귀하**

[구비서류]
1. 충간소음 중재상담 보고서 1부.
2. 사업자등록증 1부.

비고 : '충간소음 중재상담 보고서'는 붙임 서식을 사용할 수 있습니다.

[붙 임]

| 충간소음 중재상담 보고서 | | | | |
|---|---|---|---|---|
| ①기본정보 | 중재주체 | □ 관리주체 □ 충간소음 관리위원회 □ 기타( ) | | |
| | 중재상담자 | | 연 락 처 | |
| | 중재요청일 | | 중재일자 | |
| ②세대정보 | 신청세대 성 명 | | 거주위치 | 동 호 |
| | 상대세대 성 명 | | 거주위치 | 동 호 |
| ③민원현황 | 소음유형 | | | |
| | 피해기간 | | | |
| | 피해내용 | | | |
| | 요구사항 | | | |
| ④생활형태 | 신청세대 | | | |
| | 상대세대 | | | |
| ⑤중재내용 | | | | |

[별지 제2호서식]

| 충간소음 방문상담 결과서 | | | | | |
|---|---|---|---|---|---|
| 접수번호 | | | 상담일자 | | |
| 기본정보 | 성 명 | | 연 락 처 | | |
| | 주 소 | | | | |
| 공동주택 일반현황 | 공동주택명 | | 충간소음 관리위원회 | 있음 □ | 없음 □ |
| | 건 설 사 | | 사업승인일 | | |
| | 슬래브두께 | mm | 구조 | □ 벽식 □ 기둥식 □ 기타( ) | |
| 신청 내용 | | | | | |
| 상담 내용 | 피해기간 | | 피해내용 | | |
| | 주 소음유형 | | 주 소음발생 시간대 | | |
| | 분쟁 등 유형 | | 생활형태 | | |
| | | | | | |
| 요청사항 | | | | | |
| 조정방안 | | | | | |

「충간소음 피해사례 조사·상담 등의 절차 및 방법에 관한 규정」 제6조제6항에 따른 충간소음 방문상담 결과입니다.

(작성자) 직위: 성명:

년 월 일

**충 간 소 음 전 문 기 관 장**

비고 : 본 결과서는 충간소음과 관련하여 중재를 위한 목적으로 작성된 것으로 목적 외 다른 용도로 사용하는 것을 제한합니다.

[별지 제3호서식]

| 충간소음 측정 신청서 | | | | |
|---|---|---|---|---|
| 신청인 | ①성 명 | | ②연락처 | |
| | ③전자우편(E-mail) | | ④공동주택명 | |
| | ⑤주 소 | | | |
| 방문상담 | ⑥방문상담일 | | | |
| | ⑦방문상담 후 소음발생현황 | | | |
| 민원현황 | ⑧주소음원 및 유형 | | | |
| | ⑨소음발생 시간대 | | | |

「충간소음 피해사례 조사·상담 등의 절차 및 방법에 관한 규정」 제7조제1항에 따라 충간소음 측정을 신청합니다.

년 월 일

신청인 (서명 또는 인)

**충간소음 전문기관의 장 귀하**

[구비서류]
1. 충간소음 발생일지 1부.

비고 : '충간소음 발생일지'는 붙임 서식을 사용할 수 있습니다.

[붙 임]

## 층간소음 발생일지

| ①성 명 | (서명 또는 인) | ②연락처 | |
|---|---|---|---|
| ③주 소 | | | |

| 발생일시 | 소음유형 | 지속시간 또는 횟수 |
|---|---|---|
| (예시 1) 2020. 2. 4. 15:25 | 아이 뛰는 소음 | 약 3분 지속 |
| (예시 2) 2020. 2.. 4. 15:25 ~15:30 | 물건 떨어지는 소리 | 2회 발생 |
| | | |
| | | |
| | | |
| | | |
| | | |
| | | |
| | | |
| | | |
| | | |
| | | |
| | | |

비고

1. 본 일지는 층간소음 측정 신청세대의 구성원 중 1인이 대표로 작성합니다.
2. 본 일지는 층간소음의 유형과 시간대를 파악하기 위한 용도로 사용합니다.
3. 본 일지는 소음측정 결과 분석시 참고자료로 활용될 수 있습니다.

[별지 제4호서식]

## 층간소음 측정동의서

| | | |
|---|---|---|
| 신청인 | ①성 명 | |
| | ②주 소 | |
| 소음측정 | ③측정기간 | ~ |
| | ④분석신청시간 | ~<br>※ 연속하여 측정되어야 하며, 최대 24시간을 초과할 수 없습니다 |
| | ⑤측정지점 | |
| | ⑥측정장비 | |
| 확인사항 | ⑦층간소음을 정확하게 측정·분석하기 위해서는 층간소음 측정기간 동안 재실자와 내부 생활소음이 없어야 합니다. 만약, 내부에서 소음이 발생되어 생활소음이 측정될 경우에는 층간소음의 정확한 측정 및 분석이 어렵습니다.<br>※ 거주하는 시간대에는 층간소음 측정·분석이 불가능하며, 내부소음은 냉장고, 공기청정기, 기타 가전기기 등에서 발생될 수 있습니다.<br>※ 층간소음 측정을 통해 소음원 발생 위치를 특정하기는 어려울 수 있습니다. | |
| | ⑧소음측정기의 설치 위치와 삼각대 하부의 고무 패킹을 확인했으며, 층간소음 측정기간 중에는 소음측정기의 접촉 및 임의 조작, 위치변경을 금지합니다.<br>※ 층간소음 측정기간에 발생된 바닥재, 벽지 긁힘 등 재산피해에 대해서는 전문기관이 책임지지 않습니다. 소음측정기는 국가의 재산으로 분실, 고장, 훼손 시 그 책임은 신청인에게 있으며 신청인에게 이에 대한 배상을 청구할 수 있습니다. | |
| | ⑨소음측정 결과 및 음원파일은 제공이 불가능하며, 자료 요청시 층간소음측정 결과서만 제공 가능합니다.<br>※ 층간소음 측정시 사람의 목소리 등이 함께 녹음될 수 있습니다. 따라서 층간소음 측정 음원파일에는 "사생활의 비밀 및 자유 침해가 우려되는 정보"가 포함될 수 있습니다. | |

위 사항을 확인하고 「층간소음 피해사례 조사·상담 등의 절차 및 방법에 관한 규정」 제7조제3항에 따라 층간소음 측정에 동의합니다.

년 월 일

신청인 (서명 또는 인)

측정자 (서명 또는 인)

**층간소음 전문기관의 장 귀하**

[별지 제5호서식]

## 층간소음 측정기간 세대원 출입일지

안내사항

①층간소음의 정확한 측정·분석을 위해서는 층간소음 측정기간 동안 재실자와 내부에 생활소음이 없어야 하며, 출입을 금지하는 것이 원칙입니다.

②층간소음 측정기간 중 출입이 부득이한 경우에는 출입사항(년, 월, 일, 시, 분)을 본 출입일지에 정확하게 기재해야 하며, 재실자가 있거나 내부에서 소음이 발생한 시간(귀가 ~ 외출)은 분석대상에서 제외됩니다.

③외출시 외부소음 등을 반드시 차단해 주시기 바랍니다(예: 창문 닫기 등).

출입사항

| 귀가 시간 | | | | 외출 시간 | | | | 출입사항 등 | 작성자 |
|---|---|---|---|---|---|---|---|---|---|
| 년 | 월 | 일 | 시각 | 년 | 월 | 일 | 시각 | | |
| 20 | 03 | 4 | 15:25 | 20 | 03 | 4 | 15:35 | (예시1) 15:25 귀가하여 가스 확인 후, 15:35 외출 함 | |
| 20 | 03 | 4 | 18:37 | 20 | 03 | 4 | 18:47 | (예시2) 18:37 귀가하여 가방 정리 후, 18:47 외출함 | |
| | | | | | | | | | |
| | | | | | | | | | |
| | | | | | | | | | |
| | | | | | | | | | |
| | | | | | | | | | |
| | | | | | | | | | |
| | | | | | | | | | |

위에 작성된 출입사항이 사실과 다른 경우 어떠한 불이익도 감수하겠습니다.

「층간소음 피해사례 조사·상담 등의 절차 및 방법에 관한 규정」 제7조제3항 단서에 따른 출입일지를 제출합니다.

(작성자 대표) 성명: (서명 또는 인)

년 월 일

**층간소음 전문기관의 장 귀하**

[별지 제6호서식]

## 층간소음 측정결과서

| | | | | |
|---|---|---|---|---|
| 접수번호 | | | 측정일자 | |
| 신청인 | 성 명 | | 연 락 처 | |
| | 공동주택명 | | | |
| | 주 소 | | | |
| 측정정보 | 측 정 자 | | 분 석 자 | |
| | 측정기간 | | 측정지점 | |
| | 측 정 기 (모 델 명) | | 측 정 기 (수 량) | |
| | 주요소음 | | | |

| 측정결과 | 구 분 | | 주간(06:00~22:00) | | 야간(22:00~06:00) | |
|---|---|---|---|---|---|---|
| | | | 측정일시 | 측정결과 [dB(A)] | 측정일시 | 측정결과 [dB(A)] |
| | 배경소음($L_{Aeq}$) | | | | | |
| | 직접충격 소음 | 1분간 등가소음도 ($L_{Aeq}$) | | | | |
| | | 최고소음도 ($L_{Amax}$) | | | | |
| | | | | | | |
| | | | | | | |
| | 공기전달 소음 | 5분간 등가소음도 ($L_{Aeq}$) | | | | |

「층간소음 피해사례 조사·상담 등의 절차 및 방법에 관한 규정」 제7조제4항에 따른 층간소음 측정결과입니다.

(작성자) 직위: 성명:

년 월 일

**층간소음 전문기관장**

비고: 본 결과서는 층간소음과 관련하여 중계를 위한 목적으로 작성된 것으로 목적외 다른 용도로 사용하는 것을 제한합니다.

# 6. 민법

**제214조(소유물방해제거, 방해예방청구권)** 소유자는 소유권을 방해하는 자에 대하여 방해의 제거를 청구할 수 있고 소유권을 방해할 염려있는 행위를 하는 자에 대하여 그 예방이나 손해배상의 담보를 청구할 수 있다.

**제217조(매연 등에 의한 인지에 대한 방해금지)** ① 토지소유자는 매연, 열기체, 액체, 음향, 진동 기타 이에 유사한 것으로 이웃 토지의 사용을 방해하거나 이웃 거주자의 생활에 고통을 주지 아니하도록 적당한 조처를 할 의무가 있다.

② 이웃 거주자는 전항의 사태가 이웃 토지의 통상의 용도에 적당한 것인 때에는 이를 인용할 의무가 있다.

**제750조(불법행위의 내용)** 고의 또는 과실로 인한 위법행위로 타인에게 손해를 가한 자는 그 손해를 배상할 책임이 있다.

# 7. 경범죄처벌법

**제3조(경범죄의 종류)** ① 다음 각 호의 어느 하나에 해당하는 사람은 10만원 이하의 벌금, 구류 또는 과료(科料)의 형으로 처벌한다. <개정 2014. 11. 19., 2017. 7. 26., 2017. 10. 24.>

21. (인근소란 등) 악기 · 라디오 · 텔레비전 · 전축 · 종 · 확성기 · 전동기(電動機) 등의 소리를 지나치게 크게 내거나 큰소리로 떠들거나 노래를 불러 이웃을 시끄럽게 한 사람

# 8. 경범죄처벌법시행령

**제2조(범칙행위의 범위와 범칙금의 액수)** 「경범죄 처벌법」(이하 "법"이라 한다) 제6조제1항에 따른 범칙행위의 구체적인 범위와 법 제7조제2항에 따른 범칙금의 액수는 별표와 같다.

[별표] 범칙행위 및 범칙금액(제2조 관련)

범칙행위 및 범칙금액(제2조 관련)

| 근거 법조문 | 범칙행위 | 범칙금액 |
|---|---|---|
| 법 제3조제1항제21호 (인근소란 등) | 악기·라디오·텔레비전·전축·종·확성기·전동기(電動機) 등의 소리를 지나치게 크게 내거나 큰소리로 떠들거나 노래를 불러 이웃을 시끄럽게 한 경우 | 3만원 |

비고 : 범칙금의 납부 통고를 받은 사람이 통고처분을 불이행하여 법 제9조제1항에 따라 통고받은 범칙금에 가산금을 더하여 납부할 경우에 최대 납부할 금액은 법 제3조제1항 각 호의 행위로 인한 경우에는 10만원으로 하고, 법 제3조제2항 각 호의 행위로 인한 경우에는 20만원으로 한다.

# 9. 공동주택관리법

**제18조(관리규약)** ① 특별시장·광역시장·특별자치시장·도지사 또는 특별자치도지사(이하 "시·도지사"라 한다)는 공동주택의 입주자등을 보호하고 주거생활의 질서를 유지하기 위하여 대통령령으로 정하는 바에 따라 공동주택의 관리 또는 사용에 관하여 준거가 되는 관리규약의 준칙을 정하여야 한다.

② 입주자등은 제1항에 따른 관리규약의 준칙을 참조하여 관리규약을 정한다. 이 경우 「주택법」 제35조에 따라 공동주택에 설치하는 어린이집의 임대료 등에 관한 사항은 제1항에 따른 관리규약의 준칙, 어린이집의 안정적 운영, 보육서비스 수준의 향상 등을 고려하여 결정하여야 한다. <개정 2016. 1. 19., 2021. 8. 10.>

③ 입주자등이 관리규약을 제정·개정하는 방법 등에 필요한 사항은 대통령령으로 정한다. <신설 2016. 1. 19.>

④ 관리규약은 입주자등의 지위를 승계한 사람에 대하여도 그 효력이 있다. <개정 2016. 1. 19.>

**제20조(층간소음의 방지 등)** ① 공동주택의 입주자등은 공동주택에서 뛰거나 걷는 동작에서 발생하는 소음이나 음향기기를 사용하는 등의 활동에서 발생하는 소음 등 층간소음[벽간소음 등 인접한 세대 간의 소음(대각선에 위치한 세대 간의 소음을 포함한다)을 포함하며, 이하 "층간소음"이라 한다]으로 인하여 다른 입주자등에게 피해를 주지 아니하도록 노력하여야 한다. <개정 2017. 8. 9.>

② 제1항에 따른 층간소음으로 피해를 입은 입주자등은 관리주체에게 층간소음 발생 사실을 알리고, 관리주체가 층간소음 피해를 끼친 해당 입주자등에게 층간소음 발생을 중단하거나 소음차단 조치를 권고하도록 요청할 수 있다. 이 경우 관리주체는 사실관계 확인을 위하여 세대 내 확인 등 필요한 조사를 할 수 있다. <개정 2020. 6. 9.>

③ 층간소음 피해를 끼친 입주자등은 제2항에 따른 관리주체의 조치 및 권고에 협조하여야 한다. <개정 2017. 8. 9.>

④ 제2항에 따른 관리주체의 조치에도 불구하고 층간소음 발생이 계속될 경우에는 층간소음

피해를 입은 입주자등은 제71조에 따른 공동주택관리 분쟁조정위원회나 「환경분쟁 조정법」 제4조에 따른 환경분쟁조정위원회에 조정을 신청할 수 있다.

⑤ 공동주택 층간소음의 범위와 기준은 국토교통부와 환경부의 공동부령으로 정한다.

⑥ 관리주체는 필요한 경우 입주자등을 대상으로 층간소음의 예방, 분쟁의 조정 등을 위한 교육을 실시할 수 있다.

⑦ 입주자등은 필요한 경우 층간소음에 따른 분쟁의 예방, 조정, 교육 등을 위하여 자치적인 조직을 구성하여 운영할 수 있다.

**제21조(공동체 생활의 활성화)** ① 공동주택의 입주자등은 입주자등의 소통 및 화합 증진 등을 위하여 필요한 활동을 자율적으로 실시할 수 있고, 이를 위하여 필요한 조직을 구성하여 운영할 수 있다.

② 입주자대표회의 또는 관리주체는 공동체 생활의 활성화에 필요한 경비의 일부를 재활용품의 매각 수입 등 공동주택을 관리하면서 부수적으로 발생하는 수입에서 지원할 수 있다.

③ 제2항에 따른 경비의 지원은 관리규약으로 정하거나 관리규약에 위배되지 아니하는 범위에서 입주자대표회의의 의결로 정한다.

**제71조(공동주택관리 분쟁조정위원회의 설치)** ① 공동주택관리 분쟁(제36조 및 제37조에 따른 공동주택의 하자담보책임 및 하자보수 등과 관련한 분쟁은 제외한다. 이하 이 장에서 같다)을 조정하기 위하여 국토교통부에 중앙 공동주택관리 분쟁조정위원회(이하 "중앙분쟁조정위원회"라 한다)를 두고, 시·군·구(자치구를 말하며, 이하 같다)에 지방 공동주택관리 분쟁조정위원회(이하 "지방분쟁조정위원회"라 한다)를 둔다. 다만, 공동주택 비율이 낮은 시·군·구로서 국토교통부장관이 인정하는 시·군·구의 경우에는 지방분쟁조정위원회를 두지 아니할 수 있다. <개정 2020. 6. 9.>

② 공동주택관리 분쟁조정위원회는 다음 각 호의 사항을 심의·조정한다.

1. 입주자대표회의의 구성·운영 및 동별 대표자의 자격·선임·해임·임기에 관한 사항

2. 공동주택관리기구의 구성·운영 등에 관한 사항

3. 관리비·사용료 및 장기수선충당금 등의 징수·사용 등에 관한 사항

4. 공동주택(공용부분만 해당한다)의 유지·보수·개량 등에 관한 사항

5. 공동주택의 리모델링에 관한 사항

6. 공동주택의 층간소음에 관한 사항

7. 혼합주택단지에서의 분쟁에 관한 사항

8. 다른 법령에서 공동주택관리 분쟁조정위원회가 분쟁을 심의·조정할 수 있도록 한 사항

9. 그 밖에 공동주택의 관리와 관련하여 분쟁의 심의·조정이 필요하다고 대통령령 또는 시·군·구의 조례(지방분쟁조정위원회에 한정한다)로 정하는 사항

**第86조(공동주택관리 지원기구)** ① 국토교통부장관은 다음 각 호의 업무를 수행할 기관 또는 단체를 공동주택관리 지원기구(이하 이 조에서 "공동주택관리 지원기구"라 한다)로 지정하여 고시할 수 있다.

1. 공동주택관리와 관련한 민원 상담 및 교육

2. 관리규약 제정·개정의 지원

3. 입주자대표회의 구성 및 운영과 관련한 지원

4. 장기수선계획의 수립·조정 지원 또는 공사·용역의 타당성 자문 등 기술지원

5. 공동주택 관리상태 진단 및 지원

6. 공동주택 입주자등의 공동체 활성화 지원

7. 공동주택의 조사·검사 및 분쟁조정의 지원

8. 공동주택 관리실태 조사·연구

9. 국토교통부장관 또는 지방자치단체의 장이 의뢰하거나 위탁하는 업무

10. 그 밖에 공동주택 입주자등의 권익보호와 공동주택관리의 투명화 및 효율화를 위하여 대통령령으로 정하는 업무

② 국토교통부장관은 예산의 범위에서 공동주택관리 지원기구의 운영 및 사무처리에 필요한 경비를 출연 또는 보조할 수 있다.

③ 공동주택관리 지원기구는 제1항 각 호의 업무를 수행하는 데 필요한 경비의 전부 또는 일부를 관리주체 또는 입주자대표회의로부터 받을 수 있다.

## 10. 공동주택관리법시행령

**제19조(관리규약의 준칙)** ① 법 제18조제1항에 따른 관리규약의 준칙(이하 "관리규약준칙"이라 한다)에는 다음 각 호의 사항이 포함되어야 한다. 이 경우 입주자등이 아닌 자의 기본적인 권리를 침해하는 사항이 포함되어서는 안 된다. <개정 2017. 1. 10., 2017. 8. 16., 2020. 4. 24., 2021. 1. 5., 2021. 10. 19.>

22. 공동주택의 층간소음 및 간접흡연에 관한 사항

## 11. 건축법

**제49조(건축물의 피난시설 및 용도제한 등)** ④ 대통령령으로 정하는 용도 및 규모의 건축물에 대하여 가구·세대 등 간 소음 방지를 위하여 국토교통부령으로 정하는 바에 따라 경계벽 및 바닥을 설치하여야 한다. <신설 2014. 5. 28., 2019. 4. 23.>

## 12. 건축물의 피난·방화구조 등의 기준에 관한 규칙

**제19조(경계벽 등의 구조)** ③ 법 제49조제3항에 따른 가구·세대 등 간 소음방지를 위한 바닥은 경량충격음(비교적 가볍고 딱딱한 충격에 의한 바닥충격음을 말한다)과 중량충격음(무겁고 부드러운 충격에 의한 바닥충격음을 말한다)을 차단할 수 있는 구조로 하여야 한다. <신설 2014. 11. 28.>

④ 제3항에 따른 가구·세대 등 간 소음방지를 위한 바닥의 세부 기준은 국토교통부장관이 정하여 고시한다. <신설 2014. 11. 28.>

[제목개정 2014. 11. 28.]

# 13. 소음방지를 위한 층간 바닥충격음 차단 구조기준

**제1조(목적)** 이 기준은 「건축법」 제49조제3항 및 「건축물의 피난·방화구조 등의 기준에 관한 규칙」 제19조제4항에 따라 가구·세대 등 간 소음방지를 위한 층간 바닥충격음 차단 구조기준을 제시하여 이웃 간의 층간소음 관련 분쟁으로 인한 인명 및 재산 피해를 사전에 예방하고 쾌적한 생활환경을 조성하는 것을 목적으로 한다.

**제2조(정의)** 이 기준에서 사용하는 용어의 뜻은 다음과 같다.

1. "바닥충격음 차단구조"란 「주택법」 제41조제1항에 따라 바닥충격음 차단구조의 성능등급을 인정하는 기관의 장이 차단구조의 성능[중량충격음(무겁고 부드러운 충격에 의한 바닥충격음을 말한다) 50dB 이하, 경량충격음(비교적 가볍고 딱딱한 충격에 의한 바닥충격음을 말한다) 58 dB 이하]을 확인하여 인정한 바닥구조를 말한다.

2. "표준바닥구조"란 중량충격음 및 경량충격음을 차단하기 위하여 콘크리트 슬라브, 완충재, 마감 모르타르, 바닥마감재 등으로 구성된 일체형 바닥구조를 말한다.

**제3조(적용범위)** 이 기준은 다음 각 호의 건축물에 대하여 적용한다.

1. 「건축법 시행령」(이하 "영"이라 한다) 별표1 제1호다목에 따른 다가구주택

2. 영 별표1 제2호에 따른 공동주택(「주택법」 제15조에 따른 주택건설사업계획승인 대상은 제외한다)

3. 영 별표1 제14호나목에 따른 오피스텔

4. 영 별표1 제4호거목에 따른 다중생활시설

5. 영 별표1 제15호다목에 따른 다중생활시설

**제4조(바닥구조)** ① 30세대 이상의 공동주택(기숙사는 제외한다)·오피스텔의 세대 내 층간바닥은 바닥충격음 차단구조로 하거나 별표1에 따른 표준바닥구조(Ⅰ형식)에 적합하여야 한다.

② 30세대 미만의 공동주택(기숙사는 제외한다)·오피스텔, 기숙사, 다가구주택, 다중생활시설의 세대 내 층간바닥은 바닥충격음 차단구조로 하거나 별표1에 따른 표준바닥구조(Ⅱ형식)에 적합하여야 한다.

③ 제1항 및 제2항에도 불구하고 다음 각 호에 해당하는 부분은 제1항 및 제2항의 기준을 적용하지 아니할 수 있다.

1. 발코니(거주목적으로 발코니를 구조변경한 경우 제외), 현관, 세탁실, 대피공간, 벽으로 구획된 창고

2. 아래층의 공간이 비거주 공간(주차장, 기계실 등)이나 지면에 면해 있는 바닥, 최상층 천정 등과 같이 윗층 또는 아래층을 거실로 사용하지 않는 공간

3. 제1호 및 제2호와 비슷한 공간으로서 허가권자가 층간소음으로 인한 피해 가능성이 적어 이 기준 적용이 불필요하다고 인정하는 부분

**제5조(규제의 재검토)** 국토교통부장관은 「훈령·예규 등의 발령 및 관리에 관한 규정」(대통령훈령 제334호)에 따라 이 고시에 대하여 2019년 1월 1일을 기준으로 매 3년이 되는 시점(매 3년째의 12월 31일까지를 말한다)마다 그 타당성을 검토하여 개선 등의 조치를 하여야 한다.

[별표 1] 표준바닥구조의 종류

가. 표준바닥구조 1

단면 상세

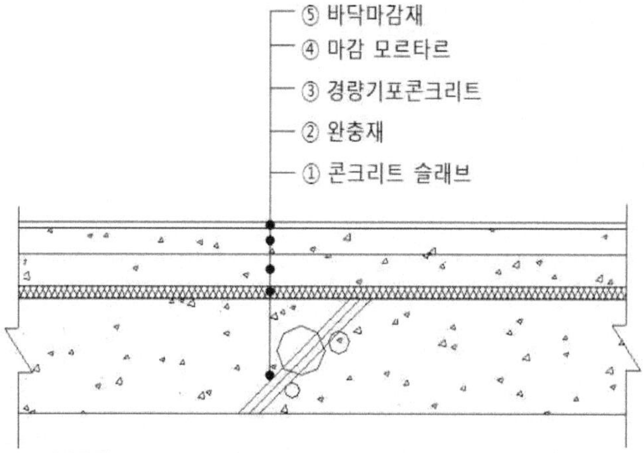


형식·구조별 표준바닥구조 기준

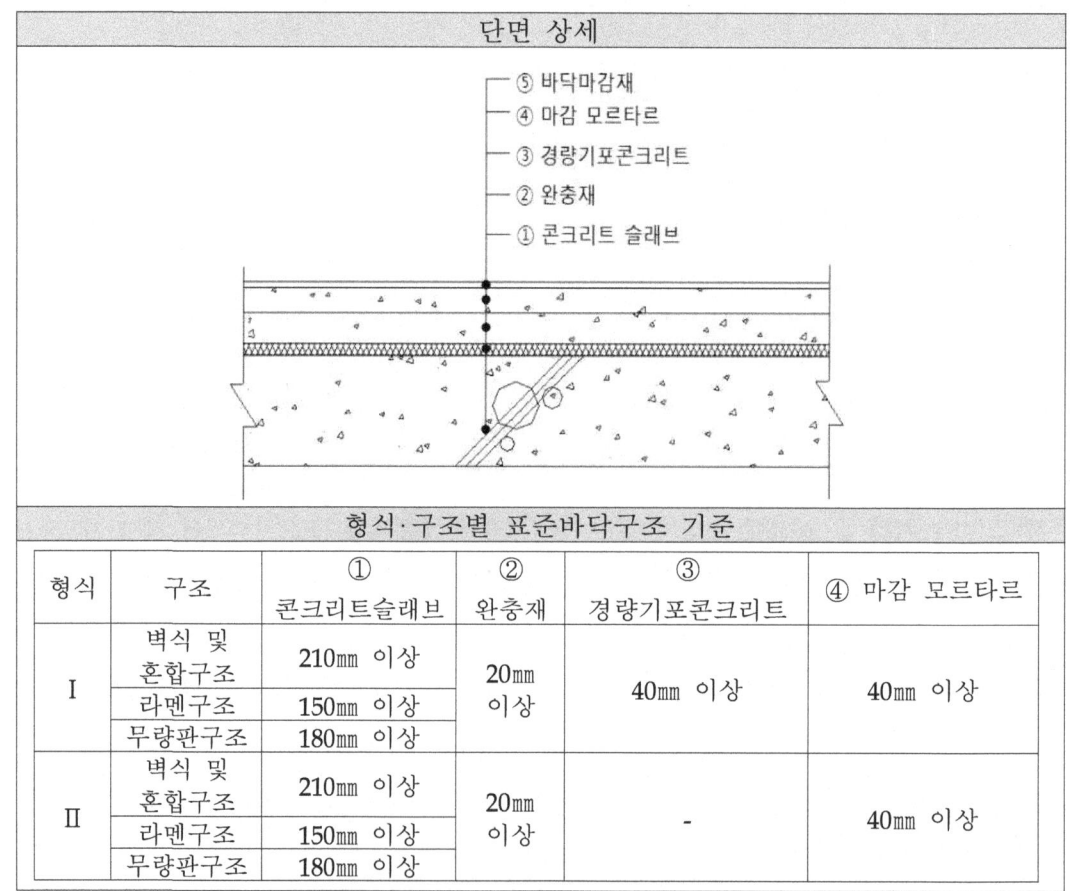

| 형식 | 구조 | ①<br>콘크리트슬래브 | ②<br>완충재 | ③<br>경량기포콘크리트 | ④ 마감 모르타르 |
|---|---|---|---|---|---|
| I | 벽식 및<br>혼합구조 | 210㎜ 이상 | 20㎜<br>이상 | 40㎜ 이상 | 40㎜ 이상 |
| | 라멘구조 | 150㎜ 이상 | | | |
| | 무량판구조 | 180㎜ 이상 | | | |
| II | 벽식 및<br>혼합구조 | 210㎜ 이상 | 20㎜<br>이상 | - | 40㎜ 이상 |
| | 라멘구조 | 150㎜ 이상 | | | |
| | 무량판구조 | 180㎜ 이상 | | | |

나. 표준바닥구조 2

| 단면 상세 |
|---|

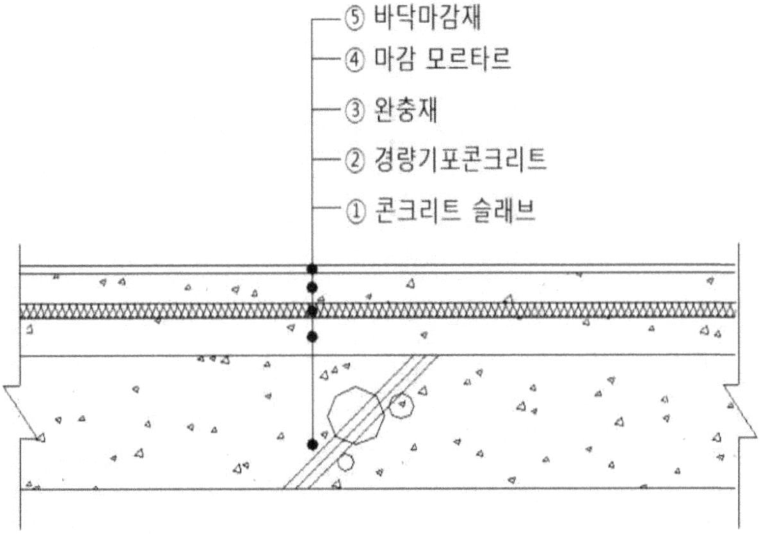


| 형식·구조별 표준바닥구조 기준 |
|---|

| 형식 | 구조 | ①<br>콘크리트슬래브 | ②<br>경량기포콘크리트 | ③<br>완충재 | ④ 마감<br>모르타르 |
|---|---|---|---|---|---|
| I | 벽식 및<br>혼합구조 | 210㎜ 이상 | 40㎜ 이상 | 20㎜<br>이상 | 40㎜ 이상 |
| | 라멘구조 | 150㎜ 이상 | | | |
| | 무량판구조 | 180㎜ 이상 | | | |
| II | 벽식 및<br>혼합구조 | 210㎜ 이상 | - | 20㎜<br>이상 | 40㎜ 이상 |
| | 라멘구조 | 150㎜ 이상 | | | |
| | 무량판구조 | 180㎜ 이상 | | | |

다. 표준바닥구조 3

단면 상세

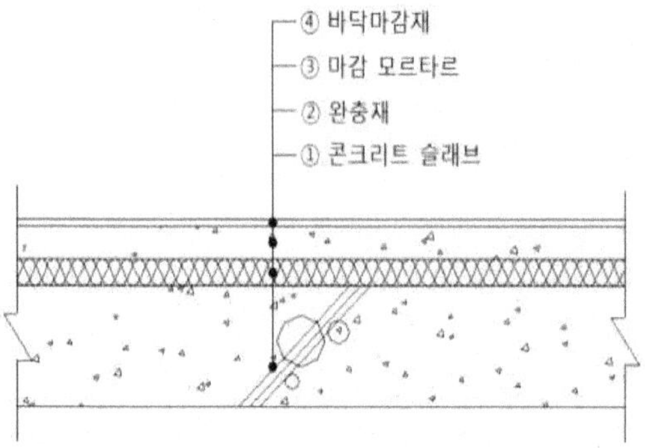


형식·구조별 표준바닥구조 기준

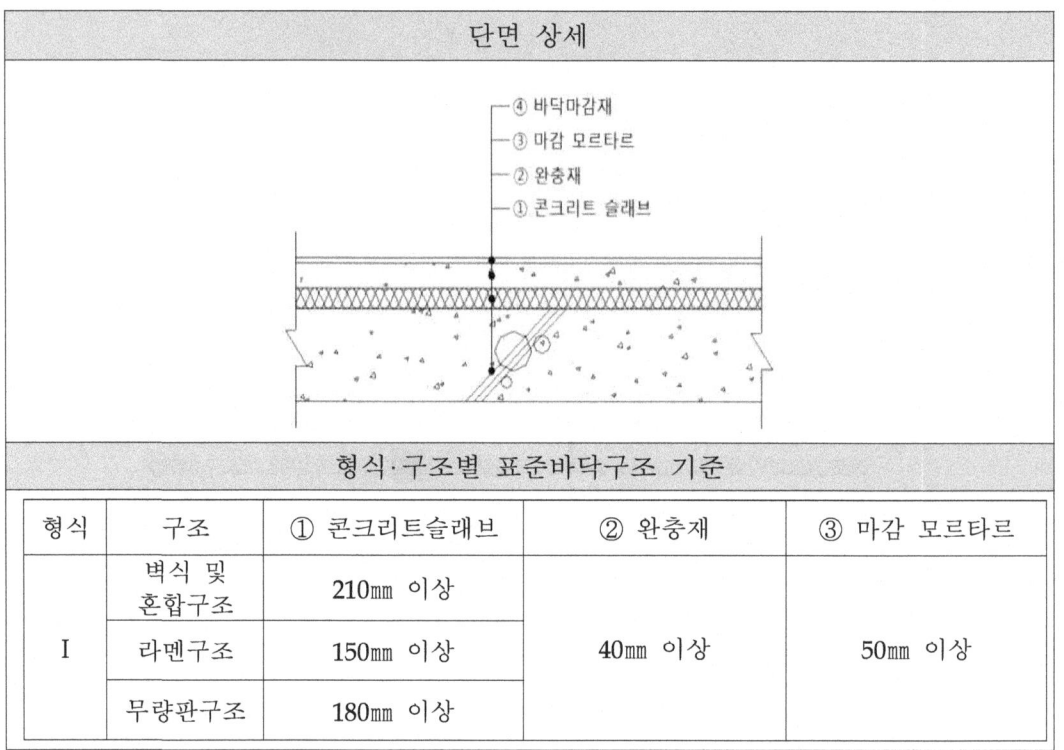

| 형식 | 구조 | ① 콘크리트슬래브 | ② 완충재 | ③ 마감 모르타르 |
|---|---|---|---|---|
| I | 벽식 및 혼합구조 | 210㎜ 이상 | 40㎜ 이상 | 50㎜ 이상 |
| | 라멘구조 | 150㎜ 이상 | | |
| | 무량판구조 | 180㎜ 이상 | | |

<비고>

1. “벽식 구조”란 수직하중과 횡력을 전단벽이 부담하는 구조를 말한다.

2. “무량판구조”란 보가 없이 기둥과 슬래브만으로 중력하중을 저항하는 구조방식을 말한다.

3. “혼합구조”란 “벽식구조”에서 벽체의 일부분을 기둥으로 바꾸거나 부분적으로 보를 활용하는 구조를 말한다.

4. “라멘구조”란 보와 기둥을 통해서 내력이 전달되는 구조를 말한다.

5. “바닥마감재”란 온돌층 상부표면에 최종 마감되는 재료(발포비닐계 장판지·목재 마루 등)를 말한다.

6. 경량기포콘크리트의 품질 및 시공방법은 KS F 4039(현장 타설용 기포콘크리트) 규정에 따른다.

7. “완충재”란 충격음을 흡수하기 위하여 바닥구조체 위에 설치하는 재료를 말하며, 성능평가기준 및 시공방법 등은 「공동주택 바닥충격음 차단구조 인정 및 관리기준」 제32조 및 제33조에 따른다.

8. 온돌층이 벽체와 접하는 부위에는 측면완충재를 적용한다.

# 14. 주택법

**제15조(사업계획의 승인)** ① 대통령령으로 정하는 호수 이상의 주택건설사업을 시행하려는 자 또는 대통령령으로 정하는 면적 이상의 대지조성사업을 시행하려는 자는 다음 각 호의 사업계획승인권자(이하 "사업계획승인권자"라 한다. 국가 및 한국토지주택공사가 시행하는 경우와 대통령령으로 정하는 경우에는 국토교통부장관을 말하며, 이하 이 조, 제16조부터 제19조까지 및 제21조에서 같다)에게 사업계획승인을 받아야 한다. 다만, 주택 외의 시설과 주택을 동일 건축물로 건축하는 경우 등 대통령령으로 정하는 경우에는 그러하지 아니하다. <개정 2021. 1. 12.>

1. 주택건설사업 또는 대지조성사업으로서 해당 대지면적이 10만제곱미터 이상인 경우: 특별시장·광역시장·특별자치시장·도지사 또는 특별자치도지사(이하 "시·도지사"라 한다) 또는 「지방자치법」 제198조에 따라 서울특별시·광역시 및 특별자치시를 제외한 인구 50만 이상의 대도시(이하 "대도시"라 한다)의 시장

2. 주택건설사업 또는 대지조성사업으로서 해당 대지면적이 10만제곱미터 미만인 경우: 특별시장·광역시장·특별자치시장·특별자치도지사 또는 시장·군수

**제35조(주택건설기준 등)** ① 사업주체가 건설·공급하는 주택의 건설 등에 관한 다음 각 호의 기준(이하 "주택건설기준등"이라 한다)은 대통령령으로 정한다.

1. 주택 및 시설의 배치, 주택과의 복합건축 등에 관한 주택건설기준

2. 세대 간의 경계벽, 바닥충격음 차단구조, 구조내력(構造耐力) 등 주택의 구조·설비기준

3. 부대시설의 설치기준

4. 복리시설의 설치기준

5. 대지조성기준

6. 주택의 규모 및 규모별 건설비율

② 지방자치단체는 그 지역의 특성, 주택의 규모 등을 고려하여 주택건설기준등의 범위에서 조례로 구체적인 기준을 정할 수 있다.

③ 사업주체는 제1항의 주택건설기준등 및 제2항의 기준에 따라 주택건설사업 또는 대지조성사업을 시행하여야 한다.

**제39조(공동주택성능등급의 표시)** 사업주체가 대통령령으로 정하는 호수 이상의 공동주택을 공급할 때에는 주택의 성능 및 품질을 입주자가 알 수 있도록 「녹색건축물 조성 지원법」에 따라 다음 각 호의 공동주택성능에 대한 등급을 발급받아 국토교통부령으로 정하는 방법으로 입주자 모집공고에 표시하여야 한다.

1. 경량충격음 · 중량충격음 · 화장실소음 · 경계소음 등 소음 관련 등급

2. 리모델링 등에 대비한 가변성 및 수리 용이성 등 구조 관련 등급

3. 조경 · 일조확보율 · 실내공기질 · 에너지절약 등 환경 관련 등급

4. 커뮤니티시설, 사회적 약자 배려, 홈네트워크, 방범안전 등 생활환경 관련 등급

5. 화재 · 소방 · 피난안전 등 화재 · 소방 관련 등급

**제41조(바닥충격음 성능등급 인정 등)** ① 국토교통부장관은 제35조제1항제2호에 따른 주택건설기준 중 공동주택 바닥충격음 차단구조의 성능등급을 대통령령으로 정하는 기준에 따라 인정하는 기관(이하 "바닥충격음 성능등급 인정기관"이라 한다)을 지정할 수 있다.

② 바닥충격음 성능등급 인정기관은 성능등급을 인정받은 제품(이하 "인정제품"이라 한다)이 다음 각 호의 어느 하나에 해당하면 그 인정을 취소할 수 있다. 다만, 제1호에 해당하는 경우에는 그 인정을 취소하여야 한다.

1. 거짓이나 그 밖의 부정한 방법으로 인정받은 경우

2. 인정받은 내용과 다르게 판매 · 시공한 경우

3. 인정제품이 국토교통부령으로 정한 품질관리기준을 준수하지 아니한 경우

4. 인정의 유효기간을 연장하기 위한 시험결과를 제출하지 아니한 경우

③ 제1항에 따른 바닥충격음 차단구조의 성능등급 인정의 유효기간 및 성능등급 인정에 드는 수수료 등 바닥충격음 차단구조의 성능등급 인정에 필요한 사항은 대통령령으로 정한다.

④ 바닥충격음 성능등급 인정기관의 지정 요건 및 절차 등은 대통령령으로 정한다.

⑤ 국토교통부장관은 바닥충격음 성능등급 인정기관이 다음 각 호의 어느 하나에 해당하는 경우 그 지정을 취소할 수 있다. 다만, 제1호에 해당하는 경우에는 그 지정을 취소하여야 한다.

1. 거짓이나 그 밖의 부정한 방법으로 바닥충격음 성능등급 인정기관으로 지정을 받은 경우

2. 제1항에 따른 바닥충격음 차단구조의 성능등급의 인정기준을 위반하여 업무를 수행한 경우

3. 제4항에 따른 바닥충격음 성능등급 인정기관의 지정 요건에 맞지 아니한 경우

4. 정당한 사유 없이 2년 이상 계속하여 인정업무를 수행하지 아니한 경우

⑥ 국토교통부장관은 바닥충격음 성능등급 인정기관에 대하여 성능등급의 인정현황 등 업무에 관한 자료를 제출하게 하거나 소속 공무원에게 관련 서류 등을 검사하게 할 수 있다.

⑦ 제6항에 따라 검사를 하는 공무원은 그 권한을 나타내는 증표를 지니고 이를 관계인에게 내보여야 한다.

**제41조의2(바닥충격음 성능검사 등)** ① 국토교통부장관은 바닥충격음 차단구조의 성능을 검사하기 위하여 성능검사의 기준(이하 이 조에서 “성능검사기준”이라 한다)을 마련하여야 한다.

② 국토교통부장관은 제5항에 따른 성능검사를 전문적으로 수행하기 위하여 성능을 검사하는 기관(이하 “바닥충격음 성능검사기관”이라 한다)을 대통령령으로 정하는 지정 요건 및 절차에 따라 지정할 수 있다.

③ 바닥충격음 성능검사기관의 지정 취소, 자료 제출 및 서류 검사 등에 관하여는 제41조제5항부터 제7항까지를 준용한다. 이 경우 “바닥충격음 성능등급 인정기관”은 “바닥충격음 성능검사기관”으로, “인정업무”는 “바닥충격음 성능검사업무”로 본다.

④ 국토교통부장관은 바닥충격음 성능검사기관의 업무를 수행하는 데에 필요한 비용을 지원할 수 있다.

⑤ 사업주체는 제15조에 따른 사업계획승인을 받아 시행하는 주택건설사업의 경우 제49조에 따른 사용검사를 받기 전에 바닥충격음 성능검사기관으로부터 성능검사기준에 따라 바닥충격음 차단구조의 성능을 검사(이하 이 조에서 “성능검사”라 한다)받아 그 결과를 사용검사권자에게 제출하여야 한다.

⑥ 사용검사권자는 제5항에 따른 성능검사 결과가 성능검사기준에 미달하는 경우 대통령령으로 정하는 바에 따라 사업주체에게 보완 시공, 손해배상 등의 조치를 권고할 수 있다.

⑦ 제6항에 따라 조치를 권고받은 사업주체는 대통령령으로 정하는 기간 내에 권고사항에 대한 조치결과를 사용검사권자에게 제출하여야 한다.

⑧ 성능검사의 방법, 성능검사 결과의 제출, 성능검사에 드는 수수료 등 필요한 사항은 대통령령으로 정한다.

[본조신설 2022. 2. 3.]

# 15. 주택법 시행령

**제27조(사업계획의 승인)** ① 법 제15조제1항 각 호 외의 부분 본문에서 “대통령령으로 정하는 호수”란 다음 각 호의 구분에 따른 호수 및 세대수를 말한다. <개정 2018. 2. 9.>

2. 공동주택: 30세대(리모델링의 경우에는 증가하는 세대수를 기준으로 한다). 다만, 다음 각 목의 어느 하나에 해당하는 공동주택을 건설(리모델링의 경우는 제외한다)하는 경우에는 50세대로 한다.

가. 다음의 요건을 모두 갖춘 단지형 연립주택 또는 단지형 다세대주택

1) 세대별 주거전용면적이 30제곱미터 이상일 것

2) 해당 주택단지 진입도로의 폭이 6미터 이상일 것. 다만, 해당 주택단지의 진입도로가 두 개 이상인 경우에는 다음의 요건을 모두 갖추면 진입도로의 폭을 4미터 이상 6미터 미만으로 할 수 있다.

가) 두 개의 진입도로 폭의 합계가 10미터 이상일 것

나) 폭 4미터 이상 6미터 미만인 진입도로는 제5조에 따른 도로와 통행거리가 200미터 이내일 것

**제45조(주택건설기준 등에 관한 규정)** 다음 각 호의 사항은 「주택건설기준 등에 관한 규정」으로 정한다.

9. 법 제39조에 따른 공동주택성능등급의 표시

11. 법 제41조에 따른 바닥충격음 성능등급 인정

12. 법 제42조에 따른 소음방지대책 수립에 필요한 실외소음도와 실외소음도를 측정하는 기준, 실외소음도 측정기관의 지정 요건 및 측정에 소요되는 수수료 등 실외소음도 측정에 필요한 사항

# 16. 주택건설기준 등에 관한 규정

**제1조(목적)** 이 영은 「주택법」 제2조, 제35조, 제38조부터 제41조까지, 제41조의2, 제42조 및 제51조부터 제53조까지의 규정에 따라 주택의 건설기준, 부대시설·복리시설의 설치기준, 대지조성의 기준, 공동주택성능등급의 표시, 공동주택 바닥충격음 차단구조의 성능등급 인정과 성능검사, 공업화주택의 인정절차, 에너지절약형 친환경주택과 건강친화형 주택의 건설기준 및 장수명 주택 등에 관하여 위임된 사항과 그 시행에 관하여 필요한 사항을 규정함을 목적으로 한다. <개정 1993. 2. 20., 1999. 9. 29., 2003. 11. 29., 2005. 6. 30., 2006. 1. 6., 2009. 10. 19., 2013. 2. 20., 2013. 6. 17., 2013. 12. 4., 2014. 6. 27., 2014. 12. 23., 2016. 8. 11., 2017. 10. 17., 2022. 8. 4.>

**제14조의2(바닥구조)** 공동주택의 세대 내의 층간바닥(화장실의 바닥은 제외한다. 이하 이 조에서 같다)은 다음 각 호의 기준을 모두 충족해야 한다. <개정 2017. 1. 17., 2022. 8. 4.>

1. 콘크리트 슬래브 두께는 210밀리미터[라멘구조(보와 기둥을 통해서 내력이 전달되는 구조를 말한다. 이하 이 조에서 같다)의 공동주택은 150밀리미터] 이상으로 할 것. 다만, 법 제51조제1항에 따라 인정받은 공업화주택의 층간바닥은 예외로 한다.

2. 각 층간 바닥의 경량충격음(비교적 가볍고 딱딱한 충격에 의한 바닥충격음을 말한다) 및 중량충격음(무겁고 부드러운 충격에 의한 바닥충격음을 말한다)이 각각 49dB 이하인 구조일 것. 다만, 다음 각 목의 층간바닥은 그렇지 않다.

가. 라멘구조의 공동주택(법 제51조제1항에 따라 인정받은 공업화주택은 제외한다)의 층간바닥

나. 가목의 공동주택 외의 공동주택 중 발코니, 현관 등 국토교통부령으로 정하는 부분의 층간바닥

[본조신설 2013. 5. 6.]

**제58조(공동주택성능등급의 표시)** 법 제39조 각 호 외의 부분에서 "대통령령으로 정하는 호수"란 500세대를 말한다. <개정 2016. 8. 11., 2018. 12. 31.>

[본조신설 2014. 6. 27.]

**제60조의2(바닥충격음 성능등급 인정기관)** ① 법 제41조제1항에 따른 바닥충격음 성능등급 인정기관(이하 "바닥충격음성능등급인정기관"이라 한다)으로 지정받으려는 자는 국토교통부령으로 정하는 신청서에 다음 각 호의 서류를 첨부하여 국토교통부장관에게 제출해야 한다. 이 경우 국토교통부장관은 「전자정부법」 제36조제1항에 따른 행정정보의 공동이용을 통하여 법인 등기사항증명서를 확인해야 한다. <개정 2010. 11. 2., 2013. 3. 23., 2016. 8. 11., 2022. 8. 4.>

1. 임원 명부

2. 삭제 <2010. 11. 2.>

3. 제2항에 따른 인력 및 장비기준을 증명할 수 있는 서류

4. 바닥충격음 성능등급 인정업무의 추진 계획서

② 바닥충격음성능등급인정기관의 인력 및 장비기준은 별표 6과 같다. <개정 2022. 8. 4.>

③ 제1항 및 제2항에서 규정한 사항 외에 바닥충격음성능등급인정기관의 지정에 필요한 사항은 국토교통부장관이 정하여 고시한다. <개정 2013. 3. 23., 2022. 8. 4.>

[본조신설 2008. 9. 25.]

[제60조의3에서 이동, 종전 제60조의2는 제60조의3으로 이동 <2013. 5. 6.>]

**제60조의3(바닥충격음 성능등급 및 기준 등)** ① 법 제41조제1항에 따라 바닥충격음성능등급 인정기관이 인정하는 바닥충격음 성능등급 및 기준에 관하여는 국토교통부장관이 정하여 고시한다. <개정 2016. 8. 11., 2022. 8. 4.>

② 제14조의2제2호 각 목 외의 부분 본문에 따른 바닥충격음 차단성능 인정을 받으려는 자는 국토교통부장관이 정하여 고시하는 방법 및 절차 등에 따라 바닥충격음성능등급인정기관으로부터 바닥충격음 차단성능 인정을 받아야 한다. <개정 2022. 8. 4.>

③ 삭제 <2022. 8. 4.>

[전문개정 2013. 5. 6.]

[제60조의2에서 이동, 종전 제60조의3은 제60조의2로 이동 <2013. 5. 6.>]

**제60조의4(신제품에 대한 성능등급 인정)** 바닥충격음성능등급인정기관은 제60조의3제1항에 따라 고시된 기준을 적용하기 어려운 신개발품이나 인정 규격 외의 제품(이하 "신제품"이라 한다)에 대한 성능등급 인정의 신청이 있을 때에는 제60조의3제1항에도 불구하고 제60조의5에 따라 신제품에 대한 별도의 인정기준을 마련하여 성능등급을 인정할 수 있다. <개정 2013. 5. 6., 2022. 8. 4.>

1. 삭제 <2013. 5. 6.>

2. 삭제 <2013. 5. 6.>

[본조신설 2011. 1. 4.]

**제60조의5(신제품에 대한 성능등급 인정 절차)** ① 바닥충격음성능등급인정기관은 제60조의4에 따른 별도의 성능등급 인정기준을 마련하기 위해서는 제60조의6에 따른 전문위원회(이하 "전문위원회"라 한다)의 심의를 거쳐야 한다. <개정 2022. 8. 4.>

② 바닥충격음성능등급인정기관은 신제품에 대한 성능등급 인정의 신청을 받은 날부터 15일 이내에 전문위원회에 심의를 요청해야 한다. <개정 2022. 8. 4.>

③ 바닥충격음성능등급인정기관의 장은 제1항에 따른 인정기준을 지체 없이 신청인에게 통보하고, 인터넷 홈페이지 등을 통하여 일반인에게 알려야 한다. <개정 2022. 8. 4.>

④ 바닥충격음성능등급인정기관의 장은 제1항에 따른 별도의 성능등급 인정기준을 국토교통부장관에게 제출해야 하며, 국토교통부장관은 이를 관보에 고시해야 한다. <개정 2013. 3. 23., 2022. 8. 4.>

[본조신설 2011. 1. 4.]

**제60조의6(전문위원회)** ① 신제품에 대한 인정기준 등에 관한 사항을 심의하기 위하여 바닥충격음성능등급인정기관에 전문위원회를 둔다. <개정 2022. 8. 4.>

② 전문위원회의 구성, 위원의 선임기준 및 임기 등 위원회의 운영에 필요한 구체적인 사항은 해당 바닥충격음성능등급인정기관의 장이 정한다. <개정 2022. 8. 4.>

[본조신설 2011. 1. 4.]

**제60조의7(공동주택 바닥충격음 차단구조의 성능등급 인정의 유효기간 등)** ① 법 제41조제3항에 따른 공동주택 바닥충격음 차단구조의 성능등급 인정의 유효기간은 그 성능등급 인정을 받은 날부터 5년으로 한다. <개정 2016. 8. 11.>

② 공동주택 바닥충격음 차단구조의 성능등급 인정을 받은 자는 제1항에 따른 유효기간이 끝나기 전에 유효기간을 연장할 수 있다. 이 경우 연장되는 유효기간은 연장될 때마다 3년을 초과할 수 없다.

③ 법 제41조제3항에 따른 공동주택 바닥충격음 차단구조의 성능등급 인정에 드는 수수료는 인정 업무와 시험에 사용되는 비용으로 하되, 인정 업무와 시험에 필수적으로 수반되는 비용을 추가할 수 있다. <개정 2016. 8. 11.>

④ 제1항부터 제3항까지에서 규정한 사항 외에 공동주택 바닥충격음 차단구조의 성능등급 인정의 유효기간 연장, 성능등급 인정에 드는 수수료 등에 관하여 필요한 세부적인 사항은 국토교통부장관이 정하여 고시한다.

[본조신설 2013. 12. 4.]

**제60조의8(바닥충격음 성능검사기관의 지정)** ① 법 제41조의2제2항에서 "대통령령으로 정하는 지정 요건"이란 다음 각 호의 요건을 말한다.

1. 「민법」 제32조에 따른 비영리법인이거나 특별법에 따라 설립된 법인(영리법인은 제외한다)일 것

2. 별표 6에 따른 인력 및 장비 기준을 충족할 것

3. 바닥충격음성능등급인정기관이 아닐 것

② 법 제41조의2제2항에 따른 바닥충격음 성능검사기관(이하 "바닥충격음성능검사기관"이라 한다)으로 지정받으려는 자는 국토교통부령으로 정하는 신청서에 다음 각 호의 서류를 첨부하여 국토교통부장관에게 제출해야 한다. 이 경우 국토교통부장관은 「전자정부법」 제36조제1항에 따른 행정정보의 공동이용을 통하여 법인 등기사항증명서를 확인해야 한다.

1. 별표 6에 따른 인력 및 장비 기준을 충족함을 증명할 수 있는 서류

2. 법 제41조의2제5항에 따른 바닥충격음 차단구조의 성능검사업무 추진계획서

③ 국토교통부장관은 바닥충격음성능검사기관을 지정하였을 때에는 그 명칭·대표자 및 소재지 등을 관보에 고시해야 한다.

④ 제1항부터 제3항까지에서 규정한 사항 외에 바닥충격음성능검사기관의 지정에 필요한 세부사항은 국토교통부장관이 정하여 고시한다.

[본조신설 2022. 8. 4.]

**제60조의9(바닥충격음 차단구조의 성능검사 방법 등)** ① 법 제41조의2제5항에 따른 바닥충격음 차단구조의 성능검사(이하 이 조 및 제60조의10에서 "성능검사"라 한다)를 받으려는 사업주체는 건설하는 주택의 바닥충격음 차단구조에 대한 시공이 완료된 후 바닥충격음성능검사기관의 장에게 성능검사를 신청해야 한다.

② 제1항에 따른 신청을 받은 바닥충격음성능검사기관의 장은 주택 각 세대의 평면유형(平面類型), 면적 및 층수 등을 고려하여 구분한 세대단위별로 성능검사를 실시할 세대를 무작위로 선정하여 성능검사를 실시해야 한다.

③ 바닥충격음성능검사기관의 장은 성능검사를 완료하면 지체 없이 사업주체에게 그 결과를 통보해야 한다.

④ 바닥충격음성능검사기관의 장은 사업주체가 요청하면 제3항에 따라 성능검사 결과를 통

보할 때 법 제49조제1항에 따른 사용검사를 하는 시장・군수・구청장(이하 이 조 및 제60조의 11에서 "사용검사권자"라 한다)에게도 이를 통보할 수 있다. 이 경우 법 제41조의2제5항에 따라 사업주체가 사용검사권자에게 성능검사 결과를 제출한 것으로 본다.

⑤ 제1항부터 제4항까지에서 규정한 사항 외에 성능검사 대상 세대 수의 산정 비율 등 성능검사에 필요한 세부사항은 국토교통부장관이 정하여 고시한다.

[본조신설 2022. 8. 4.]

**제60조의10(성능검사 수수료)** ① 성능검사 수수료는 성능검사에 필요한 시험에 드는 비용으로 한다.

② 제1항의 수수료는 「엔지니어링산업 진흥법」 제31조제2항에 따른 엔지니어링사업의 대가 기준을 국토교통부장관이 정하여 고시하는 방법에 따라 적용하여 바닥충격음성능검사기관의 장이 산정한다.

[본조신설 2022. 8. 4.]

**제60조의11(사업주체에 대한 권고)** ① 사용검사권자는 법 제41조의2제6항에 따라 사업주체에게 보완 시공 등의 조치를 권고하는 경우에는 다음 각 호의 사항을 적은 문서(전자문서를 포함한다)로 해야 한다.

1. 권고의 내용 및 이유

2. 권고사항에 대한 조치기한

② 제1항에 따른 권고를 받은 사업주체는 권고받은 날부터 10일 이내에 사용검사권자에게 권고사항에 대한 조치계획서를 제출해야 한다. 다만, 기술적 검토에 시간이 걸리는 등 불가피한 경우에는 사용검사권자와 협의하여 그 기간을 연장할 수 있다.

③ 법 제41조의2제7항에서 "대통령령으로 정하는 기간"이란 제1항제2호의 조치기한이 지난 날부터 5일을 말한다.

[본조신설 2022. 8. 4.]

# 17. 공동주택 바닥충격음 차단구조 인정 및 검사기준

## 제1장 총칙

**제1조(목적)** 이 기준은 「주택법」 제35조, 「주택건설기준 등에 관한 규정」 제14조의2, 제60조의2 및 제60조의2부터 제60조의11까지에 따른 공동주택의 바닥충격음 차단성능 측정 및 평가방법, 바닥충격음 성능등급의 기준과 성능검사기준, 바닥충격음 성능등급 인정기관과 바닥충격음 성능검사기관의 지정 등을 정함을 목적으로 한다.

**제2조(용어의 정의)** 이 기준에서 사용하는 용어의 정의는 다음과 같다.

1. "바닥충격음 차단구조"란 이 기준에 따라 실시된 바닥충격음 성능시험의 결과로부터 바닥충격음 성능등급 인정기관(이하 "인정기관"이라 한다)의 장이 차단구조의 성능을 확인하여 인정한 바닥구조를 말한다.

2. "인정기관"이란 공동주택 바닥충격음 차단구조의 성능인정을 위하여 신청된 바닥구조가 「주택건설기준 등에 관한 규정」(이하 "주택건설기준"이라 한다) 제14조의2제2호, 제60조의3에 따른 바닥충격음 차단성능기준에 적합한지 여부와 별표 1의 바닥충격음 차단성능의 등급기준에 의한 등급을 시험하여 인정하는 기관을 말한다.

3. "바닥충격음 성능검사기관"이란 바닥충격음 차단구조의 성능을 사용검사를 받기 전에 제30조제2항에 따른 성능검사기준에 적합한지 여부를 검사하는 기관(이하 "성능검사기관"이라 한다)을 말한다.

4. "경량충격음레벨"이란 KS F ISO 717-2에서 규정하고 있는 평가방법 중 "가중 표준화 바닥충격음레벨"을 말한다.

5. "중량충격음레벨"이란 KS F ISO 717-2에서 규정하고 있는 평가방법 중 "A-가중 최대 바닥충격음레벨"을 말한다.

6. "가중 바닥충격음레벨 감쇠량"이라 함은 KS F 2865에서 규정하고 있는 방법으로 측정한 바닥마감재 및 바닥 완충구조의 바닥충격음 감쇠량을 KS F 2863-1의 '6. 바닥충격음 감쇠량 평가방법'에 따라 평가한 값을 말한다.

7. "바닥마감재"란 온돌층 상부표면에 최종 마감되는 재료(발포비닐계 장판지·목재 마루 등)를 말한다.

8. "완충재"란 충격음을 흡수하기 위하여 바닥구조체 위에 설치하는 재료를 말한다.

9. "음원실"이란 경량 및 중량충격원을 바닥에 타격하여 충격음이 발생하는 공간을 말한다.

10. ″수음실″이란 음원실에서 발생한 충격음을 마이크로폰을 이용하여 측정하는 음원실 바로 아래의 공간을 말한다.

11. ″성능인정 신청자″란 바닥충격음 차단구조의 성능등급을 인정받기 위하여 신청하는 자를 말한다.

11의2. ″성능검사 신청자″란 바닥충격음 차단구조의 성능검사를 받기 위하여 신청하는 자로 법 제41조의2에 따른 사업주체를 말한다.

12. ″벽식구조″란 수직하중과 횡력을 전단벽이 부담하는 구조를 말한다.

13. ″무량판구조″란 보가 없이 기둥과 슬래브만으로 중력하중을 저항하는 구조방식을 말한다.

14. ″혼합구조″란 벽식구조에서 벽체의 일부분을 기둥으로 바꾸거나 부분적으로 보를 활용하는 구조를 말한다.

15. ″라멘구조″란 이중골조방식과 모멘트골조방식으로 구분할 수 있으며, ″이중골조방식″이란 횡력의 25퍼센트 이상을 부담하는 모멘트 연성골조가 전단벽이나 가새골조와 조합되어 있는 골조방식을 말하고, ″모멘트골조방식″이란 보와 기둥으로 구성한 라멘골조가 수직하중과 횡력을 부담하는 방식을 말한다. 이 경우 라멘구조는 제6호의 ″가중 바닥충격음레벨 감쇠량″이 13소음저감 성능 이상인 바닥마감재나 제33조제1항 각 호의 성능을 만족하는 20밀리미터 이상의 완충재를 포함하여야 한다.

16. ″공인시험기관″라 함은 「건설기술진흥법」 제26조에 따라 품질검사를 대행하는 건설엔지니어링사업자로 등록한 기관 또는 「국가표준기본법」 제23조에 따라 한국인정기구로부터 해당 시험항목에 대하여 공인시험기관으로 인정받은 기관을 말한다.

**제3조(적용범위)** 「주택법(이하 ″법″이라 한다)」 제15조에 따라 주택건설사업계획승인신청 대상인 공동주택(주택과 주택외의 시설을 동일건축물로 건축하는 건축물 중 주택을 포함하되, 부대시설 및 복리시설을 제외한다. 다만, 부대시설 및 복리시설 직하층이 주택인 경우에는 포함한다)과 법 제66조제1항의 리모델링(추가로 증가하는 세대만 적용)에 대하여 적용한다.

## 제2장 바닥충격음 차단구조 성능등급 인정기준 및 절차

**제4조(성능인정기준)** ① 바닥충격음 차단성능의 등급별 성능기준은 별표 1에 의한다. 라멘구조의 경우에는 4등급(라멘구조)으로 표기하고, 제2항에 따른 성능인정을 받은 경우에는 그에 따른 등급을 표기한다.

② 이 기준에 따라 주택에 적용되는 바닥구조 중 벽식구조, 무량판구조, 혼합구조는 인정기관으로부터 성능확인을 위한 인정(이하 ″성능인정″이라 한다)을 받아야 한다. 라멘구조는 슬래브

두께가 160밀리미터 이상인 경우에는 성능인정을 거쳐 별표 1에 따른 성능등급을 받을 수 있다.

③ 제2항에 따라 성능인정을 받은 바닥충격음 차단구조는 평형에 관계없이 동일 구조형식의 바닥구조에 적용할 수 있으며, 벽식구조로 성능인정을 받은 경우에는 무량판구조 및 혼합구조 형식에도 적용할 수 있다. 이 경우 슬래브 두께와 형상, 슬래브 상부에 구성되는 온돌층의 단면구성은 인정구조와 동일하여야 한다.

④ 바닥충격음 차단구조는 슬래브를 포함한 상부 구성체를 말하며, 바닥마감재는 제외한다. 다만, 성능인정 신청자가 바닥마감재를 포함하여 바닥충격음 차단구조를 신청한 경우에는 바닥마감재를 포함한다.

⑤ 성능인정을 받은 바닥충격음 차단구조 중 인정받은 당시의 바닥마감재와 다른 재료를 사용하고자 하는 경우에는 그 마감재가 성능인정을 받은 당시의 마감재 보다 가중바닥충격음레벨 감쇠량이 동등이상의 재료임을 공인시험기관으로부터 확인을 받아야 한다.

**제5조(인정기관의 지정기준)** 주택건설기준 제60조의2에 따라 인정기관으로 지정을 받고자 하는 자는 주택건설기준에서 정한 기준과 다음 각 호의 요건을 갖추어야 한다.

1. 법인으로서 바닥충격음 차단구조 성능등급 인정업무를 수행할 조직을 갖출 것

2. 공정하고 신속하게 인정업무를 수행할 수 있는 체계를 갖출 것

3. 설계·공사감리·건설·부동산업, 건축자재의 제조·공급업 및 유통업 등을 영위하는 업체에 해당하지 아니할 것. 다만, 국토교통부장관이 인정하는 경우에는 그러하지 아니하다.

4. 바닥충격음 차단구조 성능인정과 관련한 연구실적 및 유사업무 수행실적 등 인정업무를 수행할 능력을 갖추고 있을 것

**제6조(인정기관의 지정 등)** ① 국토교통부장관은 인정기관 신청을 받은 경우 주택건설기준 및 이 기준에 따라 적정성을 검토한 후 인정기관으로 지정하거나 신청서를 반려하여야 한다.

② 인정기관의 장은 기관의 명칭 및 주소 등이 변경된 때에는 변경된 날로부터 14일 이내에 이를 증명할 수 있는 서류를 첨부하여 국토교통부장관에게 신고하여야 한다.

③ 국토교통부장관이 제1항 및 제2항에 따라 인정기관을 지정하거나 인정기관의 명칭 또는 주소변경 신고를 받으면 인정기관의 명칭 및 주소를 관보에 게재하여야 한다.

**제7조(인정기관의 업무범위)** ① 인정기관의 장은 다음 각 호에서 정한 업무를 수행한다.

1. 신청서의 접수·등록·인정서 발급 등 성능인정을 위한 절차이행

2. 인정을 받고자 하는 바닥구조의 확인

3. 인정 또는 인정 취소를 위한 자문위원회의 구성 및 운영

4. 인정결과(인정취소 포함)의 관계기관 통보 및 공고

5. 인정을 한 구조의 취소 및 시공실적 등 관리

6. 인정업무에 대한 세부운영지침의 작성

7. 국토교통부장관에게 분기별 인정현황 보고

② 국토교통부장관은 소속공무원으로 하여금 제1항에서 정한 인정기관의 업무와 관계되는 서류 등을 검사하게 할 수 있다

**제8조(인정신청)** ① 성능인정 신청자가 바닥충격음 차단구조에 대한 성능인정을 받으려면 별지 제1호서식의 "바닥충격음 차단구조 인정신청서"에 별표 2에서 정한 도서를 첨부하여 인정기관의 장에게 신청하여야 한다. 이 경우 성능인정 신청자는 신청구조의 주요구성 제품을 생산하는 시설을 갖추고 직접 생산할 수 있거나 다른 생산업체를 통한 품질관리를 할 수 있어야 한다. 또한 성능인정 신청자는 직접 생산하지 않는 구성제품에 대해서는 제20조제1항제1호부터 제3호까지에서 규정한 사항에 대한 품질관리가 가능하여야 한다.

② 인정기관이 자체 또는 공동 개발한 바닥충격음 차단구조에 대해서는 해당 인정기관에 성능인정을 신청할 수 없다.

③ 제21조제2항제2호 및 제4호에 따라 인정신청이 반려되거나 제24조에 따라 취소된 경우, 반려되거나 취소된 날부터 90일 이내에는 동일공장에서 생산된 제품(콘크리트 제품은 제외)으로 바닥충격음 차단구조의 인정신청을 할 수 없다.

④ 인정 및 취소된 바닥충격음 차단구조와 동일한 구조명으로 성능인정 신청을 할 수 없다.

**제9조(인정절차 및 처리기간)** ① 인정기관의 장은 제8조에 따라 신청된 바닥충격음 차단구조에 대해서는 별표 3의 인정절차에 따라 별표 4에서 정한 기간 내에 처리하여야 한다.

② 인정기관의 장은 바닥충격음 차단구조 인정업무를 수행함에 있어 재시험의 실시 등의 사유로 처리기간의 연장이 불가피한 때에는 1회에 한하여 15일 이내의 범위를 정하여 연장할 수 있으며, 이 경우 성능인정 신청자에게 그 사유를 통보하여야 한다. 다만, 시료의 제작 등 시험에 추가로 소요되는 기간은 동 기간에 포함하지 아니한다.

**제10조(시료채취 및 인정대상구조 제작)** ① 인정기관의 장은 제8조에 따라 신청된 구조의 바

닥충격음 차단성능 시험에 필요한 시료 또는 시험편을 「산업표준화법」에 따른 한국산업표준이 정하는 바에 따라 채취하거나, 인정기관의 장이 정하는 기준에 따라 채취하고 인정신청 시 첨부된 도서 및 다음 각 호의 사항을 확인하여야 한다.

1. 원재료 품질규격 및 시료의 구성방법 등

2. 제조공정 및 제품의 품질규격 등

3. 구조의 상세도면과의 동일여부 등

② 인정기관의 장은 신청 당시에 제출한 구조 및 시공방법과 동일하게 시료를 제작하게 하고, 구성재료에 대한 시료를 채취하여 직접 시험하거나 공인시험기관을 통해 품질시험을 실시하여야 한다.

**제11조(시료의 관리)** 인정기관의 장은 신청된 바닥구조에 대한 시험체를 제작하기 전에 제작방법을 검토하여 시험체 제작 및 시험에 관한 일정과 제작과정을 기록하고 이를 유지·관리하여야 한다.

**제12조(인정을 위한 시험조건 및 규모)** ① 인정대상 바닥충격음 차단구조에 대한 바닥충격음 차단성능 시험은 공동주택 시공현장 또는 표준시험실에서 실시할 수 있다. 표준시험실의 형태 등 세부사항은 제25조의 세부운영지침에 따라 인정기관의 장이 정한다.

② 제1항에 따른 바닥충격음 차단성능은 다음 각 호의 조건을 갖춘 곳에서 실시하여야 한다.

1. 측정대상 음원실(音源室)과 수음실(受音室)의 바닥면적은 20제곱미터 미만과 20제곱미터 이상 각각 2곳으로 한다.

2. 측정대상공간의 장단변비는 1:1.5 이하의 범위로 한다.

3. 측정대상공간의 반자높이는 2.1미터 이상으로 한다.

4. 수음실 상부 천장은 슬래브 하단부터 150밀리미터 이상 200밀리미터 이내의 공기층을 두고 반자는 석고보드 9.5밀리미터를 설치하거나 공동주택 시공현장의 천장구성을 적용할 수 있다.

③ 제1항에 따른 바닥충격음 차단구조의 인정을 위한 성능시험은 바닥면적이나 평면형태가 다른 2개 세대를 대상으로 다음 각 호의 어느 하나에 따라 실시하여야 한다.

1. 현장에서 시험을 실시할 경우에는 2개동에서 각각 1개 세대 전체에 신청한 구조를 시공하고 시공된 시료를 대상으로 각 세대 1개 이상의 공간에서 시험을 실시하여야 한다. 다만, 대상 건축물이 1개동만 있는 경우 2개 세대 전체에 신청한 구조를 시공하여야 한다.

2. 표준시험실에서 실시할 경우에는 2개 세대 전체에 신청된 바닥충격음 차단구조를 시공하고 시공된 시료를 대상으로 각 세대 1개 이상의 공간에서 시험을 실시하여야 한다.

3. 제1호 및 제2호의 방법으로 성능인정이 불가능한 새로운 구조형식이나 슬래브 형상에 대해서는 제2항 및 제3항제2호에 적합한 시험실을 구축하여 성능인정을 할 수 있으며, 시험실 구축방법 등은 인정기관의 장과 협의하여야 한다.

④ 인정기관의 장은 제1항의 규정에 적합한 외부기관의 시험실을 인정평가에 활용할 수 있다.

⑤ 인정기관의 장은 제8조에 따라 신청된 바닥충격음 차단 성능시험을 기술표준원이 KS F ISO 16283-2의 시험항목에 대한 공인시험기관으로 인정한 시험기관(성능인정 신청자와 동일한 계열에 속한 시험기관은 제외한다)에 의뢰할 수 있다.

⑥ 제5항에 따라 시험을 의뢰받은 시험기관의 장은 시험을 위하여 운반된 시료 또는 시험편이 제10조에 따른 것임을 확인하고 제8조에 따른 성능인정 신청자로 하여금 신청 시 제출한 구조 및 시공방법과 동일하게 시험체를 제작하게 하여 신청자와 함께 시험체를 확인한 후 이 고시에서 정한 시험방법에 따라 시험을 실시하여야 한다. 이 경우 인정기관의 직원이 시험에 입회하여야 한다.

⑦ 제6항에 따라 시험을 실시하는 시험기관의 장은 시료확인 및 시험체를 제작하는 과정을 감독하여야 한다. 이 경우 신청내용과 상이하게 생산 또는 제작되거나 부정한 행위를 확인하는 즉시 인정기관의 장에게 보고하여야 하며, 시험체 제작 및 시험에 관한 일정과 제작과정을 기록하고 제작된 시험체를 유지·관리한 후에 품질시험 결과를 인정기관의 장에게 제출하여야 한다.

⑧ 시료채취 후에는 신청구조를 변경할 수 없다.

⑨ 성능인정 신청자는 시험체와 신청된 구조와의 동일여부 확인을 위해 바닥충격음 차단성능 측정 후 시험체를 해체하여야 하며, 이 경우 인정기관의 장은 마감모르타르의 두께 등 시험체와 인정신청 구조의 일치여부를 확인하여야 한다.

**제13조(인정심사 및 자문위원회의 구성)** ① 인정기관의 장은 제8조에 따라 신청된 바닥구조에 대해서는 다음 각 호의 사항을 심사한 후 인정 여부를 결정하여야 한다.

1. 신청 구조의 시험조건 및 결과의 적정성(현장과 동일조건의 시험여부 등)

2. 신청 구조의 품질관리상태 등

3. 신청구조의 구조설명서, 시방서, 재료의 품질규격 및 현장 품질관리의 적정성 등

② 인정기관의 장은 건축음향·건축재료 및 시공 등에 대한 관계 전문가, 시민단체, 공무원 등 15인 이상으로 구성된 자문위원회를 둘 수 있다.

**제14조(인정의 통보 등)** ① 인정기관의 장은 제8조에 따라 신청된 바닥충격음 차단구조의 성능을 인정할 경우에는 성능인정 신청자에게 별지 제2호서식의 바닥충격음 차단구조 성능인정서를 발급하여야 한다.

② 인정기관의 장은 성능이 인정된 바닥충격음 차단구조에 대한 성능인정서 및 인정내용(바닥구조의 구조방식, 단면상세도, 시공방법 등)을 국토교통부 또는 인정기관의 정보통신망을 이용하여 1회 이상 게재하는 방법으로 공고하여야 하며, 시·도지사 및 대한건축사협회·한국주택협회·대한주택건설협회 등 관련단체의 장에게 공고한 내용을 통보하여야 한다.

③ 인정기관의 장은 바닥충격음 차단구조의 성능을 인정한 경우에는 인정내용을 기록·관리하여야 한다.

**제15조(인정의 표시)** ① 제14조에 따라 바닥충격음 차단구조로 인정을 받은 자는 완충재나 주요 구성품의 각 제품 또는 그 포장에 바닥충격음 차단구조명 및 구성품을 나타내는 별표 5의 표시를 하여야 한다.

② 제1항에 따른 인정표시는 인정받지 않은 제품 또는 포장에 동일하거나 유사한 표시를 하여서는 아니 된다.

**제16조(바닥충격음 차단구조의 인정 유효기간 및 유효기간의 연장)** ① 바닥충격음 차단구조의 성능인정 유효기간은 제14조제2항에 따른 성능인정 공고일부터 5년으로 한다.

② 제14조에 따라 바닥충격음 차단구조의 성능을 인정받은 자(이하 "인정을 받은 자"라 한다)가 유효기간을 연장하려면 인정유효기간이 만료되기 전 6개월 이내에 인정받은 인정기관의 장에게 신청하여야 한다. 다만, 공장 이전 등의 경우에는 6개월 이전이라도 변동사항과 함께 유효기간 연장을 신청할 수 있다.

③ 인정기관의 장은 제2항에 따라 유효기간 연장 신청을 받은 경우 제19조제4항에 따라 실시한 공장품질관리 확인점검 시 확인한 시험결과가 인정받은 내용대로 성능이 유지되고 있다고 확인한 때에는 유효기간을 3년간 연장할 수 있다.

④ 제3항에 따라 공장품질상태를 확인한 결과 성능인정이 유지되지 아니하는 경우에는 인정기관의 장이 제14조에 따른 인정의 효력을 공장품질관리 확인점검을 통해 성능이 유지된다고 확인될 때까지 정지할 수 있다.

⑤ 제3항에 따라 유효기간이 연장되거나 제4항에 따라 인정의 효력이 정지된 경우에는 인

정기관의 장이 그 사실을 제14조제2항과 같은 방법으로 공고 및 통보하여야 한다.

**제17조(인정내용변경)** 인정을 받은 자는 다음 각 호의 변경이 발생한 경우에는 변경내용을 상세히 작성한 도서를 첨부하여 인정기관의 장에게 인정변경 신청을 하고 확인을 받아야 한다. 다만, 인정변경신청은 변경사유가 발생한 날로부터 30일 이내에 하여야 하며, 인정 바닥구조의 변경 등 바닥충격음 차단성능에 영향을 미치는 사항은 변경할 수 없다.

1. 상호 또는 대표자의 변경

2. 공장의 이전 또는 주요시설의 변경

3. 바닥충격음 차단성능에 영향을 미치지 않는 경미한 세부인정 내용의 변경

4. 제19조에 따른 품질관리 상태 확인점검 결과 인정기관의 장이 인정내용 변경을 요청한 경우

**제18조(인정 바닥구조의 시공실적 요구)** ① 인정기관의 장은 제14조에 따라 인정받은 자에게 인정 바닥구조의 시공실적을 요구할 수 있으며, 요구받은 자는 요구된 실적을 즉시 제출하여야 한다.

② 인정을 받은 자는 인정 바닥구조의 시공실적을 매년 1월말까지 인정기관의 장에게 제출하여야 한다.

**제19조(품질관리 상태 확인점검)** ① 인정기관의 장은 제14조에 따라 인정받은 바닥충격음 차단구조의 품질관리 상태를 점검할 수 있다.

② 인정기관의 장은 다음 각 호의 어느 하나에 해당하는 경우 공사현장에 대한 품질관리 상태를 점검하여야 한다. 이 경우 국토교통부장관은 인정기관의 장에게 소속공무원이 점검에 참여할 수 있도록 요청할 수 있다.

1. 바닥충격음 차단성능에 영향을 미칠 수 있는 재료의 품질변화가 우려되는 경우

2. 인정받은 내용과 동일한 구조로 시공되었는지 여부에 대한 확인이 필요한 경우

3. 국토교통부장관 또는 시·도지사로부터 점검요청이 있는 경우

③ 인정기관의 장은 제2항에 따라 공사현장을 점검한 경우에는 그 결과를 사업계획승인권자 및 감리자에게 통보하여야 한다.

④ 인정기관의 장은 매년 2회 이상 인정제품에 대한 공장품질관리 확인점검을 실시(공장품질관리 실시 전 1년 이내에 인정기관으로부터 공장품질관리상태 확인 결과 지적이 없는 경우에는 이를 면제할 수 있다) 하여야 한다. 다만, 현장시공실적이 없는 경우에는 공장품질관리

점검에서 제외하되 제외기간은 3년으로 한다.

⑤ 매년 실시하는 공장품질관리는 인정기관들이 합동으로 수행할 수 있다.

⑥ 인정기관의 장은 공장품질관리 확인점검 실시에 대한 세부절차 및 「주택건설기준 등에 관한 규칙」 제12조의4에 따른 바닥충격음 성능등급 인정제품의 품질관리기준에 대한 확인점검 항목 등을 정하여 제25조의 세부운영지침에 포함하여야 하며, 확인내용을 기록·유지하여야 한다.

**제20조(바닥충격음 차단구조의 인정을 받은 자의 자체품질관리)** ① 인정을 받은 자는 다음 각 호에 따라 바닥충격음 차단구조의 생산·제조를 위한 자체 품질관리를 실시하고, 그 결과를 기록·보존하여야 한다.

1. 구성재료·원재료 등의 검사

2. 제조공정에 있어서의 중간검사 및 공정관리

3. 제품검사 및 제조설비의 유지관리

4. 제품생산, 판매실적 및 제품을 판매한 시공현장 등에 대한 상세내역 등

② 인정을 받은 자는 시공자 및 감리자에게 인정받은 바닥충격음 차단구조의 내용과 현장시공방법 및 검사방법 등을 제출하여 적정한 시공과 현장품질관리가 이루어질 수 있도록 하여야 하며, 이를 기록·보존하여야 한다.

③ 인정기관의 장은 제1항 및 제2항의 기록·보존내용의 제출을 인정을 받은 자에게 요구할 수 있으며, 요구 받은 자는 이를 즉시 제출하여야 한다.

**제21조(신청의 보완 또는 반려)** ① 인정기관의 장은 다음 각 호의 어느 하나에 해당되는 경우에는 성능인정 신청자에게 보완을 요청하여야 한다.

1. 제8조에 따라 성능인정 신청자가 첨부하여야 할 도서의 내용이 미흡하거나, 사실과 상이한 문서를 제출한 경우

2. 제13조제1항에 따라 성능인정 신청자의 품질관리확인 결과 신청내용과 상이한 품질관리를 하고 있는 것을 확인한 경우

② 인정기관의 장은 다음 각 호에 해당되는 경우에는 신청을 반려하여야 하며, 이를 성능인정 신청자에게 통보하여야 한다.

1. 성능인정 신청자가 바닥충격음 차단구조의 인정신청을 반려 요청하는 경우

2. 성능인정 신청자가 제1항의 보완요청을 30일 이내에 이행하지 않은 경우

3. 제25조에 따른 수수료를 통보일로부터 30일 이내에 납부하지 않은 경우

4. 제12조의 시험결과 바닥충격음 차단성능이 확보되지 않은 경우

5. 제12조제9항에 따른 바닥구조 철거 상태 확인 결과 마감모르타르 두께 등이 인정신청내용과 다른 경우

6. 제10조제2항에 따른 시험결과 및 별표2 제1호에 따른 공동주택 바닥충격음 차단구조 설계도서 기재내용이 현재 유효한 인정제품의 인정신청 당시 시험결과 및 설계도서 기재내용과 동일한 경우

③ 제2항에도 불구하고 인정기관의 장은 제6호의 동일성 여부에 대한 판단이 어려운 경우 제13조에 따른 자문위원회에 심사를 요청할 수 있다.

**제22조(개선요청)** 인정기관의 장은 다음 각 호의 어느 하나에 해당되는 경우에는 제14조에 따라 인정을 받은 자에게 개선요청을 할 수 있으며, 개선요청을 받은 자는 30일 이내에 개선요청사항을 이행하고 그 사실을 인정기관의 장에게 보고하여야 한다.

1. 제17조에 따른 인정변경 등에 대한 확인신청을 하지 않은 경우

2. 제18조에 따른 바닥충격음 차단구조의 시공실적을 제출하지 않는 경우

3. 제19조에 따른 품질관리상태 확인결과, 품질개선이 필요하다고 인정되는 경우

**제23조** 삭제

**제24조(인정의 취소)** ① 인정기관의 장은 법 제41조제2항에 따라 인정을 취소한 경우에는 제14조제2항에 따른 공고 및 통보를 하여야 하며, 인정이 취소된 바닥충격음 차단구조는 취소된 날로부터 바닥충격음 차단구조로의 판매 및 시공을 할 수 없다.

② 삭제

**제25조(세부운영지침)** ① 인정기관의 장은 바닥충격음 차단구조의 인정업무와 관련한 처리기간・절차・기준・구비서류・수수료 등에 대한 세부운영지침을 작성하여야 한다.

② 제1항에 따른 세부운영지침을 작성하거나 변경하는 경우에는 국토교통부장관의 승인을 얻어야 한다.

## 제3장 바닥충격음 차단성능 측정 및 평가방법

**제26조(측정방법)** ① 바닥충격음 차단성능의 측정은 KS F ISO 16283-2에서 규정하고 있는

방법에 따라 실시하되, 경량충격음레벨 및 중량충격음레벨을 측정한다.

② 수음실에 설치하는 마이크로폰의 높이는 바닥으로부터 1.2미터로 하며, 측정대상공간의 중앙지점 1개소와 벽면 등으로부터 0.75미터(수음실의 바닥면적이 14제곱미터 미만인 경우에는 0.5미터) 떨어진 지점 4개소로 한다.

③ 제2항에 따른 마이크로폰 5개소에서 성능측정은 동시에 진행되어야 한다.

④ 음원실의 충격원 충격위치는 제2항에 다른 마이크로폰의 설치 위치와 동일해야 한다.

**제27조(측정결과의 평가방법)** ① 바닥충격음 측정결과는 KS F ISO 717-2에서 규정하고 있는 평가방법 중 경량충격음은 '가중 표준화 바닥충격음레벨'로 평가하고, 중량충격음은 'A-가중 최대 바닥충격음레벨'로 평가한다.

② 인정기관의 장은 제12조제3항에 따라 바닥면적이나 평면형태가 다른 2개 세대를 대상으로 한 성능인정 시험 결과 각각 성능이 다르게 평가된 경우에는 충격음레벨이 높게 평가된 측정결과로 평가하여야 한다.

③ 인정기관의 장은 바닥충격음 차단구조의 성능인정을 시험실에서 실시한 경우에는 현장에서 측정한 결과와 차이를 두어서 성능등급을 확인할 수 있다. 이 경우 인정기관의 장은 시험실에서 실시한 결과에 차이를 두어 성능등급을 확인하고자 할 경우에는 제25조의 세부운영지침에 포함하여야 한다.

④ 삭제

**제28조(성능검사 대상 및 측정 세대의 선정방법 등)** ① 이 기준에 따른 성능검사 대상은 벽식구조, 무량판구조, 혼합구조, 라멘구조 등 주택에 적용된 바닥구조를 말한다.

② 「주택건설기준 등에 관한 규정」 제60조의9제5항에 따른 성능검사 대상 세대 수의 산정 비율은 평면유형, 면적이나 층수 등을 고려하여 사업계획승인 단지의 평면유형별 세대수의 2퍼센트 이상을 선정하며, 소수점 이하에서 올림한다.

**제29조(측정대상 공간 선정방법)** 바닥충격음 차단성능의 확인이 필요한 단위세대 내 성능검사 대상공간은 거실로 한다. 단, 거실과 침실의 구분이 명확하지 않은 공동주택의 경우에는 가장 넓은 공간을 측정대상공간으로 한다.

**제30조(측정결과의 평가)** ① 측정결과는 산술평균값으로 하며 측정결과의 판단기준은 별표 1에 따른 바닥충격음 차단성능의 등급기준으로 한다.

② 제1항에도 불구하고 성능검사기준은 주택건설기준 제14조의2제1항제2호를 따른다.

## 제4장 바닥충격음 차단구조 성능검사 기준 및 절차

**제31조(성능검사기관의 지정 등)** 성능검사기관의 지정 신청 및 적정성 검토 등에 관하여는 제6조를 준용한다. 이 경우 '인정기관'을 '성능검사기관'으로 본다.

**제32조(성능검사기관의 업무범위)** ① 성능검사기관의 장은 다음 각 호에서 정한 업무를 수행한다.

1. 법 제41조의2제2항에 따른 성능검사를 위한 공인시험기관의 선정 및 관리 · 감독
2. 성능검사 신청서의 접수 및 결과통보 등 성능검사를 위한 절차 이행
3. 성능검사 대상 세대 선정 및 검사
4. 성능검사 결과 통보
5. 성능검사 결과의 데이터 관리 및 분석 등을 위한 정보망 운영
6. 성능검사업무에 대한 세부운영지침의 작성
7. 국토교통부장관에게 분기별 성능검사 현황 보고

② 국토교통부장관은 소속공무원으로 하여금 제1항에서 정한 성능검사기관의 업무와 관계되는 서류 등을 검사하게 할 수 있다.

**제33조(성능검사 신청)** ① 성능검사 신청자가 바닥충격음 성능검사를 받으려면 별지 제5호서식의 "바닥충격음 성능검사 신청서"에 별표 6에서 정한 도서를 첨부하여 성능검사기관의 장에게 신청하여야 한다.

② 성능검사기관의 장은 제1항에 따라 신청한 도서가 미흡한 경우 성능검사 신청자에게 보완을 요청하여야 한다.

③ 성능검사기관의 장은 성능검사 대상 세대에서 성능검사가 불가능하다고 판단되는 경우 성능검사 신청을 반려할 수 있다.

**제34조(성능검사 절차 및 처리기간)** 성능검사기관의 장은 신청된 바닥충격음 차단성능 검사에 대해서는 별표 7의 성능검사 절차에 따라 별표 8에서 정한 기간 내에 처리하여야 한다.

**제35조(성능검사 결과의 통보 등)** ① 성능검사기관의 장은 주택건설기준 제60조의9제3항에 따른 성능검사 결과를 통보할 경우에는 별지 제6호서식에 따른 "바닥충격음 성능검사 결과서"를 발급하여야 한다.

② 성능검사기관의 장은 성능검사 결과를 기록 · 관리하여야 한다.

**제36조(성능검사 세부운영지침)** ① 성능검사기관의 장은 성능검사 업무와 관련한 처리기간·절차·구비서류·수수료 등에 대한 세부운영지침을 작성하여야 한다.

② 제1항에 따른 세부운영지침을 작성하거나 변경하는 경우에는 국토교통부장관의 승인을 얻어야 한다.

## 제5장 완충재의 성능기준

**제37조(품질 및 시공방법)** ① 콘크리트 바닥판의 품질 및 시공방법은 건축공사표준시방서의 콘크리트공사 시방에 따른다.

② 완충재는 건축물의 에너지절약 설계기준 제2조에 따른 단열기준에 적합하여야 한다.

③ 바닥에 설치하는 완충재는 완충재 사이에 틈새가 발생하지 않도록 밀착시공하고, 접합부위는 접합테이프 등으로 마감하여야 하며, 벽에 설치하는 측면 완충재는 마감모르터가 벽에 직접 닿지 아니하도록 하여야 한다.

④ 인정을 받은 자는 현장에 반입되는 완충재 등 바닥충격음을 줄이기 위해 사용한 주요 구성품에 대해서는 감리자 입회하에 샘플을 채취한 후 인정기관이나 공인시험기관에서 시험을 실시하고 그 결과를 시공전까지 감리자에게 제출하여야 하며, 감리자는 성능기준과 인정서에서 인정범위로 정한 기본 물성의 적합함을 확인한 후 시공하여야 한다.

⑤ 감리자는 바닥구조의 시공 완료 후 별지 제4호서식에 따른 바닥구조 시공확인서를 사업주체에게 제출하여야 하며, 사업주체는 감리자가 제출한 바닥구조 시공확인서를 사용검사 신청 시 제출하여야 한다.

**제38조(완충재 등의 성능평가기준 및 시험방법)** ① 바닥충격음 차단구조에 사용하는 완충재는 다음 각 호의 시험방법을 따라야 한다.

1. 밀도는 KS M ISO 845에서 정하고 있는 시험방법에 따라 측정하여야 하며, 시험결과에는 완충재의 구성상태나 형상에 대한 설명이 포함되어야 한다.

2. 동탄성계수와 손실계수는 KS F 2868에서 정하고 있는 시험방법에 따라 측정하며, 하중판을 거치한 상태에서 48시간 이후에 측정한다.

3. 흡수량은 KS M ISO 4898에서 정하고 있는 시험방법을 따른다.

4. 가열 후 치수안정성은 KS M ISO 4898에서 정하고 있는 시험방법(70℃, 48시간 동안 KS F 2868에서 사용하는 하중판을 완충재 상부에 거치한 상태에서 가열)에 따라 측정한 값이 5퍼센트 이하이어야 한다.

5. KS M ISO 4898에서 정하고 있는 치수안정성 시험방법(70℃, 48시간 동안 KS F 2868에서 사용하는 하중판을 완충재 상부에 거치한 상태에서 가열)에 따라 가열하고 난 후 완충재의 동탄성계수는 가열하기 전 완충재의 동탄성계수보다 20퍼센트를 초과하여서는 아니 된다.

6. 잔류변형량은 KS F 2873에서 정하고 있는 시험방법에 따라 측정한 값이 시료초기 두께(dL)가 30밀리미터 미만은 2밀리미터 이하, 30밀리미터 이상은 3밀리미터 이하가 되어야 한다.

② 바닥충격음 차단구조로 사용하는 제1항의 완충재나 완충재 이외의 구성제품의 품질관리를 위해 필요한 성능에 대해서는 제25조의 세부운영지침에서 따로 정한다. 다만, 인정기관의 장이 이 기준에 적합하다고 인정한 경우에는 시험을 생략할 수 있다.

[별표 1] **바닥충격음 차단성능의 등급기준**(제4조관련)

가. 경량충격음 (단위: dB)

| 등급 | 가중 표준화 바닥충격음레벨 |
|---|---|
| 1급 | $L'_{nT,W} \le 37$ |
| 2급 | $37 < L'_{nT,W} \le 41$ |
| 3급 | $41 < L'_{nT,W} \le 45$ |
| 4급 | $45 < L'_{nT,W} \le 49$ |

나. 중량충격음 (단위: dB)

| 등급 | A-가중 최대 바닥충격음레벨 |
|---|---|
| 1급 | $L'_{iA,Fmax} \le 37$ |
| 2급 | $37 < L'_{iA,Fmax} \le 41$ |
| 3급 | $41 < L'_{iA,Fmax} \le 45$ |
| 4급 | $45 < L'_{iA,Fmax} \le 49$ |

[별표 2] 인정신청시 첨부도서(제8조 관련)

| 신청도서 | 기재사항 |
|---|---|
| 1. 공동주택 바닥충격음 차단구조 설계도서 | o 구조설명도(구조방식, 슬래브두께, 온돌층의 구성재료 및 두께, 천장의 구조재료 및 두께, 바닥마감 재료명등)<br>o 제품 및 재료설명서(제품 및 구성 재료의 품질관리항목 및 품질기준)<br>o 제품의 원재료 및 제품의 구성<br>o 공정 및 제품관리에 관한 사항<br>o 시방서(시공방법 등)<br>o 시공관리 및 기타 필요한 사항 |
| 2. 신청자의 사업개요 | o 신청자 연혁<br>o 법인등기부등본, 사업자등록증, 공장등록증 등<br>o 신청자 생산 및 판매실적<br>o 품질관리 조직(인력포함)<br>o 제조·검사설비 리스트 및 관리기준 |
| 3. 품질관리 설명서 | □ 제품 및 재료의 품질기준<br>o 물리적 성능 및 화학적 성능 시험방법<br>o 공인시험기관 등에서 시험한 원재료 시험성적서<br>o 시공 및 현장품질관리에 관한 사항(검사기준 포함)<br>o 자체시험설비<br>□ 사내 규격<br>o 작업표준 및 공정관리 관련 사내규격 |
| 4. 기타자료 | o 제품의 특성을 검토한 설명서(필요시)<br>o 기타 필요한 사항 |
| 5. 시공건축물 개요(신청자가 시공자인 경우에 한함) | o 소재지, 층수 및 연면적, 구조 등 당해 시공 건축물 일반사항 |

[별표 3] 바닥충격음 차단구조 인정절차(제9조 관련)

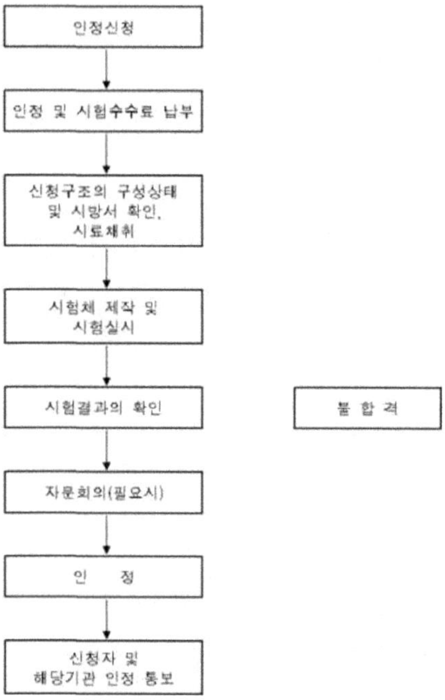


[별표 5] 바닥충격음 차단구조 주요 구성품 표시 (제15조 관련)

| |
|---|
| 인정기관명 |
| 인정제품명 |
| 인정번호 |
| 주요구성품명 |
| 회사명, 전화번호 |
| 공장주소 |

※ 비고 1. 위 표시는 바닥충격음 차단구조의 주요구성품의 제품 또는 포장에 무착 날인 등의 방법으로 한다.

[별표 4] 바닥충격음 차단구조 인정업무 처리기간(제9조 관련)

| 순번 | 업 무 명 | 처리기간 | 처 리 내 용 | 비 고 |
|---|---|---|---|---|
| 1. | 신청자격검토 | 1일 | o 신청자격 및 제한조건 검토 | |
| 2 | 수수료통보 | 3일 | o 수수료납부요청 | |
| 3 | 신청서류 검토 | 3일 | o 바닥충격음 차단구조인정신청 시 첨부도서내용 확인 및 검토<br>1. 설계도서<br>- 구조설명서, 재료설명서<br>- 시방서(시공방법 등) 시공관리<br>2. 신청자의 영업개요<br>3. 품질관리 설명서<br><br>o 자문회의 실시여부 결정 | |
| 4 | 시료채취 | 10일 | ○ 시료채취 계획수립<br>- 시험체 및 시료의 제조 및 품질 관리에 관한 사항<br>○ 시험에 필요한 시료채취 | |
| 5 | 시료제작 및 시험실시 | – | ○ 시료제작 및 시험실시 | 처리기간에 산입되지 않음. |
| 6 | 인정통보 및 수수료 정산 | 8일 | ○ 수수료 정산<br>○ 인정공고<br>- 인정(안) 및 인정세부내용 작성<br>- 인정 공고안 작성<br>- 관련기관 통보<br>- 인정서 교부 | |
| | 계 | 25일 | ※ 1개 구조가 추가될 경우 처리기간은 7일씩 증가 | 자문회의를 실시한 경우 민원기간 10일 추가 |

※ 자문회의를 개최하는 경우 처리기간은 10일 이내로 하며 자문회의의 보완기간은 처리기간에 산입하지 아니한다.

[별표 6]

성능검사 신청 시 첨부도서(제33조 관련)

| 신 청 도 서 | 기 재 사 항 |
|---|---|
| 1. 시공건축물 개요 | o 소재지, 층수 및 연면적, 구조 등 당해 시공 건축물 일반사항<br>o 건축도면(단위세대 평면도, 마감도 등), 구조도면<br>o 공정표 |
| 2. 공동주택 바닥충격음 차단구조 설계도서 | o 구조설명도(구조방식, 슬래브두께, 온돌층의 구성재료 및 두께, 천장의 구조재료 및 두께, 바닥마감 재료명등)<br>o 제품 및 재료설명서(제품 및 구성 재료의 품질관리항목 및 품질기준) |
| 3. 바닥충격음 차단구조 성능인정서 | o 바닥충격음 차단구조 성능인정서<br>o 바닥충격음 차단구조 세부인정내용 |
| 4. 기타자료 | o 사업자등록증<br>o 제품의 특성을 검토한 설명서(필요시)<br>o 기타 필요한 사항 |

[별표 7]

<u>바닥충격음 성능검사 절차</u>(제34조 관련)

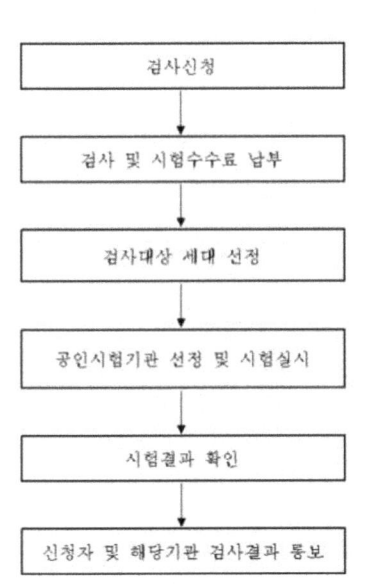

검사신청
↓
검사 및 시험수수료 납부
↓
검사대상 세대 선정
↓
공인시험기관 선정 및 시험실시
↓
시험결과 확인
↓
신청자 및 해당기관 검사결과 통보

[별지 제1호서식]

| 바닥충격음 차단구조 (재)인정신청서 | | | | | 처리 기간<br>일 |
|---|---|---|---|---|---|
| 신청인 | ①기관명 | | | ②사업자등록번호 | |
| 신청인 | ③대표자 | | | ④생년월일 | |
| 신청인 | ⑤법인주소 | | | 전화번호 | |
| 신청인 | | | | FAX번호 | |
| 바닥구조개요 | ⑥구조방식 | | | | |
| 바닥구조개요 | ⑦바닥슬래브 | 종류 | | 두께 | |
| 바닥구조개요 | ⑧온돌층 구조 | | | | |
| 바닥구조개요 | ⑨천장 구조 | | | | |
| 바닥구조개요 | ⑩바닥마감재의 종류 및 두께 | | | | |
| 바닥구조개요 | ⑪완충재 | 적용여부 | | 적용재료 및 두께 | |
| 바닥구조개요 | ⑫인정신청제품명 | | | | |

「공동주택 바닥충격음 차단구조 인정 및 검사기준」 제8조 또는 제16조에 따라 위와 같이 바닥충격음 차단구조의 성능 (재)인정을 받고자 신청합니다.

년 월 일

신청인 (서명 또는 인)

**인정기관의 장 귀하**

| 구비서류: 별표 2의 구비서류 | 수 수 료<br>원 |
|---|---|

210mm×297mm(일반용지60g/㎡(재활용품))

[별표 8]

<u>바닥충격음 성능검사 처리기간</u>(제34조 관련)

| 순번 | 업 무 명 | 처리기간 | 처 리 내 용 | 비 고 |
|---|---|---|---|---|
| 1 | 신청자격검토 | 1일 | ㅇ 신청자격 및 제한조건 검토 | |
| 2 | 수수료통보 | 3일 | ㅇ 수수료납부요청 | |
| 3 | 서류검토 및 성능검사 대상세대 선정 | 3일 | ㅇ 바닥충격음 차단구조 성능검사 신청 시 첨부한 서류 확인 및 검토<br>ㅇ 자문회의 실시여부 결정<br>ㅇ 무작위 추출방식에 의한 성능검사 대상세대 선정 및 검사 계획수립<br>ㅇ 현장 방문 일정 협의[1] | |
| 4 | 현장확인 | 1일 | ㅇ 성능검사 대상세대 현장확인 (음원실, 수음실 등) | |
| 5 | 성능검사 | 1일 | ㅇ 성능검사 실시 | 성능검사 5세대/1일 기준 |
| 6 | 차단성능 평가 및 결과통보 | 6일 | ㅇ 바닥충격음 차단성능 평가<br>ㅇ 평가결과 통보 | |
| | 계 | 15일 | ※ 성능검사 기준(5세대/1일)에 따라 세대 초과 시 처리기간은 1일씩 증가 | |

1) 성능검사 신청자의 요청 및 원인으로 인한 현장 성능검사 처리 지연기간은 처리기간에 산입하지 아니한다.

[별지 제2호서식]

제 호

**바닥충격음 차단구조 성능인정서**

1. 인정제품명 :
2. 인정업체 주소 :
   상호 : 대표자 :
3. 차단성능등급 :
   - 경량충격음 :
   - 중량충격음 :
4. 유효기간 : 년 월 일 까지
5. 바닥충격음 차단구조내용 :

「공동주택 바닥충격음 차단구조 인정 및 검사기준」 제14조에 따라 위와 같이 바닥충격음 차단구조의 성능을 인정합니다.

년 월 일

**인정기관의 장** 직인

210mm×297mm(보존용지(2종)70g/㎡)

[별지 제3호서식]

## 제품생산량, 판매량 및 시험성적서 제출 양식

| 구분 | | | | 제품 생산량 | 제품판매량 | | | 완충재 시험 성적서 (첨부) |
|---|---|---|---|---|---|---|---|---|
| 인정 제품명 | 인정번호 | 인정일 | 충격음별 | | 시공현장 | 구조형식 | 판매량 | |
| | | | | | | | | |
| | | | | | | | | |
| | | | | | | | | |
| | | | | | | | | |
| | | | | | | | | |
| | | | | | | | | |
| | | | | | | | | |
| | | | | | | | | |
| | | | | | | | | |
| | | | | | | | | |
| | | | | | | | | |

[별지 제4호서식]

## 바닥구조 시공 확인서

· 바닥구조 시공 확인서는 사용검사신청서와 함께 제출하며, [ ]에는 해당하는 곳에 √ 표시를 합니다.

| | | | |
|---|---|---|---|
| 사업승인번호 | | 승인일자 | |
| 대지위치 | | 지번 | |
| 인정번호 | 인정제품명 | 바닥구조 공사기간 | - |
| | | 감 리 자 | (서명 또는 인) |

| 구분 | 조사내용 | 조사결과 |
|---|---|---|
| 준비단계 | 슬라브 두께확인 | [ ]적합 [ ]부적합 |
| | 바탕정리 상태 확인 | [ ]적합 [ ]부적합 |
| | 인정서 시공방법 숙지여부 | [ ]적합 [ ]부적합 |
| | 마감기준선 먹줄놓기 높이 확인 | [ ]적합 [ ]부적합 |
| 시공단계 | 공인품질시험기관 완충재 성능시험여부 | [ ]적합 [ ]부적합 |
| | 감리자의 본 시공 전 완충재 시험성적서·인정서 성능 값 비교확인 여부 | [ ]적합 [ ]부적합 |
| | 바닥완충재 시공 상태 | [ ]적합 [ ]부적합 |
| | 측면완충재 시공 상태 | [ ]적합 [ ]부적합 |
| | 기포콘크리트 타설 상태 | [ ]적합 [ ]부적합 |
| | 마감모르타르 압축강도, 물시멘트비 적정성 | [ ]적합 [ ]부적합 |
| | 마감모르타르 타설상태 | [ ]적합 [ ]부적합 |
| | 기타 확인사항 | |

「공동주택 바닥충격음 차단구조 인정 및 검사기준」 제38조에 따라 위와 같이 바닥구조 시공확인서를 제출합니다.

년 월 일

보고인(사업주체) (서명 또는 인)

특별시장·광역시장·특별자치시장·특별자치도지사, 시장·군수·구청장 귀하

210㎜×297㎜[백상지(80g/㎡) 또는 중질지(80g/㎡)]

■ 공동주택 바닥충격음 차단구조 인정 및 검사기준 [별지 제5호서식] <신 설>

## 바닥충격음 성능검사 신청서

| 바닥충격음 성능검사 신청서 | | | | 처리 기간 |
|---|---|---|---|---|
| | | | | 일 |
| 신청인 | ①기관명 | | ②사업자등록번호 | |
| | ③대표자 | | ④생년월일 | |
| | ⑤법인주소 | | 전화번호 | |
| | | | FAX번호 | |
| 성능검사 대상 개요 | ⑥사업명 | | | |
| | ⑦공사기간 | | | |
| | ⑧주소 | | | |
| | ⑨구조방식 | | | |
| | ⑩전체 동 수 | | | |
| | ⑪전체 세대수 | | | |
| | ⑫타입 유형 및 평면 유형별 세대수 | | | |
| | ⑬인정제품명 | | | |

「공동주택 바닥충격음 차단구조 인정 및 검사기준」 제33조에 따라 바닥충격음 성능검사를 받고자 신청합니다.

년 월 일

신청인 (서명 또는 인)

성능검사기관의 장 귀하

| | |
|---|---|
| 구비서류: 별표 6의 구비서류 | 수 수 료 |
| | 원 |

■ 공동주택 바닥충격음 차단구조 인정 및 검사기준 [별지 제6호서식] <신 설>

## 바닥충격음 성능검사 결과서

제 호

### 바닥충격음 성능검사 결과서

1. 대상단지(사업)명 :

2. 신청업체 주소 :

상호 : 대표자 :

3. 바닥충격음 성능검사 결과 :

- 경량충격음 :

- 중량충격음 :

「공동주택 바닥충격음 차단구조 인정 및 검사기준」 제35조에 따라 위와 같이 바닥충격음 차단구조의 성능을 인정합니다.

년 월 일

성능검사기관의 장

# 18. 공동주택 바닥충격음 성능검사 세부운영지침

**제1조(목적)** 이 지침은 「공동주택 바닥충격음 차단구조인정 및 검사기준」 제36조에 따라 공동주택 바닥충격음 성능검사와 관련한 처리기간.절차.기준.구비서류.수수료 등 필요한 사항을 정함을 목적으로한다.

**제2조(적용범위)** 「주택법」(이하 “법”이라 한다) 제41조의2에 따른 바닥충격음 성능검사에 대하여 「주택건설기준 등에 관한 규정」(이하 "규정"이라 한다) 제14조의2, 제60조의9, 제60조의10, 제60조의11 및「공동주택바닥충격음 차단구조인정 및 검사기준」(이하 "기준"이라 한다) 제32조부터 제36조까지에 따라 성능검사 업무를 수행하고 관리하는데 적용한다.

**제3조(성능검사신청 및 접수)** ① 법 제41조의2제5항에 따른 공동주택 바닥충격음 차단구조(이하 “차단구조”라 한다)의 성능을 검사받고자 하는 자(이하 “성능검사 신청자”라 한다)는 기준 제33조에 따라 성능검사기관에 성능검사를 신청하여야 한다.

② 사업주체가 공구별로 분할하여 공동주택을 건설·공급하는 경우(법 제15조제3항에 따라 사업계획을 승인받은 경우)에는 사용검사 예정 공동주택에 대하여 공구별로 성능검사신청을 하여야 한다.

③ 성능검사기관의 장은 별표 1에 따라 신청자격을 확인하여 적정하지 않을 경우는 보완을 요청하여야 한다.

④ 성능검사기관의 장은 기준 제33조제3항에 따라 성능검사 대상 세대에서 성능검사가 불가능하다고 판단되는 경우 성능검사 신청 접수를 취소할 수 있다.

⑤ 성능검사 신청자는 성능검사를 받고자하는 공동주택의 바닥마감, 창호, 천정 등 마감공사가 완료되는 시기를 고려하고, 입주지정기간 시작일 60일전까지 검사가 가능하도록 신청서를 제출하여야 하며, 성능검사일에는 소음이 발생되는 공사를 중단하고 검사에 적극 협조하여야 한다.

⑥ 동일한 사업에 대해 바닥충격음 성능검사를 2회 이상 신청할 수 없다. 단, 바닥충격음 성능검사 결과가 기준에 미달하여 규정 제60조의11에 준한 보완시공을 완료한 경우에는 바닥충격음 성능검사를 재신청할 수 있다.

**제4조(구비서류)** ① 성능검사 신청자는 제3조에 따라 성능검사신청을 할 경우 기준 제33조제1항에 따른 성능검사 신청서에 기준 별표6에 따른 도서 및 동,호수 배치도를 첨부하여 성능검사기관의 장에게 제출하여야 한다.

② 성능검사기관의 장은 제1항의 구비서류를 검토하고 필요한 경우 제출서류의 보완을 요청하여야 하며, 보완서류를 제출받으면 이를 재검토하여야 한다.

**제5조(처리기간)** ① 다음 각 호의 어느 하나에 해당하는 기간은 기준 별표 8에 따른 “바닥충격음 성능검사 처리기간”에 산입하지 아니한다.

1. 천재지변 등 불가피한 사항이 발생하여 성능검사업무 처리가 중단된 기간

2. 수수료 통보일부터 납부일까지에 해당하는 기간

3. 성능검사 신청자의 보류 요청에 따라 업무가 진행되지 않는 기간

② 제1항제3호에 따라 성능검사 신청자가 업무진행의 보류를 요청하는 기간은 15일을 넘지 않아야 하며, 이를 초과하는 경우 성능검사기관의 장은 기준 제33조제3항에 해당하는 것으로 보아 신청을 반려하고 성능검사 신청자에게 그 내용을 통보한다.

③ 기준 별표 8에서 정한 “바닥충격음 성능검사 처리기간”은 「민원 처리에 관한 법률」 제19조제2항을 준용하여 첫날을 산입하되, 공휴일과 토요일은 산입하지 아니한다.

**제6조(수수료)** ① 규정 제60조의10제1항에 따른 성능검사 수수료는 성능검사 측정 수수료와 성능검사기관 수수료로 구성되며 각각 납부하여야 한다.

② 제1항 따른 성능검사 수수료는 「소음·진동 엔지니어링 표준품셈」 공동주택 바닥충격음 차단성능의 측정 및 관리 투입인원수에 한국엔지니어링진흥협회에서 공표한 엔지니어링기술자 노임단가를 적용하여 별표2의 산정기준으로 산출된 수수료로 한다.

③ 성능검사기관의 장은 성능검사 수수료를 측정 세대수별로 산정하여 “바닥충격음 성능검사 정보망”에 공고한다.

④ 성능검사 신청자는 제3항에 따라 산정된 성능검사 수수료를 납부하여야 하며, 수수료가 납부된 경우에 한하여 당해 성능검사 업무를 수행한다.

⑤ 측정기관이 성능측정을 수행하는 경우 제1항에 따른 성능검사 측정 수수료는 성능검사 신청자가 측정기관(측정기관이라 함은 기준 제2조16 및 제12조에 의거 선정된 바닥충격음 성능검사 측정업무를 수행하는 공인시험기관을 말한다)에 직접 납부할 수 있다.

⑥ 성능검사 신청자가 납부한 수수료에 대하여 추가납부 또는 환불이 필요한 경우에는 수수료 정산을 실시한다. 추가납부 사유 발생 시 성능검사기관의 장은 추가납부 사유를 포함하여 성능검사 신청자에게 추가납부를 요구할 수 있고, 환불 등의 사유 발생 시 성능검사 신청자는 성능검사기관의 장에게 환불을 요구할 수 있다.

⑦ 성능검사 신청자는 신청자의 귀책사유으로 성능검사를 재실시하는 경우 추가로 발생한 수수료를 납부하여야 한다.

**제7조(측정대상세대의 선정방법)** ① 성능검사 신청자가 제3조에 따라 성능검사 신청을 한 경우 성능검사기관의 장은 규정 제60조의9제2항에 따라 측정세대 선정 프로그램을 이용하여 성능검사 대상 세대를 무작위 추출방식으로 선정하여야 한다.

② 제1항에 따른 대상세대 선정 비율은 기준 제28조제2항에 따른다.

③ 법 제15조에 따라 사업계획승인을 받아 시행하는 리모델링의 경우 증가하는 세대수를 기준으로 제2항에 따라 대상세대를 선정한다.

④ 성능검사 대상으로 선정된 측정세대는 음원실이 된다.

⑤ 성능검사기관의 장은 선정된 측정세대의 바닥충격음 성능검사가 불가한 경우를 고려하여 성능검사 측정예비세대를 제7조제1항 및 제2항에 준하여 선정한다.

**제8조(측정대상공간 선정방법)** ① 바닥충격음 차단성능의 확인이 필요한 단위세대 내 성능검사 대상공간은 기준 제29조에 따라 선정하여야 한다.

② 성능검사기관의 장은 성능검사 신청자가 제출한 기준 별표6의 첨부도서 중 평면유형별 단위세대 평면도를 기준으로 측정대상 공간을 선정하여야 한다.

**제9조(성능검사방법)** ① 성능검사기관의 장은 제7조에 따라 선정된 대상세대에 대해 성능검사계획을 수립하여 성능검사 신청자에게 현장방문 일정 등을 별지 제1호 서식의 바닥충격음 성능검사 실시 통보서에 작성하여 통보하여야 한다. 이 경우 성능검사일정 통보는 현장검사 3일전까지 하며, 측정세대 및 측정예비세대의 호수는 검사 당일에 고지한다.

② 성능검사기관의 장은 성능검사를 직접 수행하거나 제12조에 따라 공인시험기관을 측정기관으로 선정하여 바닥충격음 성능측정을 의뢰할 수 있다.

③ 성능검사 시 공정성.객관성 및 신뢰도 확보를 위해 성능검사기관의 장은 건설회사 관계자, 입주민 대표, 전문위원회를 입회 시킬 수 있다. 성능검사기관의 장은 성능검사 장비의 민감도를 고려하고 정확한 측정을 위해서 입회자의 입회시간을 조정 할 수 있다.

④ 성능검사기관의 장은 성능검사를 수행하는 측정자의 안전을 확보하기 위하여 음원실 및 수음실 등에 관계자 이외의 출입금지 지역을 설정하고 출입금지 표지판의 설치 등 필요한 조치를 하여야 한다.

⑤ 측정대상세대에 대해 기준 제26조에 따른 KS F ISO 16283-2에서 규정하고 있는 방법에

따라 경량충격음 레벨 및 중량충격음 레벨을 측정하여야 한다.

⑥ 성능검사기관 또는 제2항에 따라 선정된 측정기관은 중량충격음 측정 시 고무공의 낙하 높이를 일정하게 유지하고 확인할 수 있는 보조장비 또는 장치를 사용하여야 한다.

⑦ 제5항에 따른 바닥충격음 측정결과는 기준 제27조에 따른 KS F ISO 717-2에서 규정하고 있는 방법에 따라 경량충격음은 '가중 표준화 바닥충격음레벨'로 평가하고, 중량충격음은 'A-가중 최대 바닥충격음레벨'로 평가하여야 하며 기준 제30조에 따라 측정대상 각 세대별 평가결과의 산술평균값(소수점 둘째자리 이하 올림)을 검사 결과값으로 하여 기준 별지 6호 서식에 따른 "바닥충격음 성능검사 결과서"를 발급한다.

⑧ 성능검사의 측정 및 평가는 인정기관의 지침 제6조제2항과 동일하게 1/3 옥타브밴드로 실시한다.

**제10조(성능검사결과 통보)** ① 성능검사기관의 장은 측정기관이 성능검사 완료시 제출한 성적서를 확인하고 기준 제35조에 따라 그 결과를 성능검사 신청자 및 사용검사권자에게 통보하여야 한다.

② 측정기관은 대상세대에 대한 성능측정 완료 후 측정결과 원본 자료(Raw Data)를 성능검사기관에 즉시(시험 당일) 제출하며, 성적서는 측정 완료 후 업무일 기준 5일 이내에 제출한다.

③ 성능검사기관의 장은 기준 제35조제2항에 따라 성능검사 결과를 정보망에 기록·관리한다.

④ 성능검사기관의 장이 사용검사권자에게 성능검사 결과를 통보한 경우에는 규정 제60조의9제4항에 따라 사업주체가 사용검사권자에게 바닥충격음 성능검사결과를 제출한 것으로 본다.

⑤ 성능검사기관의 장이 기준 제35조에 따라 바닥충격음 성능검사 결과서를 발급하는 때에는 다음 각 호의 사항을 포함하여야 한다.

1. 성능검사 시기 및 내용이 포함된 시험성적서

2. 측정기관 및 성능검사기관 입회자 정보

3. 성능검사 대상 세대 도면(평면도, 단면도, 마감 등)

4. 성능검사 진행 사진

**제11조(이의 신청)** ① 성능검사 신청자는 그 결과를 통보받은 날로부터 5일 이내에 성능검사기관의 장에게 그 결과에 대한 이의를 신청할 수 있다. 다만, 이의신청은 1회에 한한다.

② 성능검사 신청자가 제1항에 따른 이의신청을 할 경우에는 이의신청의견서를 작성하여 제출하여야 한다.

③ 성능검사기관의 장은 제1항 및 제2항에 따른 이의신청이 있을 경우 이의신청심사위원회를 구성하여 재검사 실시 여부를 결정하고 그 결과를 이의신청 한 날부터 15일 이내에 성능검사 신청자 및 사용검사권자에게 통보하여야 한다.

④ 제3항에 따라 재검사를 실시하는 경우에는 측정 대상세대를 제7조에 따라 재선정하며, 최초 성능검사를 실시한 측정기관 외의 다른 측정기관에서 바닥충격음 성능검사를 실시한다.

⑤ 성능검사 신청자는 재검사 시 제3조, 제4조에 준한 재검사 신청 및 제6조에 따른 수수료를 재납부하여야 한다.

**제12조(측정기관의 선정 및 관리.감독)** ① 성능검사기관의 장은 기준 제32조제1항에 따라 성능검사를 위한 측정기관을 선정하고 이를 관리.감독 하여야한다.

② 측정기관으로 선정 받으려는 공인시험기관은 별지 제2호 서식에 따른 선정신청서에 다음 각 호의 서류를 첨부하여 성능검사기관의 장에게 매년 10월말까지 제출하여야 한다.

1. 사업자 등록증

2. 해당 분야 한국인정기구(KOLAS) 인정 서류

3. 기술인력 및 장비의 보유현황과 기술인력 경력증명서 및 보유 장비의 검.교정 현황

4. 바닥충격음 성능검사 수행실적

5. 재정상태 건실도를 확인하기 위한 신용평가등급을 증명하는 서류

6. 업무의 추진 계획서(조직도 포함)

③ 성능검사기관의 장은 제2항에 따라 제출받은 선정신청서를 검토한 후 차년도 1월부터 검사업무가 가능하도록 매년 11월말에 선정 결과를 통보한다.

④ 성능검사기관의 장은 제3항에 따라 선정신청서를 검토하는 경우 측정기관(자)간 비교숙련도 시험을 시행하여 그 결과를 토대로 측정기관 선정에서 제외 할 수 있다.

⑤ 성능검사기관의 장은 측정기관으로 선정된 공인시험기관에 대해 연 1회 이상 인력 및 장비현황을 점검하고, 다음 각 호의 어느 하나에 해당하는 경우에는 성능검사를 위한 측정기관의 선정을 취소할 수 있다.

1. 공인시험기관이 폐업을 한 경우

2. 거짓이나 그 밖의 부정한 방법으로 측정기관 선정을 받은 경우

3. 측정기관의 선정기준에 적합하지 않게 된 경우

4. 정당한 사유 없이 측정기관의 업무를 수행하지 않는 경우

5. 측정기관의 성능검사결과에 허위가 있는 경우

6. 측정기관이 성능검사를 타 기관에 대행을 맡기는 경우

7. 측정기관이 고의 및 중대한 과실로 성능검사 업무에 지장을 초래한 경우

8. 청탁, 비위 등 비윤리적 행위가 있는 경우

⑥ 성능검사기관의 장은 다음 각 호 중 어느 하나에 해당하는 경우 측정기관 선정을 아니할 수 있다.

1. 제12조제1항에 따라 측정기관 지정 후 정당한 사유 없이 해당 기간 동안 측정실적이 없는 경우

2. 업무 정지에 해당하는 행정 처분을 받은 경우

3. 그 밖에 성능검사기관의 장이 성능검사 수행에 중대한 결함이 있다고 판단하는 경우

⑦ 성능검사기관은 성능검사 결과의 신뢰도를 높이기 위해 측정기관의 성능검사업무 수행시 입회하여 다음 각 호의 사항에 대하여 감독 및 시정요구 할 수 있으며, 측정기관은 특별한 사유가 없으면 이에 따라야 한다.

1. 측정업무에 참여한 기술 인력 및 사용 장비의 적정성

2. 음원실의 충격원 위치, 수음실의 마이크로폰 설치 위치의 적정성

3. 측정대상 공간의 적정성

4. 측정결과 평가방법의 적정성

⑧ 측정기관은 별지 제5호 서식에 따른 성능검사 실적을 작성하여 매 분기(分期) 말일을 기준으로 다음 달 말일까지 성능검사기관의 장에게 제출하여 한다. 단, 성능검사를 실시하지 않은 경우는 제출을 생략할 수 있다.

⑨ 성능검사기관의 장은 매년 11월에 측정기관의 업무수행 능력을 평가하고 우수기관을 선

정할 수 있다.

⑩ 제8항에 따른 업무수행 능력 평가기준은 별표3에 따른다.

**제13조(측정기관 검사 배정)** ① 성능검사기관의 장은 사업주체로부터 성능검사 신청 접수, 검사대상 세대 선정 후 측정기관으로 검사 배정 시 공정성을 확보하기 위해 순차적으로 성능검사 물량을 배정한다. 단, 측정기관이 보유하고 있는 검사인력.장비의 부족으로 배정 순서에 성능검사업무를 수행하지 못할 경우에는 차순위로 변경되며 이 경우 배정 순서을 사용한 것으로 본다.

② 배정 순서는 매년 측정기관 선정 후 측정기관별 보유하고 있는 검사인력. 장비를 고려하여 사전에 순번을 결정하며 검사신청서 접수순으로 배정한다.

③ 한 개 단지 기준으로 측정기관에 검사대상을 최대 15세대로 배정하고, 검사대상이 15세대를 초과하는 경우에는 차순위 측정기관으로 분할 배정한다. 다만, 두 개 이상의 측정기관으로 분할 배정시는 검사대상 세대수를 측정기관 수로 나누어 공정하게 배정한다(산술상 동일 분배되지 않을 경우 선순위부터 분배 잔여 1세대씩 추가 배정).

④ 측정기관 배정 시 측정기관이 측정대상단지와 연관성이 있는 경우 측정기관 배정 순서를 차순위로 교체 변경한다.

**제14조(정보망 운영)** ① 성능검사기관의 장은 기준 제32조제1항에 따라 성능검사 결과의 데이터 관리 및 분석 등을 위한 정보망을 운영할 수 있다.

② 성능검사의 신청·반려, 수수료 통보·납부, 성능검사결과의 통보·이의신청 등은 제1항에 따른 정보망을 이용하거나 성능검사기관을 통해서 해야 한다.

**제15조(성능검사 현황 보고)** 성능검사기관의 장은 별지 제3호 서식에 따른 측정기관 선정현황 및 별지 제4호 서식에 따른 바닥충격음 성능검사 현황을 분기별로 국토교통부장관에게 보고하여야 한다.

**제16조(청렴윤리 확립 및 보안 유지)** 성능검사기관 및 측정기관은 공정하고 투명하게 직무를 수행하여야 하며 성능 검사 내용에 대해 보안을 유지하여야 한다.

【별표1】

**성능검사 신청 접수 시 확인사항**

| 구분 | 점검항목 | 확인내용 | 적정여부 |
|---|---|---|---|
| 적용범위 | 「주택법」 제15조에 따른 주택건설사업계획승인신청 대상인 공동주택인가? 【기준 제3조】 | | |
| 신 청 자<br>자격사항 | 기준 별지 제5호서식의 바닥충격음 성능검사신청서에 기준 별표6에서 정한 도서가 첨부되어 있는가? 【기준 제33조제1항】 | | |
| | 성능검사 신청자와 첨부서류의 법인등기부등본, 사업자등록증의 내용이 동일한가? | | |
| 성능검사<br>대상세대 | 기준 제26조에 따라 대상 세대에 대한 바닥충격음 차단성능의 측정이 가능한가? 【기준 제33조제3항】 | | |
| | 인정 바닥구조로 시공하였는가? | | |

【별표3】

**성능검사 공인시험기관 평가표**

| 평가항목 | 평가내용 | 평가점수 | 비고 | |
|---|---|---|---|---|
| 참여기술자의<br>적정성(50점) | 기술책임자(정,부), 품질책임자(정,부), 실무자는 KOLAS 인정 시 참여한 기술인인가?(30점) | | 6인참여 | 30점 |
| | | | 5인참여 | 20점 |
| | | | 4인참여 | 10점 |
| | | | 3인참여 | 5점 |
| | 검사에 참여한 실무자는 숙련도 시험에 참가(최근 1년 이내) 하였는가?(20점) | | 2인참여 | 20점 |
| | | | 1인참여 | 10점 |
| 사용 장비의<br>적정성(30점) | 검사기관의 비교 검사 시 측정값 차이(20점) | | ±0.5이하 | 20점 |
| | | | ±0.5초과<br>-1.0이하 | 15점 |
| | | | ±1.0초과<br>-1.5이하 | 10점 |
| | | | ±1.5초과<br>-2.0이하 | 5점 |
| | 검교정 유효기간 등 장비 관리상태(10점) | | | |
| 검사 이행의<br>공정성(20점) | 계획된 검사 예정일자에 검사 이행 등(10점) | | 1회 미준수마다 -1점 | |
| | 검사 및 평가방법 준수(10점) | | | |
| 계(100점) | | | | |

【별표2】

**바닥충격음 성능검사 수수료(제6조제2항 관련)**

1. 산정기준

「엔지니어링산업진흥법」 제31조제2항에 따른 엔지니어링사업대가의 기준에 따른 실비정액가산방식을 준용하여 산정하되, 비목별 세부산정방식은 다음 각 목에서 정하는 바에 따른다.

가. 성능검사 측정 수수료

1) 직접인건비 : 「소음·진동 엔지니어링 표준품셈」 공동주택 바닥충격음 성능검사 측정 투입인원수에 한국엔지니어링진흥협회에서 매년 공표하는 엔지니어링기술자 노임단가 중 환경부문 단가를 적용하여 산출

2) 제 경 비 : 직접인건비의 110% (여비, 차량운행비, 위험수당, 기계·기구 손료 등 고려)

3) 기 술 료 : 직접인건비와 제경비를 합한 금액의 20%

나. 성능검사기관 수수료

1) 성능검사 관리 수수료

① 직접인건비 : 「소음·진동 엔지니어링 표준품셈」 공동주택 바닥충격음 성능검사 관리 투입인원수에 한국엔지니어링진흥협회에서 매년 공표하는 엔지니어링기술자 노임단가 중 건설부문 단가를 적용하여 산출

② 직접경비 : 직접인건비의 40% (여비, 차량운행비, 위험수당, 기계·기구 손료 등 고려)

③ 기 술 료 : 직접인건비의 20%

2) 성능검사 운영비

① 직접인건비 : 「소음·진동 엔지니어링 표준품셈」 공동주택 바닥충격음 성능검사 관리에 반영되지 않은 성능검사기관 운영에 필요한 인건비

② 제 경 비 : 직접인건비의 110%

③ 기 술 료 : 직접인건비와 제경비를 합한 금액의 20%

2. 성능검사 수수료 적용

검사대상이 15세대를 초과하여 측정기관이 분할 배정된 경우, 성능검사 수수료 적용은 측정기관별로 배정된 세대수에 해당하는 성능검사 수수료를 적용한다.

3. 성능검사 수수료 공고

성능검사기관의 장은 매년 성능검사 수수료를 측정 세대수별로 산정하여 "바닥충격음 성능검사 정보시스템"에 공고한다.

4. 수수료 납부

가. 성능검사기관의 장은 수수료 납부고지서를 성능검사 신청자에게 고지하여야 한다.

나. 성능검사 신청자는 성능검사 측정 수수료와 성능검사기관 수수료를 각각 납부하여야 한다.

5. 성능검사 수수료는 「소음·진동 엔지니어링 표준품셈」 공동주택 바닥충격음 차단성능의 측정 및 관리 투입인원수에 한국엔지니어링진흥협회에서 공표한 2023년 엔지니어링 기술자 노임단가를 적용하여 산출된 수수료로 한다.

■ 공동주택 바닥충격음 성능검사 업무 세부운영지침 [별지 제1호 서식] <신 설>

**성능검사기관명**

수신자 건설사업자 또는 주택건설등록업자

(경유)

제 목 바닥충격음 성능검사 실시 통보서

「공동주택 바닥충격음 차단구조 인정 및 검사기준」 제33조제1항에 따른 성능검사 신청에 대해 성능검사 실시 일정을 통보합니다.

| | |
|---|---|
| 1. 현 장 명 | |
| 2. 시 공 사 | |
| 3. 성능검사 일시 | |
| 4. 성능검사 종류 | 신규검사( ) 재검사( ) |

5. 성능검사 측정기관(공인시험기관) 개요

| | | | | | | |
|---|---|---|---|---|---|---|
| 공인시험기관 | 상호 | | 대표자 | | 소재지 | |
| 인정분야 | | | | 기술책임자 인적사항<br>(소속 · 직급 · 성명) | | |

성능검사기관의 장 직인

기안자 직위(직급) 서명 검토자 직위(직급)서명 결재권자 직위(직급)서명

협조자

시행 처리과-일련번호(시행일자) 접수 처리과명-일련번호(접수일자)

우 주소 / 홈페이지 주소

전화( ) 전송( ) / 기안자의 공식전자우편주소 / 공개 구분

210mm×297mm[백상지(80g/㎡)]

■ 공동주택 바닥충격음 성능검사 업무 세부운영지침 [별지 제2호 서식] <신 설>

## 바닥충격음 성능검사 측정(공인시험)기관의 선정신청서

| 접수번호 | 접수일 | 처리기간 |
|---|---|---|

| | | |
|---|---|---|
| 신청인 | 상호 | 사업자등록번호 |
| | 대표자 | 생년월일 |
| | 영업소재지 | 전화번호/Fax |

「공동주택 바닥충격음 성능검사 업무 세부운영지침」 제12조에 따른 바닥충격음 성능검사 측정(공인시험)기관의 선정을 신청합니다.

년 월 일

신청인 (서명 또는 인)

성능검사기관 귀하

| | | |
|---|---|---|
| 신청인(대표자) 제출서류 | 1. 한국인정기구(KOLAS) 인정 서류<br>2. 기술인력 및 장비의 보유현황과 그 기술인력에 관한 건설기술인 경력증명서 각 1부<br>3. 바닥충격음 성능검사 수행실적 및 수행기관의 신용도를 증명하는 서류 각 1부<br>4. 업무의 추진 계획서(조직도 포함) | 수수료 없음 |

처리절차

| 신청서 제출 | → | 접수 | → | 검토 | → | 선정 통보 |
|---|---|---|---|---|---|---|
| 신청인 | | 성능검사기관 | | 성능검사기관 | | 성능검사기관 |

210mm×297mm[백상지 80g/㎡(재활용품)]

【별지 제3호서식】

**측정기관 선정현황**

20 . . . 현재

| 번호 | 지정일자 | 측정기관명(공인시험기관명) | 대표자 | 주소 | KOLAS 인정 유효기간 | 구분 |
|---|---|---|---|---|---|---|
| 1 | '00.00.00 | | | | '00.00.00 ~ '00.00.00 | 유지 [ ]<br>취소 [ ] |
| | | | | | | |
| | | | | | | |
| | | | | | | |
| | | | | | | |
| | | | | | | |
| | | | | | | |
| | | | | | | |

【별지 제4호서식】

**바닥충격음 성능검사 현황**

20 . . . 현재

| 성능검사 일자 | 사업명 | 샘플 세대수/세대수 | 측정값(dB) | | 바닥구조(mm) | | | 성능검사 신청자(사업주체) | 측정기관 | 성능검사 기관일자 | 사용검사 일자 |
|---|---|---|---|---|---|---|---|---|---|---|---|
| | | | 경량 | 중량 | [illegible] | 완충재 또는 단열재 | [illegible] | | | | |
| | | | | | | | | | | | |
| | | | | | | | | | | | |
| | | | | | | | | | | | |
| | | | | | | | | | | | |
| | | | | | | | | | | | |
| | | | | | | | | | | | |
| | | | | | | | | | | | |
| | | | | | | | | | | | |

【별지 제5호서식】

**바닥충격음 성능검사 실적**

○ 측정기관명 20 . . . 현재

| 성능검사 일자 | 성능검사 신청자(사업주체) | 건설회사 | 사용검사권자 | 사업명(단지명) | 측정 동 호수 | 측정값(dB) | | 기술책임자 서명 |
|---|---|---|---|---|---|---|---|---|
| | | | | | | 경량충격음 | 중량충격음 | |
| | | | | | | | | |
| | | | | | | | | |
| | | | | | | | | |
| | | | | | | | | |
| | | | | | | | | |
| | | | | | | | | |
| | | | | | | | | |
| | | | | | | | | |

부 록

# 2. 슬래브 두께 상향 적용 수립관련 근거 자료

1. 언론보도 자료

2. 중량충격음 관련 보고서

3. 민간 건설사 사례

4. 층간소음 저감 관련 연구논문 자료

# 1 언론보도 자료 (슬래브 두께 상향 관련)

대한경제 2022년 12월 19일 월요일 012면 부동산

## LH "공공주택 품질개선, 층간소음 해결부터 시작"

**바닥두께 21cm→25cm로 늘리고**
**세대마다 진동센서 매립 등 계획**
**장수명 주택 개발에도 '박차'**

"설계변경을 해서라도 공공주택에 대한 부정적 선입견을 해소할 방안을 마련해야 한다." 지난 16일 서울 수서역세권 A-2블록 행복주택 공사현장을 찾은 원희룡 국토교통부 장관은 "공공주택 품질을 높이기 위해 층간소음 등 문제를 적극 해결해야 한다"며 이같이 주문했다.

원 장관이 강조한 공공주택 품질 개선은 이한준 한국토지주택공사(LH) 사장이 지난달 취임 후 제시한 목표 중 하나다. 이한준 사장도 면적 확대와 층간소음 해소, 마감재 개선 등을 통해 공공주택의 질을 획기적으로 높이겠다고 공언했다.

LH는 이를 위해 공공분양주택부터 바닥 두께를 기존의 21cm에서 25cm로 늘린다. 공공임대주택도 실증을 거친 뒤 최적의 방안을 마련할 계획이다. 기술적 측면에선 각 세대 내 진동센서를 매립해 일정 수준 이상의 소음이 발생하면 월패드나 휴대폰을 통해 경고음을 울리는 '층간소음 알리미 기술'을 도입한다.

서울 수서역세권 A-2블록 행복주택 공사현장 모습.

층간소음 저감에 유리한 장수명 주택 개발에도 박차를 가한다. 벽식구조와 라멘구조의 장점을 결합해 중량충격에 유리한 'LH형 복합구조'를 적용할 계획이다. 라멘구조를 적용하면 5% 정도의 층간소음 저감효과가 있을 것이란 기대다.

박철흥 LH 공공주택본부장은 "층간소음 문제는 자재나 공법만으로 해결하기 힘들다"며 "구조가 중요한 역할을 한다. 민간과 협업해 구조까지 포괄한 층간소음 제로 아파트에 도전하겠다"고 말했다.

이에 원 장관은 "설계변경을 통해 새 기준을 적용할 수 있는 단지는 바로 적용해야 한다"며 "층간소음이나 가성비 등 모든 부분에서 LH가 짓는 아파트가 민간 아파트를 뛰어넘을 수 있게 해야 한다"고 당부했다.

이한준 사장은 "내년부터 착공하는 아파트가 준공되는 시점에 평가해달라"며 층간소음 해결에 자신감을 내비쳤다.

LH의 아파트 브랜드 사용 관련 민원에 대한 해법도 찾는다. 국토부는 입주민들이 희망할 경우 공공주택에 민간 건설사의 브랜드를 적용하는 방안을 추진할 방침이다.

원 장관은 이와 관련, "메이저건설사의 브랜드를 바로 적용하긴 쉽지 않을 것"이라며 "건설사와 협의해 나가겠다"고 말했다.

원 장관은 이에 앞서 LH경기지역본부에서 열린 'LH 혁신선포 및 청렴서약식'에도 참석했다. 지난해 일부 직원들의 땅 투기사건으로 추락한 LH의 신뢰를 회복하고, 저하된 내부 임직원들의 사기를 높이기 위한 자리다.

LH는 이 자리에서 △투명하고 공정한 공기업으로 체질 개선 △성과 중심 인사체계 개편 등 경영 효율성 제고 △수요자 중심의 본연 역할 수행 등 3개 기본방향 아래 8가지 세부 추진과제를 제시하고 청렴한 조직으로 재탄생하겠다고 선포했다.

오진주기자 ohpearl@

디지털타임스 2023년 2월 8일 수요일 018 면 종합

# 입지 좋은 공공주택, 층간소음 뚝…
# '주거 혁신' 삶의 질 높이다

"LH의 주인이자 고객은 국민입니다. 무엇보다 정본청원(正本淸源)의 자세로 국민 불편 해소와 편익 증진에 역점을 두겠습니다."

지난해 말 한국토지주택공사(LH)의 새로운 선장이 된 이한준 사장의 말이다. 이 사장은 신년사에서 '근본을 바로 하고 근원을 맑게 한다'는 뜻이 담긴 '정본청원'을 강조했다. 국민관점에서의 변화와 혁신을 지속해 올해는 국민의 입장을 우선하는 국민 중심 공기업으로 자리매김하겠다는 의지다. 국민이 체감할 수 있는 주택 품질혁신에 집중해 그 동안의 오명을 씻고 국민신뢰 회복을 위한 전환점을 마련하겠다는 복안이다.

LH 제공

◆"국민신뢰 회복"… 주택 품질혁신 등 본연의 역할에 집중=지난해 11월 LH 제6대 사장에 취임한 이 사장은 조직개편부터 손을 봤다.

우선 인사체계는 성과 중심으로 개편했다. 임금피크 기간을 단계적으로 축소하고, 임금피크 직원 평가 강화를 통해 급여에 차등을 두면서 직무급 도입 확대 등을 추진 중이다. 감사실장 등 주요 직위는 개방형 직위로 전환해 내부 통제의 투명성과 공정성도 강화했다. 청렴·공정 경영실현을 위해 인사 시행 전 1·2급을 대상으로 '부동산 청렴도 검증위원회' 심의를 거치는 등 별도 인사 검증도 실시했다.

지난해 말 단행한 조직개편에서는 사장 직속 조직으로 '국민주거혁신실'을 신설했다. 이 조직은 ▲층간소음 제로 아파트 ▲임대주택 품질개선 ▲선교통-후입주 체계(교통 인프라 적기개통) 구축을 위한 컨트롤 타워 역할을 맡는다. '고객품질혁신처'와 '선교통계획처'는 수행 부서로서 품질 혁신을 위한 실행력을 강화할 방침이다.

LH는 국민주거혁신실을 필두로 입주 고객의 의견을 수렴하는 등 국민 수요를 사업에 반영하고, 제도 개선과 제반 기술 및 공법 개발 등을 통해 국민이 체감할 수 있도록 주택 품질 및 성능을 높여나갈 계획이다.

공공주택 품질혁신을 위해 분양주택에 버금가는 수준으로 마감재의 질을 단계적으로 상향한다. 전용면적 40~60㎡ 규모의 임대주택 공급에 주력하되 전용 60~85㎡의 중형 임대주택 공급도 추진해 평형대도 지속적으로 넓힐 예정이다.

임대주택의 입지도 외곽이 아니라 교통이 편리한 곳으로 우선 배정해 입주자의 생활 편리와 만족도를 높인다. 민간 건설사의 브랜드나 입주자 희망 브랜드를 임대주택에 적용하는 시범사업도 추진해 입주자들의 선택 폭을 넓힐 계획이다.

층간소음 해결을 위해서는 바닥두께를 기존 21cm에서 25cm로 늘리고, 기존 벽식구조를 개선해 중량충격에 유리한 층간소음 저감 구조를 새롭게 개발할 예정이다. 소음 저감요소별 실증단지 시공을 통해 새로운 공법을 발굴하고, 시공자재에 대한 현장 적용성도 높일 방침이다.

세대 전용부위에 진동센서를 매립해 일정 수준 이상의 소음이 발생하면 월패드나 휴대폰으로 주위를 환기시키는 '층간소음 알리미' 기술도 도입해 주민간 갈등 여지를 사전에 차단한다. 이 외에도 산업계, 학계, 연구기관과 층간소음 솔루션 얼라이언스(Solution Alliance)를 구성, 우수 민간건설사와의 기술협약 등 민간협력도 강화해 국가 차원의 층간소음 저감 표준모델을 수립해 나갈 예정이다.

◆양질의 주택공급 확대=정부가 추진 중인 270만호 주택공급도 차질없이 수행한다. 전체 270만호 중 LH는 약 102만호의 공급을 담당한다. 이가운데 정비사업으로는 15만7000호, 공공택지를 활용해서는 74만6000호를 공급하고, 12만5000호는 민간으로부터 매입한다.

올해에는 임대주택 6만호, 분양주택 1만호(사전청약 포함) 등 7만호 내외를 공급해 전세보증금 반환사고 확산 및 고금리에 따른 주거비용 증가로 불안해진 주택 시장의 조속한 안정을 도모할 계획이다.

270만호 주택공급 정책 수행기반을 다지기 위해 LH는 3기 신도시 전체 토지보상은 올해 상반기에 완료하고, 대지조성공사 착공도 3분기까지 마칠 방침이다. 정부는 3기 신도시는 기존의 신도시와는 달리 계획단계에서부터 광역교통대책에 대한 인허가 절차를 병행해 사업기간을 6년 이상 대폭 단축한 만큼 일정대로 적기 개통될 수 있도록 만전을 기하고 있다. 이와 공공택지 15곳도 올해부터 내년 사이에 지구지정을 완료해 부족한 택지를 확보해나갈 계획이다.

청년서민의 내집 마련을 위한 공공주택 50만 가구(뉴:홈) 공급과 관련해 LH는 향후 5년간 30만호 이상, 정책목표의 약 60~70% 수준을 담당하는 것을 목표로 잡았다. 올해는 동작구 수방사 등 수도권 우량입지 위주로 5000호의 시범공급을 진행하고, 사업승인도 4만호 이상 추진할 계획이다. 이를 통해 서울 도심과 수도권 교통 요지에 주변 시세보다 저렴한 주택을 공급해 청년의 주거사다리 회복과 서민층의 주거지원을 속도감 있게 추진한다는 방침이다.

◆매입임대주택 사업으로 취약계층 주거 지원도=LH는 기존 주택을 매입 후 개보수하여 주거여건이 취약한 계층에게 저렴하게 임대하는 매입임대주택 사업도 벌이고 있다. 최소한의 주거비로 안정적인 거주가 가능하게 하는 주거지원 사업이다. 양질의 주택 매입을 위해 주택상태, 교통·생활편의, 임대수요 등을 종합적으로 검토해 평가대상주택을 선정하고, 공인된 감정평가 법인에 평가를 의뢰해 매입 가격을 결정하고 있다.

주택 매입 과정을 투명화하기 위해 서류심사와 현장실태조사, 매입심의 등을 단계별로 진행하고 있으며, 지난 2021년 9월에는 '매입임대 투명성 강화 방안'을 수립·시행해 주택 매입심의를 기존 1차례에서 2차례로 확대하기도 했다. 2차 심의의 경우 객관성과 투명성 확보를 위해 외부전문가로만 구성하기도 했다.

이 외에도 매입단계 불공정 근절을 위해 ▲부정행위자 원스트라이크 아웃제 ▲불공정 신고센터 운영 ▲공사 전·현직 직원 가족 소유주택 매입제한 등을 적용하고 있다.

지난해 매입한 서울 컨타빌 수유팰리스는 현재 입주자 모집 등 공급 준비 중에 있으며, 임대조건 등은 아직 결정되지 않았다. 이 주택은 시세의 40~50% 수준으로 저렴하게 임대하는 '청년 매입임대' 유형으로 공급될 예정이다.

이미연기자 enero20@dt.co.kr

[뉴시스]

## LH, 올해 업무계획 확정… 주택품질 높이고 3기신도시 속도

등록일 : 2023.02.09.(목) 12:56

[서울=뉴시스] 강세훈 기자 = 한국토지주택공사(LH)가 올해 23조4000억원을 투자해 고품질 도시·주택을 건설하는 내용을 골자로 하는 업무계획을 확정했다.

우선 정부 공공분양주택 50만가구 공급계획을 적극 뒷받침하기 위해 2027년까지 약 31만6000가구(63%) 공급을 목표로, 나눔형 등 새로운 유형의 주택을 주변 시세보다 저렴하게 공급해 청년·서민의 주거사다리를 회복한다는 계획이다. < 중략 >

아울러 상반기 중 3기 신도시 전체 토지보상을 완료하고, 대지조성 공사 착공도 3분기까지 완료하는 등 주택공급 기반을 마련한다. 공공택지 15곳에 대해서도 2024년까지 지구지정을 완료해 부족한 택지를 확보해 나갈 예정이다.

신도시 입주 초기에 지역 주민들이 겪는 교통 불편을 줄이기 위한 방안도 적극 추진한다. LH는 올해 선(先)교통 전담부서를 새롭게 설치했으며, 신도시 교통 불편 해소에 전사적 역량을 집중해 나갈 계획이다. 특히 3기 신도시의 경우 '선교통-후입주' 실현을 목표로 도시 계획단계에서부터 광역교통개선대책 인허가 절차를 병행 추진(Fast-Track)해 개통일정을 앞당긴다.

주택품질 향상에도 적극 나선다. 도시 내 건설되는 공공주택은 마감재 상향, 평균 평형 확대(17.8→20.2평), 장수명 주택 건설 등으로 품질이 대폭 개선한다. 특히 올해 사장직속 부서로 신설한 '국민주거혁신실'을 중심으로 층간소음 문제의 근본적 해결에 앞장선다. 바닥두께를 기존 21㎝에서 25㎝로 강화하고, 중량충격에 유리한 층간소음 저감 구조를 새롭게 개발할 예정이다.

또한 소음 발생 강도를 세대 내 월패드 등을 통해 알려주는 '층간소음 알리미' 등 우수 민간기술을 도입하고, 기존의 다양한 소음 저감요소는 실증단지 시공을 통해 현장 적용성을 높여갈 계획이다. < 중략 >

주거복지서비스 부문에서도 국민이 체감할 수 있는 혁신을 이어간다. 국민이 필요로 하는 서비스를 제공하고, 국민들이 보다 쉽고 간편하게 서비스를 받을 수 있는 환경을 만든다.

LH는 임대주택 신청 시 신청자가 주민등록등본 등 필요 서류를 직접 발급·제출할 필요가 없도록 행정안전부 공공 마이데이터와 연계해 자동으로 신청자의 소득·자산 등 정보를 입주자격 심사에 활용한다. 올해 행복주택 유형에 전면 적용하고, 내년부터 임대주택 모든 유형으로 확대할 예정이다. < 중략 >

LH는 올해 투자집행 예정 금액 23조4000억원 중 11조8000억원(50.5%)을 상반기 조기집행 하고, 공사·용역 적기 발주, 선급 지급 활성화, 민간기술 활용 등 건설경제 활력증진을 위해서도 다양한 사업을 추진해 나갈 예정이다.

동시에 불확실한 경영환경 속에서도 정부 재정건전화계획 이행을 위한 노력을 병행한다. LH는 오는 2026년까지 부채비율 207% 달성을 목표로 유휴자산 매각, 경영효율화 등을 통해 재무건전성을 높여 나갈 계획이다.

이한준 LH 사장은 "국민 관점에서 일하는 방식을 개선해 국민에게 인정받는 공기업으로 거듭나겠다"며 "올해 경제상황이 좋지 않은 만큼 LH는 주택을 적기에 공급하고, 주거복지를 강화하는 등 본연의 역할을 더욱 충실히 수행해 경제 회복의 마중물과 주거취약가구의 주거안전망으로서 역할을 다하겠다"고 밝혔다.

※ 이 외에도 연합뉴스, 뉴스1 등 총 36곳에서 인터넷 보도됨.

문화일보 2023년 2월 14일 화요일 021면 부동산

# 바닥두께 21㎝→25㎝ 강화…"공공주택 층간소음 해소"

**LH, 주거복지 개선에 속도**
**'뉴:홈' 일반공급 청약 진행도**

지난 6일 경기 고양시 한국토지주택공사(LH) 고양사업본부에 설치된 뉴:홈 홍보관 내부 모습. 연합뉴스

▒ 한국토지주택공사(LH)가 올해 사장 직속으로 신설한 '국민주거혁신실'을 중심으로 층간소음 문제 해결에 적극 나선다. 또 윤석열 정부 첫 공공분양주택인 '뉴:홈'의 사전청약 공급지역인 경기 고양 창릉·남양주 양정역세권·남양주진접2지구 일반공급 청약을 13~17일 진행한다.

14일 LH에 따르면 공공주택 주거서비스 만족도를 높이기 위해 층간소음 해결에 구체적으로 접근하는 한편 주거복지 개선도 추진하기로 했다. 특히 층간소음 문제의 경우 바닥 두께를 기존 21㎝에서 25㎝로 강화하고, 중량 충격에 유리한 층간소음 저감 구조를 새롭게 개발할 예정이다. 소음 발생 강도를 세대 내 월패드 등을 통해 알려주는 '층간소음 알리미' 등 우수 민간기술을 도입하고, 기존의 다양한 소음 저감 요소는 실증단지 시공을 통해 현장 적용성을 높인다.

LH는 또 임대주택 신청 시 행정안전부 공공 마이 데이터와 연계해 자동으로 신청자의 소득·자산 등 정보를 입주자격 심사에 활용한다. QR코드를 활용한 비대면 하자처리서비스는 기존 아파트 단지까지 확대하고, 입주자가 카카오톡 챗봇을 통해 직접 보수일정을 선택할 수 있는 시스템도 도입된다. 전세사기 피해 지원을 위해 지방자치단체가 선정한 임시거처 필요 가구에 별도의 임대보증금 없이 시세의 30%로 임대주택을 지원하기로 했다.

LH는 오는 2027년까지 윤 정부의 공공분양주택(뉴:홈) 31만6000가구 공급에 나선다. 앞서 지난 10일까지 '뉴:홈'의 첫 사전청약 공급지인 고양 창릉, 남양주 양정역세권·남양주 진접2지구의 특별공급 청약을 받은 결과, 1381가구 공급에 총 1만5353명이 신청했다. LH는 올 상반기 중 고양 창릉 등 3기 신도시의 토지 보상 완료 후 착공에 들어가는 등 사업에 속도를 내기로 했다. 이와 함께 LH는 경기 '광명시흥 공공주택지구'를 대상으로 도시 기본 구상 국제 공모에 들어갔다. 광명시흥지구는 1271만㎡ 규모의 신도시로 개발 예정이다. LH는 오는 17일 LH 경기남부지역본부에서 현장설명회를 실시할 예정이다. 공모 참가 신청은 20일 오후 5시까지 가능하고 작품은 4월 20일에 접수한다. 당선작은 4월 말 발표한다.

LH는 이번 공모를 시작으로 올해 지구계획 수립 관련 용역을 착수해 내년 지구계획 승인, 2025년 착공예정이다. 이어 2027년부터 청년·서민 등을 위한 주택 약 7만 가구가 차례로 공급될 수 있도록 적극 노력할 계획이다.

이한준 LH 사장은 "올해 경제 상황이 좋지 않은 만큼 주택을 적기에 공급하고, 주거복지를 강화하는 등 본연의 역할을 강화할 것"이라고 강조했다.

김순환 기자

[뉴시스]

## [복합위기 뚫어라] LH, 주택품질 혁신… '국민 중심 기업'으로 재도약

입력 2023.02.21 10:36

[서울=뉴시스] 강세훈 기자 = 한국토지주택공사(LH)는 올해 주택 품질혁신 등 본연의 역할에 집중해 국민신뢰회복을 도모할 계획이다. 특히 국민들의 관점에서 변화와 혁신을 추진해 '국민 중심 기업'으로 재도약 한다는 계획이다.

LH는 21일 국민관점에서의 변화와 혁신을 지속해 올해는 국민의 입장을 우선하는 국민 중심 공기업으로 자리매김하겠다고 밝혔다. 국민이 체감할 수 있는 주택 품질혁신에 집중해 그 동안의 오명을 씻고 국민신뢰 회복을 위한 전환점을 마련한다는 복안이다.

이한준 LH 사장도 올해 초 신년사를 통해 "LH의 주인이자 고객은 국민"이라면서 "무엇보다 정본청원(正本淸源)의 자세로 국민 불편 해소와 편익 증진에 역점을 두겠다"고 강조한 바 있다.

● 주택품질 혁신 박차

이를 위해 LH는 지난해 말 조직개편을 단행했다. 층간소음 제로 아파트, 임대주택 품질개선, 先교통-後입주 체계(교통 인프라 적기개통) 구축을 위한 컨트롤 타워로서 사장 직속으로 '국민주거혁신실'을 신설하고, 수행 부서로서 '고객품질혁신처'와 '선교통계획처'를 만들어 품질 혁신을 위한 실행력을 강화했다.

LH는 국민주거혁신실을 필두로 입주 고객 의견 수렴하는 등 국민 수요를 사업에 반영하고, 제도 개선, 제반 기술 및 공법 개발 등을 통해 국민이 체감할 수 있도록 주택 품질 및 성능을 높여나갈 계획이다.

우선 LH는 공공주택 품질혁신을 위해 마감재를 분양주택에 준해서 단계적으로 상향하고, 평균 평형도 지속 확대(17.8평형→20.2평형)한다. 전용면적 40~60㎡ 규모의 임대주택 공급에 주력하되, 전용면적 60~85㎡의 중형임대주택 공급도 추진할 방침이다.

임대주택의 입지도 외곽이 아니라 교통이 편리한 곳으로 우선 배정해 입주자의 생활 편리와 만족도를 높인다. 또한, 민간건설사의 브랜드나 입주자 희망 브랜드를 임대주택에 적용하는 시범사업도 추진해 브랜드 관련 입주자의 선택 폭을 넓힐 계획이다.

층간소음 해결을 위해서는 바닥두께를 기존 21cm에서 25cm로 강화하고, 기존 벽식구조를 개선해 중량충격에 유리한 층간소음 저감 구조를 새롭게 개발할 예정이다.

또한 소음 저감요소별 실증단지 시공을 통해 새로운 공법을 발굴하고, 시공 자재에 대한 현장 적용성을 높인다. 세대 전용부위에 진동센서를 매립해 일정 수준 이상의 소음이 발생하면 월패드나 휴대폰으로 주위를 환기시키는 층간소음 알리미 기술도 도입해 주민간 갈등 여지를 사전에 차단한다.

## 2 중량충격음 관련 보고서

1. 감사원 감사보고서 (아파트 층간소음 저감제도 운영실태 감사결과, '19.05월)

### Ⅱ. 실태분석 및 감사중점

○ **감사원은** 먼저 **사전 인정받은 바닥구조**로 시공한 아파트가 **층간 소음기준**을 **만족**하고 있는지 **확인**하기 위하여

- 감사기간 중 층간소음 측정이 가능했던 **2018년 말 입주예정**인 **수도권** 등에 소재한 아파트 중 **공사금액** 및 **세대 수가 큰 현장** 위주로 **28개 현장을 표본으로** 선정하고 **측정**을 실시

* 「공동주택 바닥충격음 차단구조 인정 및 관리기준」에 따라 평형별로 3세대씩 측정

○ 측정 결과, **성능기준에 미달한 현장**을 중심으로 **사전인정**부터 **시공 및 사후평가**에 이르는 층간소음 **저감제도가 제대로 운영**되고 있는지

- 2018. 11. 19.~2019. 1. 18. 국토부 등 **5개 기관***에 대해 **감사 실시**

* 국토부, 한국토지주택공사(이하 'LH' 공사), 한국건설기술연구원, 서울주택도시공사(이하 'SH' 공사), 국가기술표준원

### Ⅲ. 실태분석 결과

□ **LH·SH공사**가 시공한 **22개 공공아파트 126세대**와 민간회사가 시공한 **6개 민간아파트 65세대** 등 **계 191세대를 대상으로 층간소음을 측정**한 결과, **사전인정한 차단성능**과 **실제 층간소음**간 **차이**가 있음을 확인

○ (등급 하락) **184세대(96%)**는 사전 인정받은 **성능등급***(1~3등급)보다 **실측 등급**(2~등급 外)**이 하락하였고,** [공공은 126세대 중 119세대(94%), 민간은 65세대 전부]

* 1000세대 이상 공동주택은 층간소음 성능등급을 입주자모집공고에 표시(주택법 제39조 등)

○ (최소성능기준 미달) 이 중 **114세대(60%)**는 **최소성능기준에 못미치는**것으로 확인됨 [공공은 126세대 중 67세대(53%), 민간은 65세대 중 47세대(72%)]

## 2. 한국건설생활시험연구원 보고서, 국토부



# Ⅰ. 서론

## 1. 연구 배경 및 목적

### 1.1 연구 배경

- □ 공동주택은 상하, 좌우의 주택이 벽과 바닥을 공유하고 있고, 배관 및 배선이 주택 내부를 지나도록 시공하는 특징으로 인해 세대간 소음에 취약한 문제점을 갖고 있음
- □ 1986년, 1994년, 1996년, 2010년 공동주택 거주자의 내부소음에 대한 주거 반응 및 의식 조사 결과, 약 25년의 조사 시기 차이에도 불구하고 소음에 대한 의식은 비슷한 결과를 나타내고 있음
- □ 아이들 뛰는 소리와 같은 중량 바닥충격음에 의한 피해 순위가 가장 높았으며, 공동주택의 중량 바닥충격음에 의한 대책이 중요함

< 표 1.1 > 조사 시기별 주거환경소음에 대한 피해 순위

| 조사시기 / 순위 | 1986년[1] | 1994년[2] | 1996년[3] | 2010년[4] |
|---|---|---|---|---|
| 1 | 아이들 뛰는 소리 (46.7 %) | 아이들 뛰는 소리 (51.1 %) | 아이들 뛰는 소리 (58.4 %) | 윗집 아이들 뛰는 소리 (48.1 %) |
| 2 | 욕실 급배수음 (42.8 %) | 변기 급배수음 (50.9 %) | 욕실 급배수음 (49.6 %) | 현관문 여닫는 소리 (47.0 %) |
| 3 | 계단, 복도의 발자국 소리 (41.4 %) | 욕실 급배수음 (49.7 %) | 변기 급배수음 (49.5 %) | 욕실물 급배수 소리 (46.6 %) |
| 4 | 변기 급배수음 (33.6 %) | 승강기 운행소음 (45.2 %) | 베란다 물 내리는 소리 (39.5 %) | 변기물 급배수 소리 (45.0 %) |
| 5 | 현관문 여닫는 소리 (32.9 %) | 베란다 물 내리는 소리 (41.3 %) | 피아노 또는 악기 소리 (33.8 %) | 계단, 복도의 발자국 소리 (44.9 %) |
| 6 | 쓰레기 버리는 소리 (31.1 %) | 피아노 또는 악기 소리 (36.1 %) | 현관문 여닫는 소리 (29.9 %) | 화장실 변기 소음 (41.7 %) |
| 조사 세대 수 | 2,825 | 324 | 228 | 555 |

1) 대한주택공사, 공동주택의 내부소음기준설정에 관한 연구, 주택연구자료 건연86-050, 1986.12.
2) 박주옥, 정광용, 김선우, 주거환경소음에 대한 거주자의 반응 변화추이 고찰, 한국소음진동공학회 춘계학술대회논문집, 한국소음진동공학회, 1996.05.
3) 박주옥, 공동주택 주거환경소음에 대한 주민반응의 변화추이에 관한 조사 연구, 전남대학교 대학원 석사학위논문, 1996.08.
4) 박현구, 송국곤, 김원식, 김선우, 주거지역 환경소음에 대한 거주민 의식 분석, 한국소음진동공학회 논문집 제22권 2호, 2012.02.

## 3 민간 건설사 사례

(× : 미적용, ○ : 적용)

| 순번 | 건설사 | 네이밍 | 특 징 | 인증내용 | 저감방법 | | |
|---|---|---|---|---|---|---|---|
| | | | | | 슬래브 두께 상향 | 특수 자재 | 층간소음 알리미 |
| 1 | DL ENC | 노이즈 프리 3중 바닥구조ⓐ | 완충재 위 몰탈층 2겹 | 특허 출원중 | ×<br>(210㎜) | ○ | ○ |
| 2 | 대우건설 | 스마트 3중 바닥구조ⓑ | 내력강화 콘크리트+<br>고탄성 완충재+ 강화모르타르<br>(신규 사업승인분부터 적용) | 특허 보유 | ×<br>(210㎜) | ○ | ○ |
| 3 | 삼성물산 | 래미안 고요 LAB | 고중량 바닥패널 & 스프링 | 1등급<br>(경량 21dB,<br>중량 29dB) | ×<br>(210㎜) | ○ | × |
| 4 | 포스코 건설 | 하이브리드형 바닥시스템 | 고차음 완충재+철재환봉+<br>고강도 몰탈 | 경량 1등급,<br>중량 2등급 | ×<br>(210㎜) | ○ | × |
| 5 | GS건설 | 5중바닥구조ⓒ | 바탕층(습식)+고탄성 완충재+<br>중간층(습식)+마감층(습식) | 1등급<br>(경량·중량 37dB) | ×<br>(210㎜) | ○<br>(150㎜) | × |
| | | 방진마운트 바닥구조 | 방진마운트의 높이, 간격을<br>조절해 충격특성에 따른<br>방진설계<br>(특수 충격흡수 마운트 사용) | 특허 보유 | ×<br>(210㎜) | ○ | × |
| 6 | 현대건설 | H 사일런트 홈시스템ⓓ | 고성능완충재<br>(진동수를 조정해 충격진동 차단) | 성능인증 完<br>(현장에서) | ×<br>(210㎜) | ○<br>(150㎜) | × |
| 7 | 롯데건설 | L-Mute 시리즈ⓔ<br>(삼성물산,<br>포스코 협약) | EPP 활용 완충재 | 성능인정<br>진행중 | ×<br>(210㎜) | ○ | × |
| | | | 벽체 지지형 천장 시스템<br>(천장지지대를 윗층 바닥이<br>아닌 벽체가 지지) | | ×<br>(210㎜) | ○ | × |
| | | | 슬래브 260㎜+차음재60㎜+<br>고성능 모탈 50㎜<br>(재건축현장 적용) | | ○<br>(260㎜) | ○ | × |

단면 상세

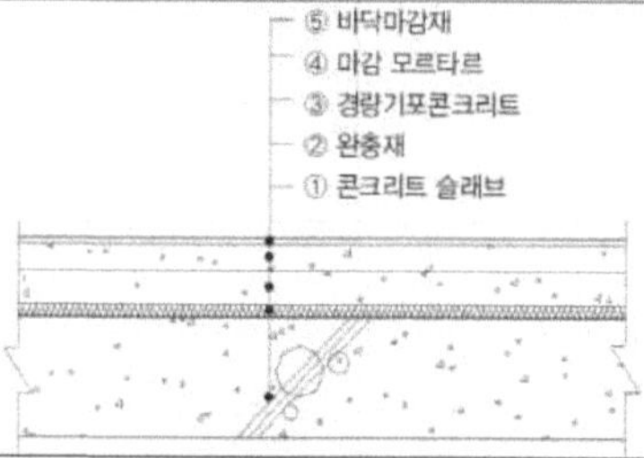


형식·구조별 표준바닥구조 기준

| 형식 | 구조 | ① 콘크리트 슬래브 | ② 완충재 | ③ 경량기포 콘크리트 | ④ 마감 모르타르 |
|---|---|---|---|---|---|
| I | 벽식 및 혼합구조 | 210㎜ 이상 | 20㎜ 이상 | 40㎜ 이상 | 40㎜ 이상 |
| | 라멘구조 | 150㎜ 이상 | | | |
| | 무량판구조 | 180㎜ 이상 | | | |

<표준바닥구조>

<층간소음 월패드 알리미>

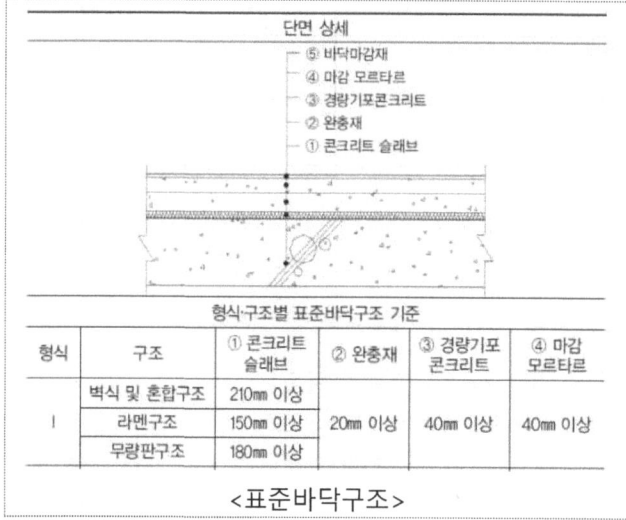

# 4 층간소음 저감 관련 연구논문 자료

## 1. 바닥충격음 저감 기술공유시스템 구축 및 맞춤형 모델 개발(토지주택연구원, '22년)

◦사후확인제도 대응형 바닥구조의 주요 접근법은 현재 채움층으로 보편적으로 적용되고 있는 경량기포콘크리트를 고중량 몰탈로 치환하는 방식으로 조사됨

◦시공방식은 크게, 완충재 위에 설치되는 몰탈층을 1차 또는 2차 타설하는 방식과 맨슬래브 상부에 선몰탈 타설 후 완충재 상부에 고중량 몰탈을 타설하는 방식으로 구분됨

◦신축 공동주택 슬래브 하부에 설치되는 천장구조는 일반적으로 경량철골 구조가 설치되며, 충격음 저감을 위해 통기성, 공명형, 무닫대 등의 흡차음 천장이 개발됨

◦천장구조를 활용한 충격음 제어의 핵심요인은, 공기층에 의한 공진을 억제하기 위한 흡음재 설치 유무로 조사됨

□ 시뮬레이션 기반 바닥충격음 설계 제어 예측

◦각 구조 형식 및 평면유형 별 바닥판 진동 전달 특성 차이 발생

◦슬래브 두께의 점진적 증가에 따라 중량충격음 레벨 점진적 감소

◦210 mm 이상의 두께 증가에 따른 저감 효과

- 슬래브 210 → 240 mm 증가 시 : 벽식 1.9, 무량판 1.9, 기둥식 1.3 dB 저감
- 슬래브 210 → 270 mm 증가 시 : 벽식 3.6, 무량판 3.7, 기둥식 2.5 dB 저감

◦각 구조 별 두께 변화에 따른 저감 회귀선 도출

◦예측 매뉴얼 제작을 통한 기술 보급화

□ 사후성능 대응형 바닥구조 제안

◦현장 시공성, 안정적 성능 구현성, 비용 상승분 대비 성능 개선성능 등을 고려한 바닥구조 제안

◦사후성능 대응 인정 바닥구조 및 실험실/현장 실험 결과를 종합적으로 고려한 대안 제시

◦보편적인 성능 구현을 위한 2개 바닥구조 제안

① 슬래브 강성보강+뜬바닥 공진 제어형

② 뜬바닥 공진 집중 제어형

## 4.2 바닥 두께 별 경향성 분석

구조 형식 별 바닥 두께 변화에 따른 중량충격음 변화는 아래 그림과 같다. [그림 3-39]와 [그림 3-40]은 뱅머신 충격원에 대한 역A특성과 A특성 지표 별 변화를 보여준다. 전체적으로 두께 증가에 따른 중량충격음 저감 현상이 나타나고 있으며, 두께 증가에 따른 저감 효과는 감소하는 것을 알 수 있다. 슬래브 두께 증가에 따라, 일부 구간에서는 증폭하는 현상이 나타나고 있으며, 이는 저주파수 대역에서의 공진 모드 대역 중첩에 따른 현상으로 판단된다. [그림 3-41]과 [그림 3-42]의 결과와 같이, 임팩트볼에 대한 경향성 또한 뱅머신과 유사하며, 구조 형식 별 슬래브 두께 변화에 따른 중량충격음 변화 양상은 유사한 것을 알 수 있다.

<표 3-11>에서와 같이, 뱅머신 충격원을 대상으로 두께 210 mm에서 240 mm 증가 시, 1.3~1.9 dB의 저감효과가 나타났으며, 210 mm에서 300 mm 증가 시에는 3.6~5.2 dB의 저감효과가 나타나는 것으로 분석되어 현행 바닥충격음 등급 체계 상 1등급 상향(4 dB)을 위해서는 약 90 mm의 두께 증가가 필요할 것으로 사료된다.

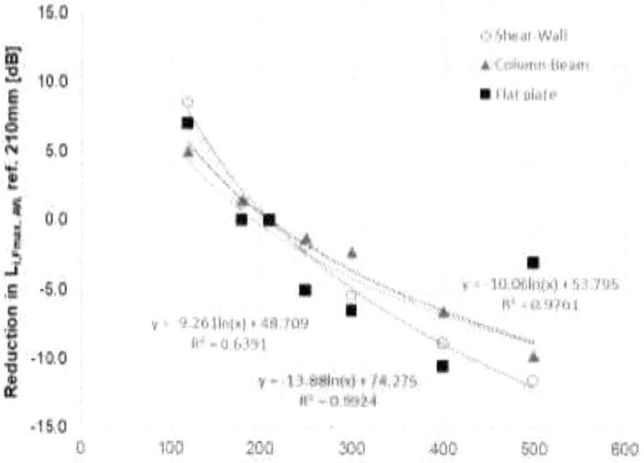


[그림 3-39] 구조 형식 별 바닥 두께 증가에 따른 역A특성 단일수치 변화(뱅머신)

## 2. 공동주택 중량 바닥충격음 저감을 위한 기술개발 방향 연구(토지주택연구원, '13년)

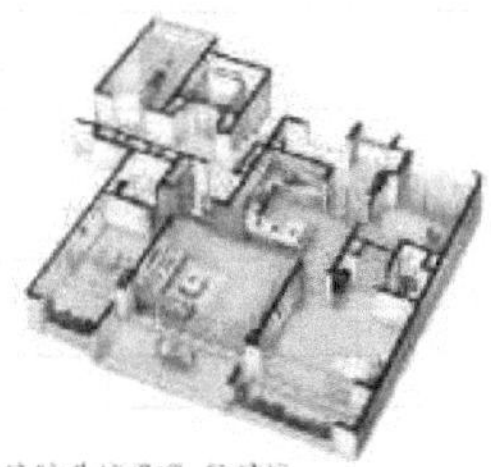

실험대상세대 투시도

| 구 분 | 내 용 |
|---|---|
| 층 수 | 18, 19, 20 층 |
| 구 조 | 내력벽식 구조 |
| 면적(거실) | 26.4 ㎡ |
| 〃 (방) | 18.4 ㎡ |
| 층 고 | 2450 ㎜ |
| 슬래브두께 | 150 ㎜ |

[그림 4.6] 실험대상 벽식공동주택 개요

슬래브 두께를 증가함에 따라 중량충격음 레벨의 차이가 확연하다. 슬래브 두께 30mm 증가는 중량충격음 2dB 저감을 나타내고 있다. 또한 온돌층의 시공에 의한 슬래브 두께 증가 중량충격음에 영향을 미치지 않는 것으로 나타났다. 표 4.5는 압축강도별 바닥충격음 변화를 나타내고 있으며, 표 4.6은 슬래브 두께 변화에 따른 맨슬래브와 온돌바닥슬래브의 바닥충격음 변화를 나타내고 있다.

[표 4.5] 압축강도별 바닥충격음 측정결과 (단위 : dB)

| 압축강도 / 실 구분 | 210 kg/㎠ | 350 kg/㎠ | 420 kg/㎠ |
|---|---|---|---|
| 거 실 | 50 | 51 | 51 |
| 침 실 | 45 | 46 | 46 |

[표 4.6] 슬래브 두께와 바닥충격음 상관관계

| 구 분 | | 역 A특성가중 충격음레벨 [dB] | |
|---|---|---|---|
| | | 맨슬래브 | 온돌바닥구조 |
| 150 mm | 중앙실 | 52 | 52 |
| | 측면실 | 53 | 53 |
| 180 mm | 중앙실 | 53 | 51 |
| | 측면실 | 51 | 52 |
| 210 mm | 중앙실 | 49 | 48 |
| | 측면실 | 49 | 49 |
| 240 mm | 중앙실 | 47 | 46 |
| | 측면실 | 49 | 47 |

68 | 공동주택 중량바닥충격음 저감을 위한 기술개발 방향설정 연구

# 3. 철근 콘크리트 슬래브의 설계요소에 따른 중량 충격음의 영향 (대한건축학회, '06년)



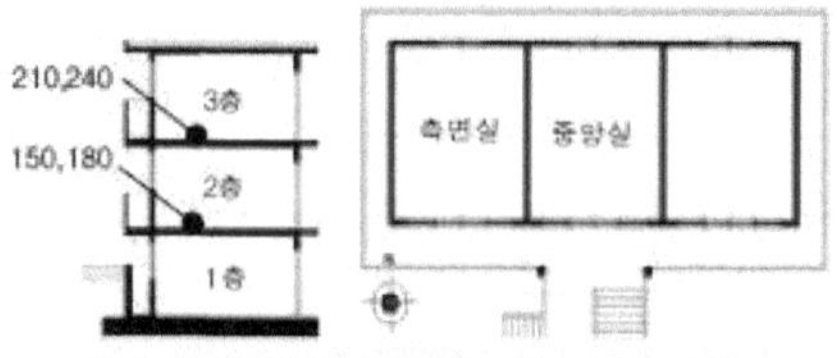


그림 8. 벽식 바닥충격음 실험동 1개동 단면 및 평면도

일반적으로 경량충격음의 경우, 슬래브의 두께가 2배로 증가할 때마다 약 9 dB 정도씩 저감되는 것으로 나타났으며, 슬래브의 손실계수를 증가시킬 경우 하부실로 방사되는 충격음의 음향파워레벨을 저감할 수 있는 것으로 알려져 있다. 20 cm 정도의 슬래브 두께에 대한 경량충격음은 견딜 수 있을 정도의 수준으로 고려된다.[9] 또한, 임피던스법에 의하면 슬래브 두께가 2배 증가할 때마다 중량충격음이 약 12 dB씩 저감되는 것을 알 수 있다.[10] 이에 따라 본 실험에서는 슬래브 두께에 따른 중량충격음 저감효과를 진동 및 소음의 측정을 통해 알아봄으로써 구조체의 강성 증가 효과를 살펴보았다.

4.2 실험개요

본 실험에서는 먼저 맨슬래브, 즉 시험시공 세대에서 마루 바닥재나 석고보드 등 마감재를 부착하기 전 마감재와 골조 사이 결합상태에 따라 소음방사 특성에 영향을 줄 수 있는 요소를 배제한 상태에서 슬래브 두께에 따른 소음 및 진동특성을 측정하였다. 또한 공동주택 바닥충격음 차단구조인정 및 관리기준(건설교통부고시 제2004-71호)에서 표준바닥구조 1안으로 제시하고 있는 상부 구성재료들로 이루어진 온돌바닥구조(단열완충층(20mm)+경량기포층(45mm)+마감몰탈층(45mm))를 벽식 바닥충격음 실험동에 시험 시공하여 맨 슬라브 구조와 복합층이 시공된 슬래브 간의 차이 및 중앙실, 측면실간의 차이를 통해 슬래브 두께를 중심으로 다양한 조건들에 따른 소음저감효과를 비교분석하였다.

4.3 현장측정결과

표. 6와 그림. 9에서와 같이 맨 슬래브 구조에서 중량충격원에 의한 진동 실험결과, 슬래브 두께가 150 ㎜인 구조에서 180 ㎜인 구조로 슬라브 두께가 증가 되었을 때, 최대공진주파수는 5 Hz가 증가하였으나 슬라브 두께가 180 ㎜인 구조에서 210, 240 ㎜로 증가하였을 때는 공진주파수의 이동이 미비하였다. 슬래브 두께 150, 180 ㎜는 맨 슬래브 두께가 30 ㎜ 증가할 때 공진주파수는 16 % 증가하였으나, 진동가속도레벨의 변화는 2 dB씩 증가되는 것으로 나타났다.

따라서 동일한 지지조건을 갖고 있는 각 슬래브에서 두께별 측정결과를 통해 슬래브 두께가 증가시킬 경우, 전체 질량과 강성이 모두 증가하나 강성 증가효과가 더 크기 때문에 공진주파수가 증가하게 되며, 진동가속도레벨이 감소되는 것으로 나타났다.

표 6. 맨슬래브 및 온돌바닥구조 바닥충격진동 측정결과

| 구분 | | 공진주파수 [Hz] | | 진동가속도레벨 [dB] | |
|---|---|---|---|---|---|
| | | 맨슬래브 | 온돌바닥구조 | 맨슬래브 | 온돌바닥구조 |
| 150 mm | 중앙실 | 32 | 27 | 84 | 85 |
| | 측면실 | 30 | 27 | 90 | 87 |
| 180 mm | 중앙실 | 37 | 32 | 86 | 82 |
| | 측면실 | 34 | 29 | 77 | 82 |
| 210 mm | 중앙실 | 30 | 33 | 80 | 79 |
| | 측면실 | 34 | 29 | 81 | 78 |
| 240 mm | 중앙실 | 36 | 34 | 81 | 80 |
| | 측면실 | 38 | 39 | 80 | 79 |

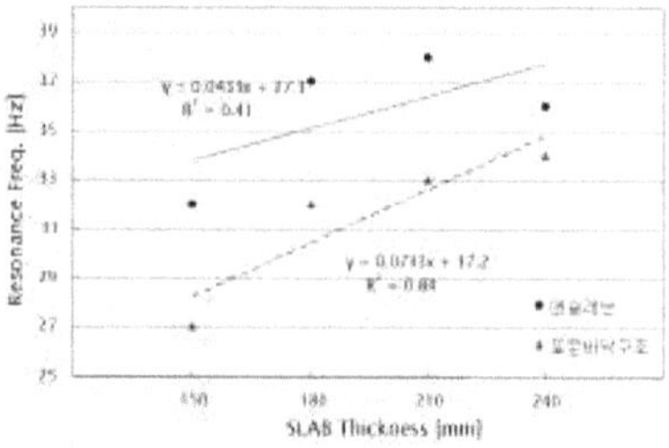


그림 9. 슬래브두께에 따른 공진주파수 변화 (중앙실)

그림. 11에서와 같이 각 구조별 슬라브의 두께증가(30 mm)에 따라 공진주파수의 이동과 가속도 값의 감소가 나타났으며, 소음레벨도 2 dB씩 저감되었다.

맨 슬라브와 온돌바닥구조의 비교에서도 동일한 공진주파수의 이동과 진동가속도 값의 감소가 나타났으나, 양쪽의 내력벽을 공유하고 있는 중앙실의 경우, 한쪽 벽만을 공유하는 측면실과 비교하여 경계조건의 차이에 의해 소음레벨의 감소가 작게 나타났다. 또한 그림. 10에서와 같이 옥타브 밴드에서 소음레벨이 두께에 따라 비교적 선형형태로 저감되는 것을 확인할 수 있으며 250 Hz에서 다른 양상을 보이는 것은 슬래브 경계조건에 있어서 1, 2층이 서로 다르기 때문인 것으로 판단된다.

온돌바닥으로 인한 소음저감효과가 미미하였는데 이는 다양한 물성을 가지는 층을 추가함에 따른 두께증가의 소음저감 효과가 콘크리트 슬래브 두께증가로 인한 강성증가 효과에 미치지 못했기 때문으로 사료된다. 이러한 결과를 통해 중량충격음 저감을 위해서는 구조체의 충분한 강성이 우선 확보되어야 일정수준이하의 바닥충격음 레벨을 기대할 수 있음을 알 수 있다.

실험결과를 통해 바닥두께 증가에 따른 강성 증가로 충분한 바닥충격음 저감를 효과를 기대할 수 있으며 서로 다른 물성을 가지는 재료들로 구성된 온돌바닥의 경우에는 두께증가의 효과가 중량충격음 차단성능 향상에는 큰 영향을 주지는 못하였음을 알 수 있다.

부 록

# 3. 중량충격음 기준 초과시 보완시공 기간

1. 산정 자료

- LH 주택성능연구개발센터(HERI) 바닥충격음 차단구조 성능인증서 내 시방서 23개를 기준으로 함 (https://shorturl.at/blqrF)
- 선정 기준 (콘크리트 슬래브 두께210mm 이상, 최초 인정일 2020년 이후)

2. 최소 보완기공 기간 산정

- 최소 4주 보완시공 기간이 필요함

| | 인정 구조명 | 차단성능 등급 | | 두께 | 콘크리트 슬래브 두께 | 공사기간 | |
|---|---|---|---|---|---|---|---|
| | | 경량 | 중량 | | | 경량 기포 콘크리트 | 마감 모르타르 |
| 1 | EK-LT_EPP403 시스템 | 1급 | 4급 | 327.5mm | 210mm | 4일 | 14일 |
| 2 | EK-LT_EPP402 시스템 | 1급 | 4급 | 320mm | 210mm | 4일 | 14일 |
| 3 | EK-LT_EPP401 시스템 | 1급 | 4급 | 320mm | 210mm | 4일 | 14일 |
| 4 | EM-30S | 1급 | 3급 | 320mm | 210mm | 5일 | 7일 |
| 5 | E2 시스템 | 1급 | 3급 | 320mm | 210mm | 5일 | 7일 |
| 6 | L5-DL30C-210 | 1급 | 3급 | 320mm | 210mm | 4일 | 21일 |
| 7 | L5-DL30B-210 | 1급 | 3급 | 320mm | 210mm | 4일 | 21일 |
| 8 | 습식 FloSys303-210 | 1급 | 4급 | 320mm | 210mm | 7일 | 7일 |
| 9 | 습식 FloSys302-210 | 1급 | 4급 | 320mm | 210mm | 7일 | 7일 |
| 10 | 습식 FloSys301-210 | 1급 | 4급 | 320mm | 210mm | 7일 | 7일 |
| 11 | 소닉스 U2 시스템 | 1급 | 3급 | 320mm | 210mm | 7일 | 7일 |
| 12 | 래오드림K | 1급 | 4급 | 320mm | 210mm | 4일 | 14일 |
| 13 | 노이즈블럭 S30-210 | 1급 | 4급 | 320mm | 210mm | 5일 | 7일 |
| 14 | L4-SIB30A-210 | 1급 | 3급 | 320mm | 210mm | 7일 | 7일 |
| 15 | L6-EV30B3-210 | 1급 | 4급 | 320mm | 210mm | 7일 | 35일 |
| 16 | L6-HB40B1-210 | 1급 | 2급 | 330mm | 210mm | 4일 | 35일 |
| 17 | L6-HB40B1-210 | 1급 | 3급 | 330mm | 210mm | 4일 | 35일 |
| 18 | 노이즈블럭 A30 | 1급 | 4급 | 320mm | 210mm | 4일 | 14일 |
| 19 | L6-DL40H1-210 | 1급 | 2급 | 337.5mm | 210mm | 4일 | 35일 |
| 20 | HAPPY-SILENT5 SYSTEM | 1급 | 4급 | 320mm | 210mm | 7일 | 14일 |
| 21 | QT-002 층간소음 방지 씨스쳄 | 1급 | 3급 | 320mm | 210mm | 5일 | 20일 |
| 22 | H 사일런트 홈 I | 1급 | 3급 | 320mm | 210mm | 7일 | 21일 |
| 23 | L5-DL30C-210 | 1급 | 3급 | 320mm | 210mm | 4일 | 21일 |
| 1. 바닥철거 2일<br>2. 완충재 시공 1일<br>3. 경량기포 콘크리트 4-7일 이상<br>4. 난방배관 및 마감 모르타르 시공 14일 이상<br>5. 바닥 마감 및 정리 2일 이상<br>**예상 최소 보완시공기간 28일** | | | | | **평균** | 5.2일 | 16.7일 |
| | | | | | **중앙값** | 4일 | 14일 |
| | | | | | **최소** | 4일 | 7일 |
| | | | | | **최고** | 7일 | 35일 |

별 첨

# 평가의견 조치계획 및 결과

[별지 제8-1호 서식]

평가위원 확인

# 평가의견 조치계획

☐ 과 제 명 : 공동주택 바닥충격음 손해배상 가이드라인 마련

| 평가자 | 평가의견 | 평가 답변 및 조치계획 | 비 고 |
|---|---|---|---|
| | 1. 추진내용 충실도<br>- 공법과 소음간의 상관관계를 합리적인 방법으로 정량한 것으로 판단됨. 단 근거자료에 대한 명확인 제시가 필요할 것으로 사료됨 | 주요 근거자료는 부록으로 제시하였음. 다만, 슬래브 두께와 바닥충격음과의 상관관계에 대하여 현 시점에서 확보 가능한 실험연구 데이터에 기반함. 추후 보다 광범위한 실험데이타의 확보가 가능하다면 비교가 가능할 것임 | 부분반영 |
| | 2. 질적인 기술향상<br>- 서론부분에 본 가이드라인의 적용범위를 명확히 하여 완성도를 높일 필요가 있을 것으로 사료됨.<br>- 사례연구와 본 가이드라인과의 연관성을 기술할 것 | - 본 배상액 가이드는 권고사항이므로, 소송가능성을 배제하는 법적 의무성을 가지고 있지는 않음. 보고서의 3.3에 배상액 가이드 적용범위를 보완하였음<br>- 사례연구는 본 연구의 RFP에서 요구하는 사항임. 그러나 연구결과 준공시점에 시공사와 입주예정자 간의 소송 및 판례가 없는 것으로 확인되므로, 직접적 연관성이 없다는 점이 결론임. 이를 보고서 2.1.2의 소결에 보완하였음 | 반영 |
| | 3. 실용화 의견 및 실용화를 위한 개선.발전 방안에 관한 의견<br>- 보고서 상에는 검사기관과 사업자간의 손해배상 청구건 이라는 느낌을 받았는데, 평가시에는 입주자간와 시공사간의 청구건으로 이 | 본 배상액의 적용방식은 주택법 제 42조 2제 6항에서 정의하고 있음. 보고서에서 해당 내용을 명시적으로 보완제시 하였음 (p55) | 반영 |

| | | | |
|---|---|---|---|
| | 해하였음. 명확한 대상범위에 대한 기술이 추가되어야 할 것으로 사료됨. | | |
| | 4. 종합평가 의견<br>- 소음방지를 위한 향상비용을 시공비로 환산하여 정량화하여 층가소음 손해배상금을 결정한 것은 매우 합리적이라고 사료됨.(다만, 명확한 근거자료 및 데이터를 토대로 작성되어야 할 것임)<br>- 가이드라인의 완성도를 위해서 적용대상 범위를 명확히 하고 제시하는 것이 좋을 것으로 사료됨. | 본 배상액 가이드의 적용 대상과 법적 근거를 보고서에 보완하여 제시함 | 반영 |

※ 비고 : 기반영, 반영, 부분반영, 반영불가.

[별지 제8-1호 서식]

| 평가위원 확인 |
|---|
| |

# 평가의견 조치계획

□ 과 제 명 : 공동주택 바닥충격음 손해배상 가이드라인 마련

| 평가자 | 평가의견 | 평가 답변 및 조치계획 | 비 고 |
|---|---|---|---|
| | 1. 추진내용 충실도<br>- 본 연구는 국내외의 층간소음에 대한 법령과 분쟁사례 등을 조사하고, 나아가 바닥충격음을 기준으로 배상액의 가이드라인을 제시하였습니다.<br>2. 손해배상과 관련된 이해관계자의 의견을 수렴하는 등 본 연구를 충실히 추진한 것으로 판단됩니다. | - | - |
| | 2. 질적인 기술향상<br>- 공동주택 바닥충격음 차단성능 사후확인제가 도입됨에 따라 차단성능이 기준에 미달할 경우 발생할 수 있는 분쟁에 기준으로 적극 활용 가능할 것으로 보입니다. | - | - |
| | 3. 실용화 의견 및 실용화를 위한 개선.발전 방안에 관한 의견<br>- 사후확인제가 도입됨에 따라 바닥충격음 차단성능을 측정하고 기준 미달의 경우 보완시공이나 손해배상 등을 권고할 손해배상 가이드라인으로써 큰 역할을 할 수 있을 것입니다.<br>- 소비자의 입장에서는 단순 | - | - |

| | | | |
|---|---|---|---|
| | 손해배상을 받기보다 제대로 된 보강공사를 통해 잘 시공된 주택으로 입주하고자 할 것이므로 보강시공을 원칙으로 하되 불가피할 경우에 손해배상이 진행되도록 추진되었으면 합니다.<br>- 가이드라인은 단순 권고 이상의 법적인 강제성이 없으므로 소비자와 시공사 간 분쟁이 어느 정도 예상되므로 분쟁이 발생하기 전 단계에서 계획·시공이 잘 될 수 있도록 지도가 필요합니다. | | |
| | 4. 종합평가 의견<br>- 공동주택 바닥충격음 차단성능 사후확인제 도입에 따른 분쟁의 가이드라인으로 활용할 수 있는 유용한 연구로 판단됩니다.<br>- 충격음 측정하는 위치나 환경에 따라 발생할 수 있는 오차로 인해 또 다른 분쟁의 소지가 되지 않도록 배려가 있으면, 좋을 것으로 보입니다.<br>- 향후 국토부와의 협의를 통해 보강 시공을 원칙으로 하여 소비자들의 근원적인 주거만족도 개선에 도움이 되었으면 합니다. | 본 배상액 가이드의 취지가 징벌적 손해배상을 하는 것에 있지 않고, 각 기업이 보완시공법을 개발하는 것에 있음.<br>그러한 취지를 살리기 위해서, 바닥충격음 성능평가기술의 표준화 및 지침화가 정부 주두로 필요하다고 사료됨 | - |

※ 비고 : 기반영, 반영, 부분반영, 반영불가.

[별지 제8-1호 서식]

| 평가위원 확인 |
| --- |
| |

# 평가의견 조치계획

☐ 과 제 명 : 공동주택 바닥충격음 손해배상 가이드라인 마련

| 평가자 | 평가의견 | 평가 답변 및 조치계획 | 비 고 |
| --- | --- | --- | --- |
| | 1. 추진내용 충실도<br>- 민간인 대상 설문조사시 한국환경공단 층간소음 민원인을 대상으로 하였을 경우 좀더 실질적인 의견을 도출할 수 있지 않았을까하는 아쉬움.<br>- 단위세대당 보상액이 어느 정도 나오는지 내용보완 필요(전용면적만 포함이 되는지에 대한 내용 명확히 할 필요 있음)<br>- 자재비 유동성을 어떻게 고려할 것인지에 대한 내용도 명기 필요 | - 좀더 다양하면서도 실질적인 이해도가 있는 설문대상의 선정이 필요하다는 점에 동의함<br>- 주택건설기준 등에 관한 규정, 제14의 2(바닥구조)에 따라 뜬바닥 구조가 요구되는 곳이 보완시공 또는 배상액 산정의 대상임. 해당 규정을 보고서 3.3에 제시함.<br>- 본 연구는 현 시점의 일위대가와 조달청 단가에 기반하여 수행되었음. 그러나 향후 지속적인 적용을 위해서는 자재비 등 물가의 유동성을 고려하여야 함. 보고서 3.3에 물가와의 연동성을 언급하였으며, 배상액 가이드를 수식으로 제시하여 물가를 직접 변수에 반영토록 개발하였음. | 반영 |
| | 2. 질적인 기술향상<br>- | - | |
| | 3. 실용화 의견 및 실용화를 위한 개선.발전 방안에 관한 의견<br>- | - | - |
| | 4. 종합평가 의견<br>- 추진 내용 충실도에 작성한 내용을 일부 보완하여 보고서에 반영 필요 | - | - |

※ 비고 : 기반영, 반영, 부분반영, 반영불가.

[별지 제8-1호 서식]

| 평가위원 확인 |
| --- |
| |

# 평가의견 조치계획

☐ 과 제 명 : 공동주택 바닥충격음 손해배상 가이드라인 마련

| 평가자 | 평가의견 | 평가 답변 및 조치계획 | 비 고 |
| --- | --- | --- | --- |
| | 1. 추진내용 충실도<br>- 연구계획 맞추어 충실히 수행됨 | - | - |
| | 2. 질적인 기술향상<br>- 바닥충격음 관련하여 최초로 법적인 배상을 합리적으로 수행할 수 있는 근거를 마련하였음 | - | - |
| | 3. 실용화 의견 및 실용화를 위한 개선.발전 방안에 관한 의견<br>- 슬래브 두께의 증가에 따른 공사비용 증가의 산정 근거가 명확해져야 법적근거가 최종적으로 마련될 수 있을 것으로 판단됨. 특히 발표자료 77페이지를 보면 플랫플레이트의 경우 바닥두께가 400mm에서 500mm로 증가할수록 소음레벨이 증가하며 이에 대한 확인이 필요함 | 본 가이드는 현 시점에서 확보 가능한 실험연구 데이터에 기반함. 추후 보다 광범위한 실험데이타의 확보가 가능하다면 비교가 가능할 것임 | 부분반영 |
| | 4. 종합평가 의견<br>- 보고연구계획대로 적절히 수행되었으나, 법적인 근거로 활용되기 위해서는 슬래브 두께의 증가에 따른 공사비용 증가의 산정 근거가 명확해져야 법적근거가 최종적으로 마련될 수 있을 것으로 판단됨 | 추후 국토부와 우리원에서 본 가이드의 활용방안을 결정하고 필요시 법적 뒷받침 방안을 수립할 것으로 사료됨 | - |

※ 비고 : 기반영, 반영, 부분반영, 반영불가.

[별지 제8-1호 서식]

| 평가위원 확인 |
|---|
| |

# 평가의견 조치계획

□ 과 제 명 : 공동주택 바닥충격음 손해배상 가이드라인 마련

| 평가자 | 평가의견 | 평가 답변 및 조치계획 | 비 고 |
|---|---|---|---|
| | 1. 추진내용 충실도<br>- | - | - |
| | 2. 질적인 기술향상<br>- 손해배상액이 공동주택의 면적(㎡)기준으로 산정함에 있어서 적용되는 면적에 명확한 제시가 필요 | 주택건설기준 등에 관한 규정, 제14의 2(바닥구조)에 따라 뜬바닥 구조가 요구되는 곳이 보완시공 또는 배상액 산정의 대상임. 해당 규정을 보고서 3.3에 제시함. | 반영 |
| | 3. 실용화 의견 및 실용화를 위한 개선.발전 방안에 관한 의견<br>- 공동주택의 대표적인 면적별(전용면적 60, 85㎡)로 손해배상액 (지체보상금 포함)과 보완시공 공사비를 비교하여 제시 요망 | 뜬바닥 면적이 확정되면, 배상액 가이드에서 제시하는 값에 면적을 곱하기만 하면 쉽게 도출이 가능함. 반면, 동일 평형이라고 하더라도 실제 뜬바닥 구조 면적은 다양하므로 대표면적별로 제시하는 것은 오해의 소지가 있을 것으로 판단됨. | 부분반영 |
| | 4. 종합평가 의견<br>- 층간소음 없는 고품질의 주택공급을 위한 정부기조에 부합하는 손해배상 가이드가 마련되길 바랍니다. | - | - |

※ 비고 : 기반영, 반영, 부분반영, 반영불가.

[별지 제8-2호 서식] <신설 2021. 12. 29.>

| 평가위원 확인 |
|---|
| |

# 평가의견 조치결과

☐ 과 제 명 : 공동주택 바닥충격음 손해배상 가이드라인 마련

| 평가자 | 평가의견 | 평가 답변 및 조치계획 | 반영여부 | 증빙 |
|---|---|---|---|---|
| | 1. 추진내용 충실도<br>- 공법과 소음간의 상관관계를 합리적인 방법으로 정량한 것으로 판단됨. 단 근거자료에 대한 명확인 제시가 필요할 것으로 사료됨 | 주요 근거자료는 부록으로 제시하였음. 다만, 슬래브 두께와 바닥충격음과의 상관관계에 대하여 현 시점에서 확보 가능한 실험연구 데이터에 기반함. 추후 보다 광범위한 실험데이타의 확보가 가능하다면 비교가 가능할 것임 | 부분반영 | 연구보고서 p168~180 |
| | 2. 질적인 기술향상<br>- 서론부분에 본 가이드라인의 적용범위를 명확히 하며 완성도를 높일 필요가 있을 것으로 사료됨.<br>- 사례연구와 본 가이드라인과의 연관성을 기술할 것 | - 본 배상액 가이드는 권고사항이므로, 소송가능성을 배제하는 법적 의무성을 가지고 있지는 않음. 보고서의 3.3에 배상액 가이드 적용범위를 보완하였음<br>- 사례연구는 본 연구의 RFP에서 요구하는 사항임. 그러나 연구결과 준공시점에 시공사와 입주예정자 간의 소송 및 판례가 없는 것으로 확인되므로, 직접적 연관성이 없다는 점이 결론임. 이를 보고서 2.1.2의 소결에 보완하였음 | 반영 | 연구보고서 p57, p37 |
| | 3. 실용화 의견 및 실용화를 위한 개선.발전 방안에 관한 의견<br>- 보고서 상에는 검사기관과 사업자간의 손해배상 청구건 이라는 느낌을 받았는데, 평가시에는 입주자간와 시공사간의 청구건으로 이해하였음. 명확한 대상범위에 대한 기술이 추가되어야 할 것으로 사료됨. | 본 배상액의 적용방식은 주택법 제42조 2제 6항에서 정의하고 있음. 보고서에서 해당 내용을 명시적으로 보완제시 하였음 (p55) | 반영 | 연구보고서 p55 |

| | | | | |
|---|---|---|---|---|
| | 4. 종합평가 의견<br>- 소음방지를 위한 향상비용을 시공비로 환산하여 정량화하여 층가소음 손해배상금을 결정한 것은 매우 합리적이라고 사료됨.(다만, 명확한 근거자료 및 데이터를 토대로 작성되어야 할 것임)<br>- 가이드라인의 완성도를 위해서 적용대상 범위를 명확히 하고 제시하는 것이 좋을 것으로 사료됨. | 본 배상액 가이드의 적용 대상과 법적 근거를 보고서에 보완하여 제시함 | 반영 | 연구보고서 p168~180, p55 |

※ 반영여부 : 기반영, 반영, 부분반영, 반영불가

[별지 제8-2호 서식] <신설 2021. 12. 29.>

| 평가위원 확인 |
| --- |
| |

# 평가의견 조치결과

□ 과 제 명 : 공동주택 바닥충격음 손해배상 가이드라인 마련

| 평가자 | 평가의견 | 평가 답변 및 조치계획 | 반영여부 | 증빙 |
| --- | --- | --- | --- | --- |
| | 1. 추진내용 충실도<br>- 본 연구는 국내외의 층간소음에 대한 법령과 분쟁사례 등을 조사하고, 나아가 바닥충격음을 기준으로 배상액의 가이드라인을 제시하였습니다.<br>2. 손해배상과 관련된 이해관계자의 의견을 수렴하는 등 본 연구를 충실히 추진한 것으로 판단됩니다. | 조치계획 없음 | - | |
| | 2. 질적인 기술향상<br>- 공동주택 바닥충격음 차단성능 사후확인제가 도입됨에 따라 차단성능이 기준에 미달할 경우 발생할 수 있는 분쟁에 기준으로 적극 활용 가능할 것으로 보입니다. | 조치계획 없음 | - | |
| | 3. 실용화 의견 및 실용화를 위한 개선.발전 방안에 관한 의견<br>- 사후확인제가 도입됨에 따라 바닥충격음 차단성능을 측정하고 기준 미달의 경우 보완시공이나 손해배상 등을 권고할 손해배상 가이드라인으로써 큰 역할을 할 수 있을 것입니다.<br>- 소비자의 입장에서는 단순 | 조치계획 없음 | - | |

| | | | | |
|---|---|---|---|---|
| | 손해배상을 받기보다 제대로 된 보강공사를 통해 잘 시공된 주택으로 입주하고자 할 것이므로 보강시공을 원칙으로 하되 불가피할 경우에 손해배상이 진행되도록 추진되었으면 합니다.<br>- 가이드라인은 단순 권고 이상의 법적인 강제성이 없으므로 소비자와 시공사 간 분쟁이 어느정도 예방되므로 분쟁이 발생하기 전 단계에서 계획·시공이 잘 될 수 있도록 지도가 필요합니다. | | | |
| | 4. 종합평가 의견<br>- 공동주택 바닥충격음 차단성능 사후확인제 도입에 따른 분쟁의 가이드라인으로 활용할 수 있는 유용한 연구로 판단됩니다.<br>- 충격음 측정하는 위치나 환경에 따라 발생할 수 있는 오차로 인해 또 다른 분쟁의 소지가 되지 않도록 배려가 있으면, 좋을 것으로 보입니다.<br>- 향후 국토부와의 협의를 통해 보강 시공을 원칙으로 하며 소비자들의 근원적인 주거만족도 개선에 도움이 되었으면 합니다. | 본 배상액 가이드의 취지가 징벌적 손해배상을 하는 것에 있지 않고, 각 기업이 보완시공법을 개발하는 것에 있음.<br>그러한 취지를 살리기 위해서, 바닥충격음 성능평가기술의 표준화 및 지침화가 정부 주도로 필요하다고 사료됨 | - | |

※ 반영여부 : 기반영, 반영, 부분반영, 반영불가

[별지 제8-2호 서식] <신설 2021. 12. 29.>

| 평가위원 확인 |
| --- |
| |

## 평가의견 조치결과

☐ 과 제 명 : 공동주택 바닥충격음 손해배상 가이드라인 마련

| 평가자 | 평가의견 | 평가 답변 및 조치계획 | 반영여부 | 증빙 |
| --- | --- | --- | --- | --- |
| | 1. 추진내용 충실도<br>- 민간인 대상 설문조사시 한국환경공단 층간소음 민원인을 대상으로 하였을 경우 좀더 실질적인 의견을 도출할 수 있지 않았을까하는 아쉬움.<br>- 단위세대당 보상액이 어느 정도 나오는지 내용보완 필요(전용면적만 포함이 되는지에 대한 내용 명확히 할 필요 있음)<br>- 자재비 유동성을 어떻게 고려할 것인지에 대한 내용도 명기 필요 | - 좀더 다양하면서도 실질적인 이해도가 있는 설문대상의 선정이 필요하다는 점에 동의함<br>- 주택건설기준 등에 관한 규정, 제14의 2(바닥구조)에 따라 뜬바닥구조가 요구되는 곳이 보완시공 또는 배상액 산정의 대상임. 해당 규정을 보고서 3.3에 제시함.<br>- 본 연구는 현 시점의 일위대가와 조달청 단가에 기반하여 수행되었음. 그러나 향후 지속적인 적용을 위해서는 자재비 등 물가의 유동성을 고려하여야 함. 보고서 3.3에 물가와의 연동성을 언급하였으며, 배상액 가이드를 수식으로 제시하여 물가를 직접 변수에 반영토록 개발하였음. | 반영 | 연구보고서 p58~60 |
| | 2. 질적인 기술향상<br>- | 조치계획 없음 | | |
| | 3. 실용화 의견 및 실용화를 위한 개선.발전 방안에 관한 의견<br>- | 조치계획 없음 | - | |
| | 4. 종합평가 의견<br>- 추진 내용 충실도에 작성한 내용을 일부 보완하여 보고서에 반영 필요 | 조치계획 없음 | - | |

※ 반영여부 : 기반영, 반영, 부분반영, 반영불가

[별지 제8-2호 서식] <신설 2021. 12. 29.>

| 평가위원 확인 |
|---|
| |

# 평가의견 조치결과

□ 과 제 명 : 공동주택 바닥충격음 손해배상 가이드라인 마련

| 평가자 | 평가의견 | 평가 답변 및 조치계획 | 반영여부 | 증빙 |
|---|---|---|---|---|
| | 1. 추진내용 충실도<br>- 연구계획 맞추어 충실히 수행됨 | 조치계획 없음 | - | |
| | 2. 질적인 기술향상<br>- 바닥충격음 관련하여 최초로 법적인 배상을 합리적으로 수행할 수 있는 근거를 마련하였음 | 조치계획 없음 | - | |
| | 3. 실용화 의견 및 실용화를 위한 개선.발전 방안에 관한 의견<br>- 슬래브 두께의 증가에 따른 공사비용 증가의 산정 근거가 명확해져야 법적근거가 최종적으로 마련될 수 있을 것으로 판단됨. 특히 발표자료 77페이지를 보면 플랫플레이트의 경우 바닥두께가 400mm에서 500mm로 증가할수록 소음레벨이 증가하며 이에 대한 확인이 필요함 | 본 가이드는 현 시점에서 확보가능한 실험연구 데이터에 기반함. 추후 보다 광범위한 실험데이타의 확보가 가능하다면 비교가 가능할 것임 | 부분반영 | 연구보고서 p168~180 |
| | 4. 종합평가 의견<br>- 보고연구계획대로 적절히 수행되었으나, 법적인 근거로 활용되기 위해서는 슬래브 두께의 증가에 따른 공사비용 증가의 산정 근거가 명확해져야 법적근거가 최종적으로 마련될 수 있을 것으로 판단됨 | 추후 국토부와 우리원에서 본 가이드의 활용방안을 결정하고 필요시 법적 뒷받침 방안을 수립할 것으로 사료됨 | - | |

※ 반영여부 : 기반영, 반영, 부분반영, 반영불가

[별지 제8-2호 서식] <신설 2021. 12. 29.>

| 평가위원 확인 |
|---|
| |

# 평가의견 조치결과

□ 과 제 명 : 공동주택 바닥충격음 손해배상 가이드라인 마련

| 평가자 | 평가의견 | 평가 답변 및 조치계획 | 반영여부 | 증빙 |
|---|---|---|---|---|
| | 1. 추진내용 충실도<br>- | 조치계획 없음 | - | |
| | 2. 질적인 기술향상<br>- 손해배상액이 공동주택의 면적(㎡)기준으로 산정함에 있어서 적용되는 면적에 명확한 제시가 필요 | 주택건설기준 등에 관한 규정, 제14의 2(바닥구조)에 따라 뜬 바닥 구조가 요구되는 곳이 보완시공 또는 배상액 산정의 대상임. 해당 규정을 보고서 3.3에 제시함. | 반영 | 연구보고서 p58 |
| | 3. 실용화 의견 및 실용화를 위한 개선·발전 방안에 관한 의견<br>- 공동주택의 대표적인 면적별(전용면적 60, 85㎡)로 손해배상액 (지체보상금 포함)과 보완시공 공사비를 비교하여 제시 요망 | 뜬바닥 면적이 확정되면, 배상액 가이드에서 제시하는 값에 면적을 곱하기만 하면 쉽게 도출이 가능함. 반면, 동일 평형이라고 하더라도 실제 뜬바닥 구조 면적은 다양하므로 대표면적별로 제시하는 것은 오해의 소지가 있을 것으로 판단됨. | 부분반영 | 연구보고서 p57~60 |
| | 4. 종합평가 의견<br>- 층간소음 없는 고품질의 주택 공급을 위한 정부기조에 부합하는 손해배상 가이드가 마련되길 바랍니다. | 조치계획 없음 | - | |

※ 반영여부 : 기반영, 반영, 부분반영, 반영불가

# 참 여 연 구 진

| 참여구분 | 소 속 | 직 위 | 성 명 |
|---|---|---|---|
| 연 구 총 괄 | 안전성능연구소 | 소 장 | 오 광 진 |
| 연 구 관 리 | 안전성능연구소<br>정책연구실 | 부 장 | 정 일 원 |
| 연구책임자 | 안전성능연구소<br>정책연구실 | 차 장(책임연구원) | 김 성 덕 |
| 공 동 연 구<br>연구 책임자 | 숭실대학교 | 교 수 | 최 경 규 |
| 참여 연구원 | 서울대학교 | 교 수 | 박 홍 근 |
| 참여 연구원 | 법무법인 (유)광장 | 변호사 | 손 동 인 |
| 참여 연구원 | 영산대학교 | 교 수 | 김 용 희 |
| 참여 연구원 | 숭실대학교 | 교 수 | 최 하 진 |
| 참여 연구원 | 충남대학교 | 교 수 | 홍 주 영 |
| 참여 연구원 | 건국대학교 | 교 수 | 황 현 종 |

## 공동주택 바닥충격음 손해배상 가이드라인 마련 연구

초판 인쇄 2025년 02월 07일
초판 발행 2025년 02월 12일

저 자 국토안전관리원
발행인 김갑용

발행처 진한엠앤비
주소 서울시 서대문구 독립문로 14길 66 205호(냉천동 260)
전화 02) 364 - 8491(대) / 팩스 02) 319 - 3537
홈페이지주소 http://www.jinhanbook.co.kr
등록번호 제25100-2016-000019호 (등록일자 : 1993년 05월 25일)


ISBN 979-11-290-5793-8 (93330) [정가 20,000원]